ANGLAIS
VOCABULAIRE ESSENTIEL

par

Anne-Marie Pateau
Professeur certifié d'anglais

et

William B. Barrie
Maître de conférences à l'UFR
d'études anglophones,
Université Paris VII - Denis Diderot,

Lecturer, British Institute in Paris,
University of London

Le Livre de Poche

Sommaire

En guise d'introduction 13

Les abréviations...16
La prononciation 17

1. **Time**   *Le temps* 18
   Divisions of time   *Les divisions du temps*
   The days - The months -   *Les jours, les mois et les saisons*
      The seasons
   The festive season   *La période des fêtes*
   Adverbs of time   *Les adverbes de temps*

2. **The cosmos**   *Le cosmos*...................26
   Stars and planets   *Les étoiles et les planètes*
   Astronomy   *L'astronomie*
   Space exploration   *L'exploration de l'espace*

3. **The earth**   *La terre*.......................28
   Geographical features   *Traits géographiques*
   Rivers and waterways   *Fleuves et cours d'eau*
   Seas and oceans   *Mers et océans*
   Mountains and hills   *La montagne*
   The cardinal points   *Les points cardinaux*

4. **Weather and climate**   *Le temps et le climat* 38
   Good and bad weather   *Beau et mauvais temps*
   Cloudy and misty weather *Temps nuageux et brumeux*
   Dry and rainy weather   *Temps sec et pluvieux*
   Cold and warm weather   *Temps froid et chaud*
   Windy and stormy weather *Temps venteux et orageux*

5. **The flora**   *La flore* 44
Flowers   *Les fleurs*
Plants   *Les plantes*
Trees   *Les arbres*

6. **Wildlife**   *La faune* 48
Fresh-water fish   *Poissons d'eau douce*
Sea fish   *Poissons de mer*
Amphibians   *Les batraciens*
Shellfish and molluscs   *Les crustacés et les mollusques*
Reptiles   *Les reptiles*
Insects   *Les insectes*
Birds   *Les oiseaux*
Mammals   *Les mammifères*
Rodents   *Les rongeurs*

7. **The human body**   *Le corps humain* 58
The head and limbs   *La tête et les membres*
The frame   *La charpente*
The internal organs   *Les organes internes*
The positions of the body   *Les positions du corps*
Actions and movements   *Les actions et les déplacements*

8. **The five senses**   *Les cinq sens* 66
Hearing and sounds   *L'ouïe et les sons*
Sight   *La vue*
Effects of light   *Les effets de lumière*
Smell   *L'odorat*
Taste   *Le goût*
Touch   *Le toucher*

9. **Health**   *La santé* 74
Children's illnesses   *Les maladies infantiles*
Adult diseases   *Les maladies de l'adulte*
Symptoms   *Les symptômes*
The practitioners   *Ceux qui nous soignent*
Means of investigation   *Les moyens d'investigation*
Care   *Les soins*
Prevention/ alleviation   *Prévention/ soulagement*
Mental afflictions   *Les maladies mentales*

10. **Agriculture**   *L'agriculture* 82
The people   *Les gens*
The land   *La terre; les terres*
Preparation and harvesting   *Les préparatifs et la récolte*

Outbuildings	*Les dépendances*	
Draught animals	*Les animaux de trait*	
Animals for butchery	*Les animaux de boucherie*	
Poultry	*La volaille*	
Major equipment	*Le gros matériel*	
Small gear	*Le petit matériel*	
The work	*Le travail*	
Treatments	*Les traitements*	
Produce	*Les produits*	
Vegetables	*Les légumes*	
Fruit	*Les fruits*	
Exotic fruit	*Les fruits exotiques*	
Dairy produce	*Les produits laitiers*	
Agribusiness	*L'industrie agroalimentaire*	

11. Village life   *La vie au village* 96

The village	*Le village*
The villagers	*Les villageois*
Gardening	*Le jardinage*
Implements and Tools	*Les outils*
Herbs	*Les plantes aromatiques*

12. City life   *La vie urbaine* 100

The municipality	*La municipalité*
Topography	*La topographie*
City-dwellers	*Les citadins*
Public services	*L'équipement urbain*
Means of transport	*Les moyens de transport*
The Post Office	*La Poste*
The telephone	*Le téléphone*
The bank	*La banque*
The fire brigade	*Les sapeurs-pompiers*

13. Shopping   *Les courses* 106

In general	*En général*
Hardware	*La droguerie, la quincaillerie*
Dairy produce	*Les produits laitiers*
At the florist's	*Chez le fleuriste*
At the newsagent's	*Chez le marchand de journaux*
At the stationer's	*À la papeterie*
The bookshop	*La librairie*
Haberdashery	*La mercerie*
Clothes	*La confection*
At the dry cleaner's	*Au pressing*

Men's underwear	*Sous-vêtements homme*
Lingerie	*La lingerie*
The shoe shop	*Le magasin de chaussures*
At the jeweller's	*Chez le bijoutier*
The beauty parlour	*L'institut de beauté*
At the hairdresser's	*Chez le coiffeur*
At the butcher's	*Chez le boucher*
At the fishmonger's	*Chez le poissonnier*
At the baker's	*Chez le boulanger*
At the grocer's	*Chez l'épicier*
D.I.Y (Do It Yourself)	*Le bricolage*

14. Housing — ***Le logement*** 124
Types of housing	*Types de logements*
Individual elements	*Eléments individuels*
Types of windows	*Les types de fenêtres*
Amenities	*Les agréments*
Good and bad features	*Atouts et inconvénients*

15. Home life — ***A la maison*** 130
Inside the home	*L'intérieur de la maison*
Electrical fittings	*L'équipement électrique*
The kitchen	*La cuisine*
Basic utensils	*Les ustensiles de base*
Household appliances	*Les appareils ménagers*
The bathroom	*La salle de bains*
Toilet accessories	*Les accessoires de toilette*
Daily routine	*La routine journalière*
The bedroom	*La chambre à coucher*
The study	*Le bureau*
The living room	*La salle de séjour*
The dining room	*La salle à manger*
Table accessories	*Accessoires de table*
Household chores	*Les corvées ménagères*
Home helps	*Les aides ménagères*

16. Food and drink — ***La cuisine*** 138
Preparing the meal	*Préparer le repas*
Dishes	*Les plats*
Typical English dishes	*Plats anglais typiques*
Soft drinks	*Boissons sans alcool*
Other drinks	*Autres boissons*

17. Family life — ***En famille*** 142
| Family ties | *Les liens de parenté* |

6

The household	*La maisonnée*	
Births	*Les naissances*	
Upbringing	*L'éducation*	
Courting/Dating	*On fait la cour*	
Getting married	*On se marie*	
The ages of life	*Les âges de la vie*	
Death	*La mort*	

18. Social life — ***La vie en société*** 148
Meeting people	*Les rencontres*
Requests and answers	*Demandes et réponses*
Invitations	*Les invitations*
Apologies	*Les excuses*
Best wishes	*Les souhaits*

19. Games and sports — ***Les jeux et les sports*** 152
Children's games	*Jeux d'enfants*
Indoor games	*Jeux de société*
Sports	*Les sports*
On foot	*A pied*
On horseback	*A cheval*
At the races	*Aux courses*
Hunting and shooting	*La chasse*
Fishing	*La pêche*
In the mountains	*A la montagne*
Winter sports	*Les sports d'hiver*
Ice-hockey	*Le hockey sur glace*
In and on the water	*Dans et sur l'eau*
Athletics	*L'athlétisme*
Motor sport	*Le sport automobile*
Cycling	*Le cyclisme*
Ring sports	*Le ring*
Archery	*Le tir à l'arc*
Fencing	*L'escrime*
Baseball	*Le baseball*
Cricket	*Le cricket*
Tennis	*Le tennis*
Football	*Le foot(ball)*
Rugby (football)	*Le rugby*

20. Holidays — ***Les vacances*** 176
On holiday	*En vacances*
Travel	*Les voyages*
Transport	*Les transports*

7

21. **The intellect**   *L'intellect* 180
     The mind   *L'esprit et l'intelligence*
     Conscious - Unconscious   *Le conscient – L'inconscient*
     Competence   *La compétence*
     Reasoning   *Le raisonnement*
     Foresight/ forethought   *La prévoyance*
     Wisdom   *La sagesse/ sagacité*
     Stupidity   *La bêtise*
     Memory and forgetfulness   *La mémoire et l'oubli*

22. **Character**   *Le caractère* 186
     Temperament   *Le tempérament*
     Tolerance   *La tolérance*
     Intransigency   *L'intransigeance*
     Egocentricity   *L'égocentrisme*
     Liking and loving   *L'affection et l'amour*
     Altruism   *L'altruisme*
     Malice - Avidity   *La méchanceté - L'avidité*
     Humility - Pride   *L'humilité - L'orgueil et la fierté*
     Courage - Fear   *Le courage - La peur*
      and cowardice   *et la lâcheté*
     Prudence - Imprudence   *La prudence - L'imprudence*
     Honesty - Dishonesty   *L'honnêteté - La malhonnêteté*
     Energy - Laziness   *L'énergie - La paresse*

23. **Behaviour**   *Le comportement* 202
     Pleasure - Joy   *Le plaisir - La joie*
     Enthusiasm - Hope   *L'enthousiasme - L'espoir*
     Desire - Indifference   *Le désir - L'indifférence*
     Dissatisfaction   *L'insatisfaction*
     Frustration - Anger   *La frustration - La colère*
     Laughter and mockery   *Le rire et la moquerie*
     Grief   *Le chagrin*
     Aggressivity   *L'agressivité*
     Discredit - Hatred   *Le discrédit - La haine*
     Agreement - Disagreement   *L'accord - Le désaccord*
     Quarrelling   *Les disputes*
     Making it up   *La réconciliation*
     Persuasion - Dissuasion   *La persuasion - La dissuasion*
     Belief - Disbelief   *La confiance - L'incrédulité*
     Promises   *Les promesses*
     Authority - Submission   *L'autorité - La soumission*

Decision - Indecision *La décision - L'indécision*
Self-control *La maîtrise de soi*

24. **The language** *Le langage* 224
Inarticulate sounds *Les sons inarticulés*
The voice of discontent *La voix du mécontentement*
The tone of voice *Le timbre de la voix*
The enunciation *L'énonciation*
Loquacity *La loquacité*
The language of discussion *Le langage de la discussion*
The level of language *Le niveau de langue*
Linking phrases *Les liens du discours*

25. **Education** *L'enseignement* 232
Types of school *Types d'établissement*
Pupils *Les élèves*
The staff *Le personnel enseignant*
Teaching and learning *Enseigner et apprendre*
Organization *L'organisation*
School stationery *Les fournitures scolaires*
School furniture *Le mobilier scolaire*
The premises *Les locaux*
Equipment *L'équipement*
Schoolwork *Le travail scolaire*
Behaviour *La conduite*
Higher education *L'enseignement supérieur*
The academics *Les universitaires*
Students *Les étudiants*

26. **Cultural life** *La vie culturelle* 242
Arts and crafts *L'artisanat d'art*
Fine arts *Les beaux-arts*
Photography *La photographie*
The cinema *Le cinéma*
The circus *Le cirque*
The theatre *Le théâtre*
Music *La musique*
Keyboard instruments *Instruments à clavier*
Stringed instruments *Instruments à cordes*
Wind instruments *Instruments à vent*
Percussion instruments *Instruments à percussion*
The orchestra *L'orchestre*
Literature *La littérature*

27. **Religion** *La religion* 260
Faith *La foi*
The church *L'église*
The service *L'office*
The feasts *Les fêtes*

28. **The media** *Les médias* 264
The press *La presse*
Radio and television *Radio et télévision*

29. **Economic life** *La vie économique*................268
Economics *L'économie*
Management *La gestion*
Business *Les affaires*
The Stock Exchange *La Bourse*
Banking *La banque*
Trade *Le commerce*
Taxation *La fiscalité*
Advertising *La publicité*
Labour *La main-d'œuvre*
Trade unionism *Le syndicalisme*
Industries *Les industries*
Places of work *Les lieux de travail*
Raw materials *Les matières premières*
Products *Les produits*
Processes *Les procédés*
Sources of energy *Les sources d'énergie*
High tech(nology) *La technologie avancée*

30. **Transport** *Les transports* 284
Vehicles *Les véhicules*
Component parts *Les composants*
Driving *La conduite*
The roads *Les routes*
Rail(way) transport *Le transport ferroviaire*
Sea transport *Le transport maritime*
Air transport *Le transport aérien*

31. **Political life** *La vie politique* 290
Great Britain *La Grande-Bretagne*
Ministers and ministries *Ministres et ministères*
The United States *Les États-Unis*

10

32. War and peace   *La guerre et la paix* 294
    The armed forces   *Les forces armées*
    Ranks   *Les grades*
    The units   *Les unités*
    The weaponry   *L'armement*
    War   *La guerre*
    Peace   *La paix*

33. Justice   *La justice* 300
    The judicial system   *Le système judiciaire*
    The judiciary   *La magistrature*
    The Bar   *Le Barreau*
    The lawcourts   *Les palais de justice*
    Offences   *Délits, infractions et crimes*
    In court   *Au tribunal*
    The sentences   *Les peines*
    The police   *La police*

34. Present-day issues   *Les problèmes du monde actuel* 310
    Unemployment   *Le chômage*
    Poverty   *La misère*
    Urban problems   *Les problèmes urbains*
    The Third World   *Le Tiers Monde*
    Environmental issues   *Les problèmes écologiques*
    Environmental solutions   *Les solutions écologiques*

35. Countries and nationalities   *Les pays et les nationalités* 316

36. English spelling   *L'orthographe anglaise* 319

37. Uncountable nouns   *Les noms indénombrables* 325

38. Irregular verbs   *Les verbes irréguliers* 329

39. Verb patterns   *Les structures verbales* 336

40. Form and meaning   *La forme et le fond* 348

41. Perfidious Albion?   *Les faux amis* 356

En guise d'introduction

"My sister is not a boy!"

Le chansonnier, Jacques Bodin, a fait remarquer que le sens de cette phrase serait évident même pour ceux ou celles qui n'auraient jamais étudié la langue de Shakespeare.

En effet, un vocabulaire *peut* et même *doit* prendre pour acquises certaines connaissances de base et glisser rapidement sur certains centres d'intérêt, lorsque ceux-ci ne paraissent pas prioritaires, tandis que d'autres tranches de vocabulaire peuvent sembler mériter un traitement plus intensif.

C'est le cas notamment pour certains sports très populaires, tels que le football, le rugby et le tennis. Dans cette optique, la chasse à courre, par exemple, n'a eu droit qu'à la portion congrue! Il s'agissait, en somme, de mettre à la disposition du lecteur une terminologie adéquate qui lui permette de dialoguer réellement sur certains sujets avec des amis anglophones.

Nous avons voulu également donner une grande place au vocabulaire qui traite du caractère et du comportement. Car, de quoi parle-t-on entre amis? À part la pluie et le beau temps, nous parlons surtout d'autres amis et de leurs agissements – en bien ou en mal – quand il ne s'agit pas de parler de soi!

My vocabulary is not a dictionary

Un dictionnaire, ayant pris le parti de classer les mots selon leur ordre alphabétique, se trouve par ce fait obligé de regrouper tous les sens d'un mot dans une même rubrique. Un vocabulaire, au contraire, classe les mots selon leurs significations. Si donc un mot a plusieurs sens, il peut fort bien figurer à plusieurs endroits du vocabulaire selon le centre d'intérêt. Ainsi, le *chat* qui vous fait tousser en se logeant dans votre gorge a peu de chances de partager la même rubrique qu'un *chat de gouttière*.

To be or not to be in context?

Beaucoup de mots n'ont de signification que dans un contexte donné. En français, la phrase: *il n'y avait pas un chat dans la rue* n'implique pas une préoccupation particulière avec la race féline. L'anglais exprime la même idée d'une autre manière: *there wasn't a soul in the street*. Cela ne signifie pas pour autant que les Anglais soient davantage concernés par le sort de leur âme immortelle que les Français, ni que ceux-ci soient de plus grands amis des bêtes. De plus, la structure grammaticale d'un contexte peut être très significative. La forme affirmative: *il y avait un chat dans la rue* implique une présence féline et non pas humaine, tandis que *there was a soul in the street* signifierait nécessairement que nous avons affaire à un fantôme. Donc, vive le contexte!

Cependant, certains mots exigent plus que d'autres d'être mis en contexte et peuvent déborder sur la page suivante. Si vous ne trouvez pas votre bonheur exactement en face, ne désespérez pas! TOURNEZ LA PAGE!

British and American English

Bernard Shaw avait lancé un jour : *"Britain and America are two nations separated only by……the language".* Il s'agissait, bien entendu, d'une boutade. Il y avait déjà longtemps qu'Américains et Britanniques – quoique séparés par… l'Atlantique! – vivaient en bonne entente linguistique. Certes, il existe quelques différences d'accent et d'orthographe. Mais ces différences n'ont jamais constitué un obstacle sérieux à la communication orale ou écrite.

On peut, juste en passant, mentionner les terminaisons [-or] *armor* ou [-er] *center* en anglais américain opposées à [-our] *armour* ou [-re] *centre* en anglais britannique. Dans ce volume, nous avons opté pour l'orthographe et la prononciation britanniques, ce qui représente un certain avantage d'ordre pratique. En effet, l'orthographe et la prononciation britanniques sont celles qui sont enseignées dans la plupart des pays européens – dont la France!

Les Français et le franglais

Selon *Le Canard enchaîné* (citant le correspondant du *Figaro* à Londres le 21/3/94), l'historien Emmanuel Le Roy Ladurie aurait fait remarquer, lors d'une conférence à Brasenose College, Oxford, que l'anglais avait incorporé très exactement 37 032 mots dérivés du français!. Nous ne souhaitons ni confirmer ni infirmer ce chiffre. Nous nous contentons de constater que, en français comme en anglais, il existe actuellement, grâce à une longue coexistence géographique et linguistique, toute une série de vrais et de faux amis.

Les vrais amis

Vous verrez donc en tête de certaines pages un paragraphe intitulé: *mots transparents*. Il s'agit de mots dont la forme est reconnaissable, sinon identique, et dont ni le sens ni l'usage ne pose de grands problèmes à des francophones dans le domaine en question – de "vrais amis" qu'il semblait inutile de traduire.

Les faux amis

Lorsque, par contre, la forme d'un mot risque de produire un contresens, nous avons fait suivre ce mot — en français comme en anglais — d'un triangle [▲]. En appendice vous trouverez une liste de ces mots dont un des sens au moins peut induire en erreur. *Perfide Albion? The perfidious French?*

Bon voyage en Anglophonie! Happy landings!

LES AUTEURS

Les abréviations

En principe nous n'aimons pas les abréviations, source de tant de tracasseries de décryptage! Pour des raisons de clarté et de concision, il fallait bien en avoir, mais nous avons tenté d'en réduire le nombre au maximum et de les rendre aussi "parlantes" que possible. Les voici:

abrév	abréviation
adj	adjectif
adv	adverbe
fam	familier
fig	sens figuré
GB	anglais spécifiquement britannique
I plur	indénombrable pluriel
	(c'est-à-dire, un nom qui ne s'utilise qu'au pluriel, qui ne se dénombre pas et qui ne peut jamais par conséquent être précédé d'un dénombreur tel que *many, several,* etc.)
I sing	indénombrable singulier
	(c'est-à-dire un nom qui ne s'utilise qu'au singulier, qui ne se dénombre pas et qui ne peut jamais par conséquent être précédé de l'article indéfini)
n	nom
péj	péjorati
plur	pluriel
prép	préposition
sb	somebody; someone
sing	singulier
sth	something
US	anglais spécifiquement nord-américain
vb	verbe
▲	faux-ami

La prononciation

En dépit des efforts non négligeables de certains réformateurs — de Bernard Shaw en particulier — le monde anglophone n'a jamais pu se résoudre à modifier son orthographe pour la mettre vraiment en conformité avec la prononciation. Nous avons donc décidé de faire figurer systématiquement l'accent tonique principal de tous les mots anglais, y compris les mots composés, mais, pour ne pas alourdir la présentation, de ne donner la transcription phonétique que très sélectivement.

*Notre système est celui de l*International Phonetic Alphabet *adopté par A.C.Gimson dans la 14 édition du* English Pronouncing Dictionary *de Daniel Jones (Dent, London, 1977). Le voici:*

CONSONNES

[p]	comme dans	PEN	[s]	comme dans	SUN
[b]	comme dans	BOY	[z]	comme dans	ZERO
[t]	comme dans	TEA	[f]	comme dans	FISH
[d]	comme dans	DAY	[ʒ]	comme dans	DECISION
[k]	comme dans	COKE	[h]	comme dans	HOT
[g]	comme dans	GUN	[m]	comme dans	MURDER
[tʃ]	comme dans	CHEER	[n]	comme dans	NO
[dʒ]	comme dans	JUMP	[ŋ]	comme dans	THING
[f]	comme dans	FAT	[l]	comme dans	LOVE
[v]	comme dans	VERY	[r]	comme dans	RED
[θ]	comme dans	THING	[j]	comme dans	YES
[ð]	comme dans	THIS	[w]	comme dans	WILL

VOYELLES ET DIPHTONGUES

[iː]	comme dans	SHEEP	[ɜː]	comme dans	BIRD
[i]	comme dans	PITY	[ə]	comme dans	TEACHER
[ɪ]	comme dans	SHIP	[eɪ]	comme dans	MAKE
[e]	comme dans	BED	[əʊ]	comme dans	NOTE
[æ]	comme dans	BAD	[aɪ]	comme dans	MY
[ɑː]	comme dans	BAR	[aʊ]	comme dans	NOW
[ɒ]	comme dans	NOT	[ɔɪ]	comme dans	BOY
[ɔː]	comme dans	SCORE	[ɪə]	comme dans	NEAR
[ʊ]	comme dans	PUT	[ɛə]	comme dans	THERE
[uː]	comme dans	MOON	[ʊə]	comme dans	POOR
[ʌ]	comme dans	CUT			

1 TIME
A LES MOTS…

☞ *mots transparents:*
'annual – 'equinox – 'era – 'instant – mi'llenium – 'minute –
'moment – 'season – 'second – 'solstice

Divisions of time	**Les divisions du temps**
the past	*le passé*
the 'present	*le présent*
the 'future	*l'avenir; le futur*
'yesterday	*hier*
to'day	*aujourd'hui*
to'morrow	*demain*
☐	
'minute ['minit]	*minute*
hour	*heure*
'hourly *adj • adv*	*toutes les heures*
day	*jour; journée*
'daily *adj • adv*	*quotidien •*
	quotidiennement
week	*semaine*
'weekly *adj • adv*	*hebdomadaire • -ment*
'fortnight *(GB)*	*quinzaine*
'fortnightly *(GB) adj • adv*	*bi-mensuel • tous les quinze*
	jours
month [mʌnθ]	*mois*
'monthly *adj • adv*	*mensuel • mensuellement*
'quarter ['kwɔːtə] •	*trimestre •*
'quarterly *adj • adv*	*trimestriel • trimestriellement*
year	*an; année*
'yearly *adj • adv*	*annuel • annuellement*
'leap year	*année bissextile*
'decade ['dekeid] ▲	*décennie*
'century ['sentʃəri]	*siècle*
☐	
'morning	*matin; matinée*
after'noon	*après-midi*
'midday; noon	*midi*
'evening	*soir; soirée*
night • 'midnight	*nuit • minuit*

1 LE TEMPS
B ... DANS LEUR CONTEXTE

That will do for the present.	*Pour le moment c'est tout.*
In (the) future try to be on time.	*À l'avenir essaie d'être à l'heure.*
We have an hourly train service.	*Il y a un train toutes les heures.*
The hourly rate has been raised.	*Le tarif horaire a été augmenté.*
It took us/ We took two hours to get there.	*Nous avons mis/ Il nous a fallu deux heures pour y aller.*
We spent an hour queuing.	*Nous avons passé une heure à faire la queue.*
We have weekly meetings.	*On se réunit toutes les semaines.*
We pay the bill monthly.	*Nous réglons la note mensuellement.*
the day after/ before	*le lendemain/ la veille*
the morning after	*le lendemain matin*
the day before yesterday	*avant-hier*
the day after tomorrow	*après-demain*
Day/ Dawn is breaking.	*Le jour se lève.*
It will soon be day(light).	*Il fera bientôt jour.*
It's broad daylight.	*Il fait grand jour.*
Night is falling.	*La nuit tombe.*
It's dusk already.	*C'est déjà le crépuscule.*
I've been waiting all day/ week/ month/ year.	*J'ai attendu toute la journée/ la semaine/ le mois/ l'année.*

C EXPRESSIONS ET LOCUTIONS

I was reading into the small hours.	*Je lisais jusqu'à l'aube*
at peep of day/ dawn	*au point du jour*
in the old days	*dans l'ancien temps*
Those were the good old days!	*C'était le bon vieux temps!*

19

1 TIME
A LES MOTS...

The days	**Les jours**
'Sunday |'sʌndi|	*dimanche*
'Monday |'mʌndi|	*lundi*
'Tuesday |'tjuːzdi|	*mardi*
'Wednesday |'wenzdi|	*mercredi*
'Thursday |'θɜːzdi|	*jeudi*
'Friday |'fraɪdi|	*vendredi*
'Saturday |'sætədi|	*samedi*

The months	**Les mois**
'January	*janvier*
'February	*février*
March	*mars*
April	*avril*
May	*mai*
June	*juin*
Ju'ly	*juillet*
'August	*août*
Sep'tember	*septembre*
Oc'tober	*octobre*
No'vember	*novembre*
De'cember	*décembre*

The seasons	**Les saisons**
spring • 'spring-like	*le printemps • printanier*
'summer • 'summery	*l'été • estival*
'autumn; fall *(US)* • au'tumnal	*l'automne • automnal*
winter • 'wintry	*l'hiver • hivernal*

□

e'phemeral	*éphémère*
e'ternal • e'ternity	*éternel • éternité*
'instant • instan'taneous	*instant • instantané*
pro'visional • pro'visionally	*provisoire • provisoirement*
'temporarily • 'temporary	*temporairement • temporaire*

It happened last night.	*C'est arrivé (a) hier soir (b) cette nuit.*
I went out yesterday evening.	*Je suis sorti hier soir.*
What do you do in the mornings?	*Que faites-vous le matin?*
What are you doing tomorrow morning?	*Que faites-vous demain matin?*
How often do you see him?	*Tu le vois tous les combien?*
I see him every year.	*Je le vois tous les ans.*
I saw him last year.	*Je l'ai vu l'an dernier.*
I'll see him next year	*Je le verrai l'an prochain*
in a month's/ year's time	*d'ici un mois/ un an*
in five months'/ years' time	*dans cinq mois/ ans*
in (the year) 1994	*en (l'an) 1994*
in the 1990's.	*dans les années 90.*
She comes every two days/ every second day.	*Elle vient tous les deux jours.*
We go to church on Sundays.	*Nous allons à l'église le dimanche.*
"Good morning/ afternoon!"	*"Bonjour!"*
"Good evening!"	*"Bonsoir! "*
"Good night!"	*"Bonne nuit!"*
"See you on Sunday!"	*"A dimanche!"*

C EXPRESSIONS ET LOCUTIONS

How time flies!	*Que le temps passe vite!*
Time and tide wait for no man.	*On n'arrête pas le temps.*
They come to see us once in a blue moon.	*Ils ne viennent presque jamais nous rendre visite.*
A stitch in time saves nine.	*Ne remets jamais au lendemain ce que tu peux faire le jour même.*
You are behind your time!	*Tu es en retard sur ton époque.*

21

1 TIME
A LES MOTS...

The festive season	**La période des fêtes**
'Christmas |'krɪsməs|	*Noël*
'Christmas 'Eve	*la veille de Noël*
'Christmas 'Day	*le Jour de Noël*
'Christmas tree	*arbre de Noël*
'Christmas 'carol	*chant de Noël*
'Christmas card	*carte de Noël*
'Yule log |'juːl|	*bûche de Noël*
'Boxing Day	*le lendemain de Noël*
'Santa 'Claus; 'Father 'Christmas	*le Père Noël*
'New Year	*le Nouvel An*
'New Year's 'Day	*le Jour de l'An*

Adverbs of time	**Les adverbes de temps**
'after	*après; plus tard*
'always	*toujours*
be'fore	*avant*
be'forehand	*auparavant*
'early	*tôt*
'ever	*jamais (dans une interrogation)*
'formerly	*autrefois*
'frequently	*fréquemment*
late • 'lately	*tard • récemment*
'mostly	*le plus souvent*
'never	*jamais (dans une négation)*
'nowadays	*de nos jours; actuellement*
o'ccasionally	*de temps en temps*
'presently	*bientôt; tout à l'heure (dans le futur)*
'seldom	*rarement*
soon	*bientôt*
□	
from time to time	*de temps en temps; de temps à autre*
just now	*(a) maintenant (b) tout à l'heure (dans le passé)*
'sooner or 'later	*tôt ou tard*

22

1 LE TEMPS

B ... DANS LEUR CONTEXTE

Merry Christmas!	*Joyeux Noël!*
Happy New Year!	*Bonne Année!*
How old/ what age are you?	*Tu as quel âge?*
How long are you staying?	*Tu restes combien de temps?*
What a (long) time you've been!	*Tu y as mis du temps!*
How long has he been waiting?	*Il attend depuis combien de temps?*
He's been waiting for the last thirty minutes.	*Il attend depuis trente minutes.*
The first/ last ten minutes are the worst.	*Les dix premières/ dernières minutes sont les pires.*
What time is it?	*Il est quelle heure?*
What time have you got? What time do you make it?	*Tu as quelle heure?*
Have you got the right time?	*Est-ce que tu as l'heure exacte?*
It's ten (o'clock) in the morning (10 a.m.)/in the evening (10 p.m.).	*Il est 10 heures du matin/ du soir (22 heures).*
It's half past ten by my watch.	*Il est dix heures et demie à ma montre.*
What time do you get up?	*Tu te lèves à quelle heure?*
The trains are running to time/ behind time.	*Les trains sont à l'heure/ ont du retard.*
They are usually on time.	*Ils sont généralement à l'heure.*
We'll arrive in time.	*Nous arriverons à temps.*
Time is up!	*C'est l'heure!*
It's time to leave/ we left.	*Il est temps de partir.*

C EXPRESSIONS ET LOCUTIONS

We have all the time in the world.	*Nous avons tout notre temps.*
We'll have to make up for lost time.	*Il nous faudra rattraper le temps perdu.*

23

1 TIME

You're wasting time!	*Tu perds du temps!*
What a waste of time!	*Quelle perte de temps!*
What day/ month is it?	*Nous sommes quel jour/ mois?*
It's April 1st/ the first of April.	*Nous sommes le 1er avril.*
It's July 31st/ the 31st of July.	*Nous sommes le 31 juillet.*
You're half an hour late.	*Tu as une demi-heure de retard.*
Next time try to be early!	*La prochaine fois essaie d'arriver en avance!*
I don't have much spare time.	*Je n'ai pas beaucoup de loisirs.*

C EXPRESSIONS ET LOCUTIONS

It takes time for things to change.	*Les choses ne changent pas du jour au lendemain.*
I have no time for such people.	*Ce genre de personne m'agace.*
It's high time he was taught a good lesson!	*Il est grand temps que quelqu'un lui donne une bonne leçon!*
It would be about time too!	*Ce ne serait pas trop tôt!*
I've told you time and time again not to do that!	*Je t'ai dit et redit de ne pas faire ça!*
Time will show/ tell.	*L'avenir nous le dira.*
Take your time over it!	*Mets-y le temps qu'il faudra!*
It will take you all your time to get it done in time.	*Tu auras du mal à finir à temps.*
I did it in no time at all.	*Je l'ai fait en un rien de temps.*
You keep late hours.	*Tu veilles tard le soir.*
He's an early bird/ riser.	*C'est un lève-tôt.*
The early bird catches the worm.	*Le monde appartient aux lève-tôt.*

For the time being...	*Pour l'instant...*
It's a time-consuming process.	*Cela prend beaucoup de temps.*
It's a great time-saver.	*Cela fait gagner beaucoup de temps.*
The conductor beats time.	*Le chef d'orchestre bat la mesure.*
The orchestra must keep good time.	*L'orchestre doit rester en mesure.*
a time bomb	*une bombe à retardement*
a car bomb/ letter bomb	*une voiture/ lettre piégée*
a time switch	*une minuterie*
This pressure cooker has a timer.	*Cette Cocotte-Minute est munie d'un minuteur.*
The race was timed.	*La course a été chronométrée.*
a time zone	*un fuseau horaire*
He needs to recover from the time lag/ jet lag.	*Il a besoin de récupérer du décalage horaire/ après un vol.*
He needs some time off.	*Il a besoin d'un congé/ repos.*
Is there a deadline/ a time limit?	*Y a-t-il un délai à respecter?*

C EXPRESSIONS ET LOCUTIONS

It will be a race against time.	*Ce sera une course contre la montre.*
My time is my own.	*Je suis maître de mon temps.*
Let me know in good time.	*Faites-le-moi savoir à temps.*
All in good time!	*Chaque chose en son temps!*
She has had a rough time.	*Elle a passé un mauvais moment.*
I had the time of my life.	*Je me suis follement amusé.*
You timed that nicely!	*Tu as bien choisi ton moment!*
Your comment was very timely/ well-timed.	*Ton commentaire est tombé à point nommé.*
It's a time-honoured custom.	*C'est une coutume consacrée par l'usage.*

☞ *mots transparents:*

a'pogee – 'asteroid – 'astronaut; a'stronomy; astro'nomic(al) – big bang – 'comet – 'cosmic; 'cosmonaut – e'clipse – ex'plosion – force – 'galaxy – 'gravity – 'infinite – 'meteor; mete'oric – obser'vation; ob'servatory; ob'serve; ob'server – 'orbit – 'planet; 'planetary – 'pulsar – quark – 'quasar – radio-'telescope – 'satellite – 'solar – super'nova – tra'jectory – uni'versal; 'universe

Stars and planets

Les étoiles et les planètes

axis *(plur* axes)	*axe*
core	*noyau*
'nebula *(plur* nebulae) [nəbjʊlə(iː)]	*nébuleuse*
shine *(shone, shone)* [ʃain]	*briller*

Astronomy

L'astronomie

a'stronomer • astro'nomical	*astronome • astronomique*
'boundless	*infini*
core	*noyau*
ex'plode • ex'plosion	*exploser • explosion*
'infinite • in'finity	*infini • l' infini*
'light year	*année lumière*
'radiate • radi'ation	*rayonner • rayonnement*
un'limited	*illimité*

Space exploration

L'exploration de l'espace

blast off • 'blast-off	*décoller • décollage*
launch *vb* • *n*	*lancer • lancement*
lift off • 'lift-off	*décoller • décollage*
'rocket *n* • *vb*	*fusée • partir en flèche*
space	*l'espace*
'spaceship	*vaisseau spatial*
'space shuttle	*navette spatiale*
'weightlessness	*apesanteur*
the 'solar system	*le système solaire*

The earth revolves round the sun in an expanding universe.	*La terre tourne autour du soleil dans un univers en expansion.*
the earth crust	*la croûte terrestre*
a sun spot	*une tache solaire*
a solar flare	*une éruption solaire*
the Doppler shift	*l'effet Doppler*
interstellar space	*l'espace interstellaire*
a million light years	*un million d'années lumière*
cosmic rays/ radiation	*le rayonnement cosmique*
the radiation belt	*la ceinture de rayonnements*
a shooting star	*une étoile filante*
the pole star	*l'étoile polaire*
a dwarf (star)	*une (étoile) naine*
a giant (star)	*une (étoile) géante*
a binary star	*une étoile binaire*
a cluster of stars	*un amas d'étoiles*
the Milky Way	*la Voie lactée*
a spiral galaxy	*une galaxie spirale*
a launching pad	*une aire de lancement*
a manned (unmanned) rocket	*une fusée habitée (inhabitée)*
a moon landing	*un alunissage*
They have just put a satellite into orbit.	*On vient de mettre un satellite en orbite.*

C EXPRESSIONS ET LOCUTIONS

We moved heaven and earth.	*Nous avons remué ciel et terre.*
It only happens once in a blue moon.	*Cela n'arrive que tous les 36 du mois.*
There's a lot of moonlighting nowadays.	*Il y a beaucoup de travail au noir en ce moment.*
We talked about everything under the sun.	*Nous avons parlé de tout et de rien.*
He was born under a lucky star.	*Il est né sous une bonne étoile.*
I saw stars.	*J'ai vu trente-six chandelles.*

☞ *mots transparents:*
ca¹nal – ¹confluent – ¹delta – ¹glacier – ¹jungle – pano¹rama –
pe¹ninsula – plain – ¹plateau – ra¹vine – ¹reservoir – sa¹vannah

Geographical features	Traits géographiques
bush	*brousse*
¹forest • ¹rainforest	*forêt • forêt équatoriale*
moor	*lande*
scrub *(I sing)* skrʌb]	*brousse; maquis; garrigue*
wood(s)	*bois*
lake [leɪk]	*lac*
marsh [mɑːʃ]	*marais*
swamp [swɒmp]	*marécage*
¹desert *n* • de¹serted *adj*	*désert • désert; déserté*
¹landscape	*paysage; panorama*
¹scenery *(I sing)* [¹siːnri]	*paysage*
¹ice-cap [aɪs]	*calotte glaciaire*
¹ice-field	*névé; banquise*

Rivers and waterways	Fleuves et cours d'eau
bank	*bord (d'un cours d'eau)*
brook • ¹brooklet	*ruisseau • ruisselet*
¹current	*courant*
dam *n* • *vb*	*barrage • endiguer*
¹downstream • ¹upstream	*en aval • en amont*
flood *vb* • *n* [flʌd]	*inonder • inondation*
flow [fləʊ]	*couler*
mouth [maʊθ]	*embouchure*
spring	*source*
stream	*(a) ruisseau (b) courant*
¹tributary	*affluent*
¹waterfall	*cascade, chute d'eau*
¹watershed	*ligne de partage des eaux*
¹whirlpool	*tourbillon*

The city is deserted in August.	La ville est vide en août.
He often paints landscapes.	Il peint souvent des paysages.
There are very few virgin forests left.	Il reste très peu de forêts vierges.
the high plains of the Andes	le haut plateau andin
the Great Plains of North America	la Grande Prairie de l'Amérique du Nord
There's a lot of moorland in the North of England.	Il y a de grandes landes dans le nord de l'Angleterre.
There's a lot of fine rugged scenery in Scotland.	Il y a beaucoup de beaux paysages sauvages en Écosse.
In some places overgrazing has turned pastureland into scrub.	À certains endroits les pâturages surexploités sont revenus à la brousse.
The great Amazonian rainforests are at risk.	La grande forêt amazonienne est en danger.

C EXPRESSIONS ET LOCUTIONS

Don't beat about the bush!	Venons-en aux faits!
the bush telegraph	le téléphone arabe
You're going against the stream.	Tu vas à contre-courant.
You had better go with the stream a bit more.	Tu ferais mieux de suivre le courant un peu plus.
Go jump in the lake/ river!	Va au diable!
Still waters run deep!	Méfiez-vous de l'eau qui dort!
We're swamped with orders.	Nous sommes submergés de commandes.
Try to see how the land lies.	Essaie de tâter le terrain.

☞ *mots transparents:*
dune – ˈestuary – fiˈord – laˈgoon – source – ˈstagnant – ˈtorrent

Rivers and waterways	Fleuves et cours d'eau
overˈflow	*déborder*
run *(ran, ran)*	*couler*
□	
mud	*boue*
ˈquagmire *(aussi fig)* [kwæg-]	*bourbier*
silt	*limon*
slime [slaɪm]	*vase*
sludge [slʌdʒ]	*fange*
ˈturbid	*boueux*
□	
barge	*péniche*
bridge	*pont*
ˈfootbridge	*passerelle*
ford [fɔːd]	*gué*
lock [lɒk]	*écluse*
weir [wɪə]	*petit barrage*

Seas and oceans	Mers et océans
archiˈpelago [ɑːkɪ-]	*archipel*
bay	*baie*
beach	*plage*
cape [keɪp]	*cap*
ˈchannel	*chenal, détroit*
cliff	*falaise*
ˈcoast(line)	*côte*
cove	*crique*
gulf	*golfe*
ˈheadland	*promontoire*
ˈinlet	*crique*
ˈisland • ˈislet [aɪl-]	*île • îlot*
ˈisthmus	*isthme*
land *(I sing)* • ˈmainland	*terre (ferme) • continent*

fresh water	*eau douce*
The river runs into the sea.	*Le fleuve se jette dans la mer.*
a coral reef	*un récif de corail*
a rocky inlet	*une calanque*
the sea bed	*le fond marin*
a sandy/ pebbly beach	*une plage de sable/ de galets*
at/above/ below sea level	*au/ au-dessus/ au-dessous du niveau de la mer*
shifting sands/ quicksands	*sables mouvants*
the (English) Channel	*la Manche*
the Straits of Dover	*le pas de Calais*
the Malay Straits	*le détroit de Malacca*
They are sea-faring people.	*Ce sont des gens de mer.*
He went to sea as a boy.	*Il était matelot tout jeune.*
He is at sea now.	*Il est en mer à présent.*
He is on the high seas.	*Il est en haute mer.*
The ship is in the offing.	*Le navire passe au large.*
The sea was rough/ wild.	*La mer était agitée/ démontée.*
The waves were breaking.	*Les vagues se brisaient.*
The seas are heavy today.	*La mer est forte aujourd'hui.*
the ebb and flow of the tide	*le flux et le reflux de la marée*
The tide comes in/ goes out.	*La marée monte/ descend.*
at high/ low tide	*à marée haute/ basse*

C EXPRESSIONS ET LOCUTIONS

The book is as dull as ditch water.	*Ce livre est ennuyeux comme la pluie.*
His name is mud. *(péj)*	*Il est perdu de réputation.*
He's a stick-in-the-mud!	*Il manque d'initiative!*
He sold us down the river.	*Il nous a menés en bateau.*
You've burnt your boats/ bridges.	*Tu as commis l'irréparable.*
I wouldn't touch that with a bargepole.	*Je n'y toucherais pas avec des pincettes.*
He just barged into the room.	*Il a simplement fait irruption dans la pièce.*
Don't barge in now!	*Ne t'en mêle pas pour l'instant!*
Can you lend me some money to tide me over?	*Peux-tu me prêter un peu d'argent pour me dépanner?*

31

Seas and oceans	**Mers et océans**
reef	*récif*
'roadstead; roads *(I plur)*	*rade*
shore	*rivage*
straits *(I plur)*	*détroit*

☐

'billow *n • vb*	*lame • (fig) se gonfler*
'breaker	*lame déferlante*
buoy [bɔɪ]	*bouée*
foam [fəʊm]	*écume*
'groundswell	*lame de fond*
lap	*clapoter*

☐

pebble	*galet*
'quicksands *(I plur)*	*sables mouvants*
'roller	*déferlante*
sand • 'sandbank	*sable • banc de sable*
'seaside	*bord de mer*
'shallows *(I plur)*	*haut-fond*
'shingle *(I sing)*	*galets*
shoal	*haut-fond*
spray *(I sing)*	*embruns*
storm	*tempête*
surf [sɛːf]	*ressac*
surge [sɛːdʒ] *n • vb*	*houle • déferler*
swell *n • vb*	*houle • grossir*
swirl [swɛːl] *n • vb*	*tourbillon • tourbillonner*
tide [taɪd]	*marée*
wave [weɪv]	*vague*

☐

'harbour ['hɑːbə]	*port (bassin) voir* **port**
'lighthouse	*phare*
port	*port (ville) voir* **harbour**

B ... DANS LEUR CONTEXTE

a seaside resort	*une station balnéaire*
in the open sea	*en haute mer*
a choppy sea	*une forte/ grosse mer*
a smooth sea	*une mer calme*
a tidal wave	*un raz de marée*
the roaring forties	*les quarantièmes rugissants*
the harbour master	*le capitaine du port*
The ship was wrecked off the French coast.	*Le navire a fait naufrage au large de la côte française.*
The island stands just off the mainland.	*L'île se trouve au large du continent.*
The shingle is hard on bare feet.	*Les galets sont durs pour les pieds nus.*
a surfboard	*une planche (de surf)*

C EXPRESSIONS ET LOCUTIONS

It's a cliff-hanger. *(fam)*	*C'est un récit à suspense.*
They were in the doldrums. *(fig)*	*Ils broyaient du noir.*
The coast is clear.	*Le champ est libre.*
He was foaming at the mouth.	*Il écumait de rage.*
He still harbours a grudge against me.	*Il m'en garde encore rancune.*
I'm all at sea.	*Je n'y comprends rien.*
Have you ever been seasick?	*Est-ce que tu as jamais eu le mal de mer?*
You must be a good sailor.	*Tu dois avoir le pied marin.*
The sea is as calm as a millpond.	*C'est une mer d'huile.*
We'll weather the storm.	*Nous nous en tirerons.*
There's plenty more pebbles on the beach!	*Un de perdu dix de retrouvés!*
There's something in the offing.	*Il y a anguille sous roche.*
The sands are running out.	*Les heures sont comptées.*
They're in financial straits.	*Ils ont des ennuis d'argent.*
We're in dire straits.	*Notre situation est désespérée.*

☞ *mots transparents:*
'crater – cre'vasse –'glacier – gorge – 'lava – 'magma –
mo'raine – 'névé – ra'vine – 'summit – 'valley – vol'cano

Mountains and hills	La montagne
cliff	*paroi*
crag • 'craggy	*rocher escarpé • escarpé*
height • high [haɪt • haɪ]	*altitude • haut, élevé*
'highlands	*hautes terres (d'Ecosse…)*
hill • 'hilly	*colline, montagne à vaches •* *accidenté; vallonné*
'jagged ['dʒægid]	*déchiqueté, dentelé*
ledge	*corniche*
lofty	*haut, altier*
'mountainous	*montagneux*
over'hang • 'overhang	*surplomber • surplomb*
peak	*pic*
pre'cipitous	*à pic*
range [reɪndʒ]	*chaîne*
ridge	*arête*
rock • 'rocky	*rocher • rocheux*
steep	*raide, escarpé*
☐	
dale; 'valley	*vallée*
di'vide [dɪ'vaɪd]	*ligne de partage des eaux*
glen	*vallée (surtout en Ecosse)*
gorge [gɔːdʒ]	*défilé*
pass	*col*
☐	
cave [keiv]; 'cavern ['kævən]	*caverne; grotte*
chasm [kæzm]	*gouffre*
crack *n* • *vb*	*fissure • se fissurer*
'crevice	*petite fissure*
fault	*faille*
rift	*crevasse*
sheer	*escarpé, à pic*
verge ▲	*bord (d'un précipice)*

3 LA TERRE
B ... DANS LEUR CONTEXTE

a gentle/ steep slope	*une pente douce/ raide*
a hair-pin bend	*un tournant en épingle à cheveux*
the brink of a ravine	*le bord d'un précipice*
a great expanse of water	*une grande étendue d'eau*
a great stretch of land	*une grande étendue de terre*
a rock face	*une paroi rocheuse*
a range of mountains	*une chaîne de montagnes*
I often go walking in the mountains.	*Je vais souvent me promener à la montagne/ en montagne.*
You can see the snow-capped peaks.	*On voit les sommets enneignés.*
They tower above the lake.	*Ils dominent le lac.*
You can get a bird's eye view.	*On a une vue panoramique.*
What height is Mount Everest?	*Quelle est l'altitude du mont Everest?*
an overhanging rock	*un rocher en surplomb*
a sheer drop	*un à-pic*
an extinct/ active volcano	*un volcan éteint/ en activité*
a dormant volcano	*un volcan qui sommeille*

C EXPRESSIONS ET LOCUTIONS

Try to break the ice!	*Essaie de mettre de l'ambiance!*
It cuts no ice with me.	*Ça me laisse de glace.*
It's as old as the hills.	*C'est vieux comme le monde.*
There are hills as far as the eye can reach.	*Il y a des montagnes à perte de vue.*
I searched up hill and down dale.	*J'ai cherché par monts et par vaux.*
It's an uphill struggle.	*C'est une lutte constante.*
It's uphill all the way.	*Il n'y a pas de répit.*
We're over the hill now.	*Le pire est passé.*
You're making a mountain out of a molehill!	*Tu fais une montagne d'un rien!*
He could move mountains!	*Il soulèverait les montagnes!*
These are rock bottom prices.	*Ce sont des prix plancher.*
There's a rift between them.	*Ils sont brouillés.*
He's as solid as a rock.	*Il est solide comme un roc.*

Notons que les noms des chaînes de montagnes sont précédés de l'article défini, mais que les noms des monts et des pics individuels ne sont précédés d'aucun article:

☐

the Alps; the Pyrenees, etc.   *les Alpes; les Pyrénées ,etc.*
mais:
Mont Blanc; Mount Everest, etc. *le Mont Blanc; l'Everest, etc.*

☐

Notons, cependant, que les noms d'origine allemande sont précédés de l'article défini:

☐

the Eiger; the Jungfrau   *l'Eiger; la Jungfrau*
the Matterhorn   *le Cervin*

The cardinal points ## Les points cardinaux

east [iːst]   *est; à l'est*
north [nɔːθ]   *nord; au nord*
south [saʊθ]   *sud; au sud*
west [west]   *ouest; à l'ouest*

☐

'eastern ['iːstən]   *de l'est*
'northern ['nɔːðən]   *du nord*
'southern ['sʌðən]   *du sud*
'western ['westən]   *de l'ouest*

☐

the 'northern 'hemisphere   *l'hémisphère nord*
the 'southern 'hemisphere   *l'hémisphère sud*

a geographical map	*une carte géographique*
A geographer studies geography.	*Un géographe étudie la géographie.*
The wind is from the north.	*Le vent souffle du nord.*
Our house faces south.	*Notre maison est exposée au sud.*
We sailed in an easterly/ a northerly/southerly/ westerly direction.	*Nous avons mis le cap vers l'est/ le nord/ le sud/ l'ouest.*
We sailed due east/ north, etc.	*Nous avons mis le cap droit vers l'est/ le nord, etc.*
We drove east/ north, etc.	*Nous avons roulé vers l'est/ le nord, etc.*
The British Isles form a geographical unit but not a political one.	*Les Iles britanniques forment une unité géographique mais non politique.*
Ulster is sometimes referred to as Northern Ireland, while Eire is known as Southern Ireland.	*Quelquefois on appelle l'Ulster l'Irlande du Nord, tout comme l'Eire est connu sous le nom d'Irlande du Sud.*
Scotland lies to the north of England.	*L'Écosse est située au nord de l'Angleterre.*
Cornwall is part of the West Country.	*Le comté de Cornouailles fait partie des pays de l'ouest de l'Angleterre.*

□

the (English) Channel	*la Manche*
the Channel Islands	*les Iles anglo-normandes*
the Far East	*l'Extrême-Orient*
the Middle East	*le Moyen-Orient*
the Near East	*le Proche-Orient*
the West Indies	*les Antilles*

□

Voir aussi COUNTRIES AND NATIONALITIES

4 WEATHER AND CLIMATE
A LES MOTS...

☞ *mots transparents:*

ˈatmosphere; atmosˈpheric – ˈavalanche – baˈrometer – ˈcyclone – ˈdeluge – eˈruption – ˈlava – therˈmometer – torˈnado

### Good weather	### Beau temps
bright [braɪt]	*ensoleillé*
fair [fɛə]	*sec*
fine [faɪn]	*beau*
ˈsunny [ˈsʌni]	*ensoleillé*

### Bad weather	### Mauvais temps
foul [faʊl]	*infect*
bleak	*maussade*
ˈrotten	*exécrable*

### Cloudy weather	### Temps nuageux
cloud [klaʊd]	*nuage*
damp *adj* • *n*	*humide* • *humidité*
dew [dju:]	*rosée*
dull [dʌl]	*sombre*
overˈcast [əʊvəˈkɑːst]	*couvert*

### Misty weather	### Temps brumeux
fog • ˈfoggy	*brouillard* • *brumeux*
haze • ˈhazy [heɪzi]	*brume de chaleur* • *brumeux*
mist • ˈmisty	*brume* • *brumeux*
smog *(abrév* smoke + fog*)*	*brouillard mêlé de fumée*

### Dry weather	### Temps sec
ˈarid [ˈærɪd] • aˈridity [əˈrɪdɪti]	*aride* • *aridité*
dry [draɪ] *adj* • *vb*	*sec* • *sécher*
drought [draʊt]	*sécheresse*

Every house should have a weathercock.	*Chaque maison devrait avoir une girouette.*
It's very good weather now.	*Il fait beau (temps) maintenant.*
We're having very good weather.	*Nous avons un très beau temps.*
The weather forecast says sunny with occasional showers.	*La météo prévoit du soleil avec quelques averses.*
The outlook for Monday is: generally overcast, with low clouds in places.	*Les prévisons pour lundi sont : temps généralement couvert, avec des nuages bas par endroits.*
In short, foul/ rotten weather!	*Bref, un temps pourri!*
There will be morning fog.	*Il y aura de la brume le matin.*
There is a fog warning for motorists.	*Il y a un avis de brouillard pour les automobilistes.*
In a damp climate a heat-wave may bring hazy mornings.	*Dans un climat humide une vague de chaleur peut provoquer une brume de chaleur le matin.*
The sky is cloudless.	*Il n'y a pas un nuage dans le ciel.*
We may have a drought later.	*Nous pouvons craindre une sécheresse pour plus tard.*
It's clouding over again!	*Le ciel se couvre à nouveau!*

C EXPRESSIONS ET LOCUTIONS

He has his head in the clouds.	*Il est dans la lune/ les nuages.*
He is on cloud nine.	*Il est au septième ciel.*
She lives in cloud cuckoo land.	*Elle n'a pas les pieds sur terre; elle plane.*
I don't want to cast a cloud over your happiness.	*Je ne veux pas assombrir votre bonheur.*
He's under a cloud now.	*Il est en disgrâce.*
He's trying to cloud the issue.	*Il essaie de brouiller les cartes.*
Every cloud has a silver lining.	*Après la pluie le beau temps.*

4 WEATHER AND CLIMATE
A LES MOTS...

Rainy weather	**Temps pluvieux**
'cloudburst	*trombe d'eau*
'downpour	*pluie diluvienne*
drench	*tremper*
drizzle *vb* • *n*	*bruiner* • *bruine*
flood *vb* • *n* [flʌd]	*inonder* • *inondation*
mizzle *vb* • *n (US)*	*bruiner* • *bruine*
mon'soon	*mousson*
pour [pɔ:]	*tomber dru*
rain *n (I sing)* • *vb*	*pluie* • *pleuvoir*
'raindrop	*goutte de pluie*
'rainfall	*précipitation (mensuelle...)*
'rainy	*pluvieux*
soak	*tremper*
'shower *n* [ʃaʊə]	*averse*
'showery *adj*	*avec averses*
sleet	*pluie mêlée de grêle*
wet *adj* • *vb*	*humide; mouillé*
	• *mouiller*

Cold weather	**Temps froid**
'chilly ['tʃili]	*frisquet*
cool • 'coolness	*frais* • *fraîcheur*
freeze *(froze, frozen)*	*geler*
frost (white ~) • 'frosty	*givre (gelée blanche)*
	• *givrant*
hail *n* • *vb*	*grêle* • *grêler*
ice	*glace*
'icicle ['aısıkl]	*glaçon*
'nippy	*frisquet*
rime [raım]	*gelée blanche*
slush [slʌʃ]	*neige fondue*
snow *n* • *vb*	*neige* • *neiger*
'snowbound	*bloqué par la neige*
'snowdrift	*congère*
'snowflake	*flocon de neige*
'snowstorm	*tempête de neige*

It's wet today.	*Il pleut aujourd'hui.*
It looks like rain for a long time!	*Le temps est à la pluie pour longtemps!*
The rain is widespread.	*Il y a de la pluie un peu partout.*
The weather report talked of rain with occasional bright intervals.	*La météo annonçait de la pluie avec quelques éclaircies de temps en temps.*
When it's not a drizzle/ mizzle, it's heavy/ pelting rain!	*Quand il ne bruine pas nous avons une pluie battante!*
It's pouring (down) now.	*Il pleut à verse en ce moment.*
It's bucketing down.	*Il pleut à seaux.*
It's coming down in sheets.	*Il pleut des cordes.*
If it doesn't stop soon we'll be flooded (out)!	*Si cela ne s'arrête pas, bientôt nous allons tous être inondés!*
There was a lot of flooding last year.	*Il y a eu beaucoup d'inondations l'an dernier.*
The annual rainfall beat all records.	*Le taux annuel de précipitations a battu tous les records.*
We might have another Flood!	*Le Déluge pourrait revenir!*
There have been landslides.	*Il y a eu des glissements de terrain/ des éboulements.*
There have been tidal waves.	*Il y a eu des raz de marée.*
It's biting cold.	*Ça pèle!*
It's a spell of cold weather.	*C'est une vague de froid.*
There were some flakes of snow.	*Il y a eu des flocons de neige.*
We've had some icy fog too.	*Il y a eu du brouillard givrant.*
There is black ice on the roads.	*Il y a du verglas sur les routes.*
The roads are icy.	*Les routes sont verglacées.*

C EXPRESSIONS ET LOCUTIONS

It's raining cats and dogs.	*Il pleut à torrents.*
It never rains but it pours.	*Un malheur ne vient jamais seul.*
Come rain or (come) shine.	*Qu'il pleuve ou qu'il vente.*
I'm as right as rain!	*Je suis en parfaite santé!*
We must put something away for a rainy day	*Il faut garder une poire pour la soif.*

4 WEATHER AND CLIMATE
A LES MOTS...

Warm weather	**Temps chaud**

'**blistering** — *brûlant*
close [kləʊs] — *lourd*
heat • '**heat wave** — *chaleur • vague de chaleur*
hot — *chaud (quelquefois péj)*
mild [maɪld] — *tempéré; tiède*
'**scorching;** '**sweltering** — *brûlant*
'**stifling** ['staɪflɪŋ] — *suffocant*
'**sultry** ['sʌltri] — *étouffant*
warm • **warmth** [wɔːmθ] — *chaud • chaleur (agréable)*

Windy weather	**Temps venteux**

a'bate [ə'beɪt] ▲ — *diminuer d'intensité; tomber*
'**blizzard** — *tempête de neige*
blow [bləʊ] *(blew, blown)* — *souffler*
breeze — *brise*
'**cyclone** ['saɪkləʊn] — *cyclone*
die down [dai daʊn] — *diminuer d'intensité; tomber*
gale [gəɪl] — *tempête*
gust [gʌst] — *rafale*
'**hurricane** ['hʌrɪkeɪn] — *ouragan*
rage [reɪdʒ] — *faire rage*
squall [skwɔːl] — *grain*
tor'nado [tɔː'neɪdəʊ] — *tornade*
ty'phoon [taɪ'fuːn] — *typhon*
'**whirlwind** — *tornade*
wind • '**windy** — *vent • venté; venteux*

Stormy weather	**Temps orageux**

'**lightning** ['laɪtnɪŋ] — *éclair*
storm • '**stormy** — *orage • orageux*
'**thunder** *(I sing)* ['θʌndə] — *tonnerre*
'**thunderbolt** — *foudre*
'**thunderclap** — *coup de tonnerre*
'**thunderstorm** — *orage électrique*

42

Those earthquakes are at the back of it all.	*Ce sont ces tremblements de terre qui en sont responsables.*
There was an earthquake recently.	*La terre a tremblé récemment.*
I felt a tremor here.	*J'en ai senti une secousse ici.*
The lava flow buried the village.	*La coulée de lave a recouvert le village.*
It's close/ sultry weather.	*Le temps est lourd.*
It's blistering/ scorching/ sweltering!	*C'est la canicule!*
There is a high wind.	*Il fait un grand vent.*
Did you see that flash of lightning?	*As-tu vu cet éclair?*
No one can tell where the lightning may fall/ strike.	*Personne ne sait où la foudre peut tomber.*
That tree was struck by lightning.	*Cet arbre a été frappé par la foudre.*
Do you hear that rumble/ clap of thunder?	*As-tu entendu ce grondement/ coup de tonnerre?*
It's very thundery weather.	*Le temps est à l'orage.*

C EXPRESSIONS ET LOCUTIONS

There was thunderous applause/ a tempest/ thunder of applause.	*Il y a eu un tonnerre d'applaudissements.*
I was thunderstruck.	*J'ai été abasourdi.*
He's in a thundering rage.	*Il est dans une colère noire.*
"I will not!" he thundered.	*"Que non!" tonna-t-il.*

❐

Lisez ce "tongue-twister" très vite – si vous pouvez!

We'll weather the weather, whatever the weather, whether the weather be fair or foul!	*Nous tiendrons le cap, quelque temps qu'il fasse, beau ou mauvais!*

5 THE FLORA
A LES MOTS...

☞ *mots transparents:*

be'gonia – chry'santhemum – 'fuschia – ge'ranium – 'iris – 'jasmine – mi'mosa – nar'cissus – pe'tunia – rose – 'tulip – 'violet

Flowers	**Les fleurs**
'bluebell	*jacinthe sauvage*
'buttercup	*bouton d'or*
car'nation	*œillet*
'catkin	*chaton*
cle'matis	*clématite*
'cornflower	*bleuet*
'cowslip ['kaʊslɪp]	*coucou*
'daffodil	*jonquille*
'daisy	*pâquerette; marguerite*
'dandelion ['dændɪlaɪən]	*pissenlit*
for'get-me-not	*myosotis*
'honeysuckle	*chèvrefeuille*
'hyacinth ['haɪəsɪnθ]	*jacinthe*
'lavender ['lævəndə]	*lavande*
'lilac ['laɪlək]	*lilas*
'lily (annunciation~) ['lɪli]	*lys*
'lily-of-the-valley	*muguet*
'marigold	*souci*
may	*fleur d'aubépine*
nas'turtium	*capucine*
'orchid ['ɔːkɪd]	*orchidée*
'pansy	*pensée*
'peony ['pɪəni]	*pivoine*
'periwinkle	*pervenche*
'poppy	*coquelicot; pavot*
'primrose	*primevère*
rose • dog rose; wild rose	*rose • églantine*
'snowdrop	*perce-neige*
stock	*giroflée*
sweet pea	*pois de senteur*
'water lily	*nénuphar*

bud [bʌd]	*bourgeon; bouton*
bulb [bʌlb]	*oignon (de fleur)*
leaf *(plur* **leaves)**	*feuille*
pod	*gousse*
root	*racine*
seed	*graine*
stalk [stɔːk]	*tige (d'une fleur); queue (d'un fruit)*
stem	*tige*

Plants   Les plantes

'bracken *(I sing)*	*fougère arborescente*
'bramble	*ronce*
'briar [ˈbraɪə]	*églantier*
broom *(I sing)*	*genêt*
bush	*buisson*
'clover [ˈkləʊvə]	*trèfle*
fern [fɜːn]	*fougère*
gorse/ furze *(I sing)*	*ajoncs*
'hawthorn	*aubépine*
'heather [ˈheðə]	*bruyère*
'holly [ˈhɒli]	*houx*
'ivy [ˈaɪvi]	*lierre*
'laurel [ˈlɒrəl]	*laurier*
'nettle	*ortie*
ole'ander [əʊlɪˈændə]	*laurier-rose*
'privet [ˈprɪvɪt]	*troène*
reed	*roseau*
'rosemary [ˈrəʊzməri]	*romarin*
shrub [ʃrʌb]	*arbuste; arbrisseau*
thistle [θɪsl]	*chardon*
thyme [taɪm]	*thym*
Vir'ginia 'creeper	*vigne vierge*

□

'lichen [ˈlaɪkən]	*lichen*
'mistletoe [ˈmɪsltəʊ]	*gui*
moss	*mousse*

Trees — **Les arbres**

ash	*frêne*
bam'boo	*bambou*
beech	*hêtre*
birch	*bouleau*
'box(wood)	*buis*
'cedar [si:də]	*cèdre*
'chestnut • 'Spanish 'chestnut	*marronnier d'Inde • châtaignier*
'cypress ['saɪprəs]	*cyprès*
elm	*ormeau*
fir [fɜ:]	*sapin*
la'burnum [lə'bɜ:nəm]	*cytise*
larch	*mélèze*
maple [meɪpl]	*érable*
oak • 'cork oak	*chêne • chêne-liège*
pine [paɪn]	*pin*
plane [pleɪn]	*platane*
'poplar	*peuplier*
'redwood	*séquoia*
'rowan ['raʊən]	*sorbier*
'willow • 'weeping 'willow	*saule • saule pleureur*
yew [ju:]	*if*

❐

bark	*écorce*
'foliage ['fəʊlɪ-ɪdʒ]	*feuillage*
leaf • 'leafy	*feuille • feuillu*
root	*racine*
trunk [trʌŋk]	*tronc*

❐

'clearing/ glade	*clairière*
'coppice/ copse	*taillis*
'forest	*forêt*
grove	*bosquet*
'thicket ['θɪkɪt]	*fourré*
'undergrowth ['ʌndəgrəʊθ]	*sous-bois*
wood	*bois*

Voir aussi AGRICULTURE **(fruit)**

Everything is in full bloom.	*Tout est en fleur.*
The roses are just opening.	*Les roses commencent à s'ouvrir.*
I'll pick you a bunch of flowers.	*Je vous cueillerai un bouquet de fleurs.*
They will soon be withered/ faded.	*Elles seront bientôt flétries/ fanées.*
Our garden is overrun with weeds.	*Notre jardin est infesté de mauvaises herbes.*
This is an evergreen tree.	*C'est un arbre à feuilles persistantes.*
A deciduous tree sheds its leaves in winter.	*Un arbre à feuilles caduques perd ses feuilles en hiver.*
It will come into leaf again in spring.	*Il mettra ses feuilles à nouveau au printemps.*
The trees are swaying.	*Les arbres se balancent.*
The branches are overgrown with mistletoe.	*Les branches sont envahies de gui.*
We'll have to fell this tree.	*Il nous faudra abattre cet arbre.*
on the outskirts/ fringe/ edge of the wood	*à la lisière/ à l'orée du bois*

C EXPRESSIONS ET LOCUTIONS

You see life through rose-coloured spectacles.	*Tu vois la vie en rose.*
Life isn't a bed of roses.	*Dans la vie, tout n'est pas rose.*
My plans were nipped in the bud.	*Mes projets ont été étouffés dans l'œuf.*
Don't beat about the bush.	*Ne tourne pas autour du pot!*
A rolling stone gathers no moss.	*Pierre qui roule n'amasse pas mousse.*
We're not out of the wood yet.	*On n'est pas encore sorti de l'auberge.*
He can't see the wood for the trees.	*Les arbres lui cachent la forêt.*
Money doesn't grow on trees.	*L'argent ne pousse pas sous le sabot d'un cheval.*

Fresh-water fish (plur *fish*) **Poissons d'eau douce**

eel *(plur* eels*)*	*anguille*
'fresh-water 'crayfish	*écrevisse*
'gudgeon *(plur* gudgeons*)*	*goujon*
perch *(plur* perch*)* [pɜ:tʃ]	*perche*
pike *(plur* pike*)* [paɪk]	*brochet*
tench *(plur* tench*)* [tentʃ]	*tanche*
trout *(plur* trout*)* [traʊt]	*truite*

Sea fish **Poissons de mer**

cod *(plur* cod*)*	*cabillaud; morue*
'haddock *(plur* haddock*)*	*aiglefin*
hake *(plur* hake*)*	*colin*
'herring *(plur* herring*)*	*hareng*
'lemon 'sole *(plur* lemon soles*)*	*limande*
'mackerel *(plur* mackerels*)*	*maquereau*
plaice *(plur* plaice*)*	*carrelet*
'salmon *(plur* salmon*)* ['sæmən]	*saumon*
sar'dine *(plur* sardines*)*	*sardine*
shark *(plur* sharks*)*	*requin*
skate *(plur* skates*)*	*raie*
sole (Dover~) *(plur* soles*)*	*sole*
'tuna *(plur* tunas*)* ['tju:nə]	*thon*
'tunny (fish) *(plur* -fish*)* ['tʌni]	*thon*
❐	
fin	*nageoire*
gills *(plur)* [gɪlz]	*branchies; ouïes*
scale	*écaille*
tail	*queue*

Amphibians **Les batraciens**

frog	*grenouille*
'tadpole ['tædpəʊl]	*têtard*
toad [təʊd]	*crapaud*
❐	
'salamander	*salamandre*

Shellfish (I sing) and molluscs
Les crustacés et les mollusques

clam	*palourde*
'crayfish *(plur* crayfish)	*langouste*
'earthworm	*ver de terre*
'glowworm ['gləʊwɜːm]	*ver luisant*
leech	*sangsue*
'lobster	*homard*
'mussel ['mʌsl]	*moule*
'octopus	*poulpe; pieuvre; encornet; seiche*
'oyster ['ɔɪstə]	*huître*
'scallop	*coquille Saint-Jacques*
'sea-'urchin	*oursin*
shrimp	*crevette*
'silkworm	*ver à soie*
'starfish	*étoile de mer*

Reptiles
Les reptiles

'adder • 'viper ['vaɪpə]	*vipère*
'alligator	*alligator*
'boa ['bəʊə]	*boa*
'crocodile [krɒkədaɪl]	*crocodile*
hiss	*siffler; sifflement*
'lizard ['lɪzəd]	*lézard*
'python ['paɪθn]	*python*
'rattlesnake	*serpent à sonnettes*
snake • 'grass snake	*serpent • couleuvre*
'tortoise ['tɔːtəs]	*tortue des jardins*
turtle [tɜːtl]	*tortue de mer*

Insects
Les insectes

ant • 'anthill	*fourmi • fourmilière*
bee	*abeille*
beetle	*scarabée*
'bluebottle	*mouche à viande*
bug [bʌg]	*hanneton; insecte; microbe*
'bumblebee ['bʌmblbiː]	*bourdon*

'butterfly [ˈbʌtəflaɪ]	*papillon*
'caterpillar [ˈkætəpɪlə]	*chenille*
'chrysalis [ˈkrɪsəlɪs]	*chrysalide*
ci'cada [sɪˈkɑːdə]	*cigale*
co'coon	*cocon*
'cricket	*grillon*
'dragonfly	*libellule*
drone	*bourdon*
'feeler	*antenne*
flea	*puce*
fly [flaɪ]	*mouche*
gnat [næt]	*moucheron*
'grasshopper	*petite sauterelle*
'greenfly *(I sing)*	*puceron*
grub [grʌb]	*larve*
'hornet	*frelon*
'ladybird	*coccinelle*
'locust [ˈləʊkəst]	*sauterelle d'Afrique*
louse [laus] *(plur* lice*)*	*pou (plur poux)*
'midge(t)	*moucheron*
mos'quito	*moustique*
moth	*papillon de nuit*
'oxfly/ 'horsefly	*taon*
'spider [ˈspaɪdə]	*araignée*
wasp [wɒsp]	*guêpe*
□	
bite *(bit, bitten)* [baɪt]	*mordre; piquer*
bite *n*	*morsure; piqûre*
hum/ buzz	*bourdonner*
'poison • 'poisonous	*poison • venimeux*
snap (up)	*happer*
sting *(stung, stung) vb • n*	*piquer • dard; piqûre*
swarm *n • vb* [swɔːm]	*essaim • essaimer*
teem	*fourmiller; grouiller*
'venom • 'venomous	*venin • venimeux*

They have a lot of good seafood here.	*On a beaucoup de bons fruits de mer ici.*
He runs an oyster farm.	*Il a un parc à huîtres.*
a pearl oyster	*une huître perlière*
He's a bee-keeper.	*C'est un apiculteur.*
He keeps bees.	*Il élève des abeilles.*
a (bee)hive	*une ruche*
a honey comb	*un rayon de miel*
Bees gather honey.	*Les abeilles butinent.*
The spider weaves its web.	*L'araignée tisse sa toile.*
a cobweb	*une toile d'araignée*
a mosquito bite	*une piqûre de moustique*

C EXPRESSIONS ET LOCUTIONS

It's neither fish nor fowl.	*Ce n'est ni chair ni poisson.*
That's a fine kettle of fish.	*Nous voilà dans de beaux draps.*
It's a different kettle of fish.	*C'est une autre paire de manches.*
I have other fish to fry.	*J'ai d'autres chats à fouetter.*
He drinks like a fish.	*Il boit comme un trou.*
He's a queer fish.	*C'est un drôle de numéro.*
That's a fishy story.	*C'est une histoire louche.*
There's plenty more fish in the sea/pebbles on the beach!	*Un de perdu dix de retrouvés!*
They trailed a red herring across our path.	*Ils ont essayé de faire diversion.*
It's a red herring.	*C'est une manœuvre de diversion.*
a herring-bone pattern	*un dessin à chevrons*
He shut up like an oyster.	*Il est resté muet comme une carpe.*
He's a real bookworm.	*C'est un vrai rat de bibliothèque.*
The story has a sting in the tail.	*L'histoire a une fin inattendue.*
He's a snake in the grass.	*C'est un faux jeton.*
He has a bee in his bonnet.	*C'est une idée fixe chez lui.*
We must put out feelers.	*Il faut tâter le terrain.*
There are no flies on him.	*Il ne s'en laisse pas conter.*

Birds

Les oiseaux

'blackbird	merle
'buzzard ['bʌzad]	buse
ca'nary [kə'nɜəri]	canari
crow	corbeau
cu'ckoo	coucou
dove [dʌv]	colombe
eagle	aigle
'falcon ['fɒlkən]	faucon
grouse [graʊs]	coq de bruyère
hawk [hɔ:k]	faucon
'heron ['herən]	héron
kite [kaɪt]	milan
lark [lɑ:k]	alouette
'magpie ['mægpaɪ]	pie
'nightingale ['naɪtɪŋgeɪl]	rossignol
owl • 'barn-owl [aʊl]	hibou • chouette
'parrot	perroquet
'partridge	perdrix; perdreau
'pelican	pélican
'penguin	pingouin
'pheasant	faisan
quail	caille
'raven ['reɪvən]	grand corbeau
'robin; 'redbreast ['redbrest]	rouge-gorge
rook	corneille; freux
'(sea)gull ['si:gʌl]	mouette
'sparrow • 'sparrowhawk	moineau • épervier
'starling	étourneau
stork	cigogne
'swallow [swɒləʊ]	hirondelle
swan [swɒn]	cygne
swift	martinet
thrush [θrʌʃ]	grive
tit	mésange
'vulture ['vʌltʃə]	vautour
'woodpecker	pivert

Birds nest in hedges.	*Les oiseaux font leur nid dans les haies.*
They lay eggs and hatch them.	*Ils pondent des œufs et les couvent.*
We went bird-nesting.	*Nous sommes allés dénicher des oiseaux/ des œufs.*
The bird is full-fledged.	*L'oiseau a toutes ses plumes.*

□

The crow caws.	*Le corbeau croasse.*
The dove coos.	*La colombe roucoule.*
The tit warbles.	*La mésange gazouille.*
The blackbird whistles.	*Le merle siffle.*
The sparrow chirps.	*Le moineau pépie.*

□

The lark soars skywards.	*L'alouette s'élance dans le ciel.*
The eagle hovers before swooping down on its prey.	*L'aigle plane avant de fondre sur sa proie.*
A peacock struts.	*Un paon fait la roue.*
Rooks roost in the trees.	*Les freux perchent dans les arbres.*
a flight of birds	*un vol d'oiseaux*
a covey of partridges	*une compagnie de perdreaux*

C EXPRESSIONS ET LOCUTIONS

There's a fly in the ointment.	*Il y a un hic.*
He made a waspish remark.	*Il a fait une remarque acerbe.*
She has a waspish tongue.	*Elle a une langue de vipère.*
She has a wasp waist.	*Elle a une taille de guêpe.*
The bird took wing.	*L'oiseau a pris son vol.*
It is on the wing.	*Il est en plein vol.*
We have a bird's eye view.	*Nous avons une vue panoramique.*
The bird has flown.	*L'oiseau s'est envolé.*
He's a queer bird.	*C'est un drôle d'oiseau.*
She's given him the bird.	*Elle l'a plaqué.*

6 WILDLIFE
A LES MOTS...

☞ *mots transparents:*

chamois – chimpan'zee – 'elephant – ga'zelle – gi'raffe – go'rilla – hippo'potamus – kanga'roo – 'leopard – 'lion – lynx – 'mammouth – 'marmot – 'panther – rhi'noceros – 'tiger – 'zebra

Birds	**Les oiseaux**
beak; bill	*bec*
claw	*griffe*
crest	*crête*
down [daʊn]	*duvet*
'feather ['feθə]	*plume*
leg	*patte*
tail	*queue*
'talon ['tælən]	*serre*
wing	*aile*

Mammals	**Les mammifères**
ape [eɪp]	*grand singe*
bear [bɜə]	*ours*
boar [bɔ:]	*sanglier*
buck [bʌk]	*cerf (mâle)*
deer *(plur* deer)	*daim*
doe; hind [haɪnd]	*biche*
'dolphin	*dauphin*
elk	*élan*
fawn	*faon*
fox	*renard*
hy'ena [haɪ'i:nə]	*hyène*
lion cub	*lionceau*
'monkey ['mʌŋki]	*singe*
moose	*élan*
'polar bear	*ours polaire*
'porpoise	*marsouin*
'reindeer	*renne*
roe; 'roebuck	*chevreuil*

I felt as free as a bird.	*Je me sentais libre comme l'air.*
He's a full-fledged doctor now.	*Il vient d'avoir son doctorat en médecine.*
A bird in the hand is worth two in the bush.	*Un tiens vaut mieux que deux tu l'auras.*
The actor was given the bird.	*On a hué/ sifflé l'acteur.*
It's (strictly) for the birds.	*C'est bon pour les gogos.*
The early bird catches the worm.	*Le monde appartient aux lève-tôt.*
He killed two birds with one stone.	*Il a fait d'une pierre deux coups.*
He has to be told about the birds and the bees.	*Il faut lui dire que les enfants ne naissent pas dans les choux.*
You can talk about it till the birds/ cows come home.	*Tu peux en discuter jusqu'à la saint-glinglin.*
A little bird told me.	*C'est mon petit doigt qui me l'a dit.*
Birds of a feather flock together.	*Qui se ressemble s'assemble.*
Fine feathers make fine birds.	*L'habit ne fait pas le moine.*
You could have knocked me down with a feather!	*Cela m'a coupé le souffle!*
He's in fine feather.	*Il est en grande forme.*
He's feathered his nest.	*Il a fait sa pelote.*
That made the feathers/ fur fly.	*Cela a mis le feu aux poudres.*
It ruffled his feathers.	*Cela l'a hérissé.*
He's brooding over something.	*Il rumine quelque chose.*
It's not far as the crow flies.	*Ce n'est pas loin à vol d'oiseau.*
She's beginning to have crow's feet.	*Elle commence à avoir des pattes-d'oie.*
It was a wild goose chase.	*On est revenu bredouille.*
All his geese are swans.	*Pour lui ses enfants sont les merveilles du monde.*
She took him under her wing.	*Elle l'a pris sous son aile.*
One swallow does not make a summer.	*Une hirondelle ne fait pas le printemps.*

Mammals

'sea 'elephant	*éléphant de mer*
seal	*phoque*
stag	*cerf (mâle)*
'walrus ['wɒlrəs]	*morse*
whale [wəil]	*baleine, cachalot*
wolf [wʊlf] *(plur* wolves)	*loup*

Les mammifères

Rodents

'badger ['bædʒə]	*blaireau*
bat	*chauve-souris*
'beaver ['biːvə]	*castor*
'dormouse *(plur* 'dormice)	*loir*
'ferret	*furet*
hare	*lièvre*
'hedgehog	*hérisson*
mole • 'molehill	*taupe • taupinière*
mouse [maʊs] *(plur* mice)	*souris*
'porcupine ['pɔːkjʊpaɪn]	*porc-épic*
'rabbit	*lapin*
rat	*rat*
'squirrel	*écureuil*
'weasel	*belette*

Les rongeurs

6 LA FAUNE

B ... DANS LEUR CONTEXTE

The elephant has a trunk/ tusks.	L'éléphant a une trompe/ des défenses.
The elephant trumpets.	L'éléphant barit.
The lion roars.	Le lion rugit.
The leopard is spotted.	Le léopard a des taches.
The tiger is striped.	Le tigre a des rayures.
a pack of wolves	une meute de loups

C EXPRESSIONS ET LOCUTIONS

They're full of animal spirits.	Ils sont pleins de vitalité.
He apes his father.	Il imite son père.
He's like a bear with a sore head.	Il est d'une humeur massacrante.
Let sleeping dogs lie.	Ne réveillez pas le chat qui dort.
I was foxed.	Je me suis fait avoir.
I'm going to beard the lion.	Je vais affronter l'ogre.
Stop playing the monkey!	Cesse de faire le singe!
She's a little monkey.	C'est une petite coquine.
He swallowed a camel.	On lui a fait avaler une couleuvre.
It's the last straw (that breaks the camel's back).	C'est la dernière goutte (qui fait déborder le vase).
He's a lone wolf.	Il fait cavalier seul.
He's a wolf in sheep's clothing.	C'est un traître.
That will keep the wolf from the door.	Cela nous mettra à l'abri du besoin.
It's dangerous to cry wolf.	Il est dangereux de crier au loup.
Stop badgering me!	Cesse de m'enquiquiner!
She's as blind as a bat.	Elle est myope comme une taupe.
He has/ is bats in the belfry; (fam) He is bats.	Il a une araignée au plafond.
He has a hare lip.	Il a un bec-de-lièvre.
He is hare-brained.	C'est une tête de linotte.
He's as mad as a March hare.	Il travaille du chapeau.
It's a rat race.	C'est la foire d'empoigne.
I smell a rat.	Il y a anguille sous roche.

57

7 THE HUMAN BODY
A LES MOTS...

☞ *mots transparents:*
'abdomen – 'biceps – bust – 'clavicle – 'colon – 'femur – 'muscle –
'penis – 'pubis – 'tendon – 'testicle – 'torso – 'vertebra

The head and limbs	La tête et les membres
cheek	*joue*
chin	*menton*
ear • 'earache	*oreille • mal à l'oreille*
eye • 'eyelash • 'eyelid	*œil • cil • paupière*
face	*figure* ▲
gum	*gencive*
hair *(I sing)*	*cheveu(x); poil(s)*
head • 'forehead	*tête • front*
jaw, 'jawbone	*mâchoire*
lip	*lèvre*
mouth	*bouche*
neck	*cou*
nose	*nez*
throat [θrəʊt]	*gorge*
tongue [tʌŋ]	*langue*
tooth *(plur* teeth)	*dent*
❐	
arm • 'armpit	*bras • aisselle*
'elbow	*coude*
'finger • (middle ~) • (ring ~) • (little ~) • 'forefinger	*doigt • majeur • annulaire • auriculaire • index*
'(finger)nail	*ongle (du doigt)*
'forearm	*avant-bras*
hand	*main*
palm	*paume*
'shoulder ['ʃəʊldə]	*épaule*
thumb [θʌm]	*pouce*
wrist [rɪst]	*poignet*
❐	
foot *(plur* feet)	*pied*
heel	*talon*

She bowed her head.	*Elle baissa la tête.*
They danced cheek to cheek.	*Ils dansaient joue contre joue.*
His hair is getting thin.	*Ses cheveux se sont clairsemés.*
He hasn't got much hair left.	*Il ne lui reste plus beaucoup de cheveux.*
My eyes are sore.	*J'ai mal aux yeux.*
I couldn't believe my eyes.	*Je n'en croyais pas mes yeux.*
I couldn't take my eyes off it.	*Je ne pouvais en détacher mes yeux.*
He clenched his fists.	*Il serra les poings.*
He craned his neck.	*Il allongea le cou.*
She held it in the hollow of her hand.	*Elle le tenait dans le creux de la main.*
She clasped her hands.	*Elle joignit les mains.*
He folded his arms.	*Il a croisé les bras.*
He crossed his legs.	*Il a croisé les jambes.*

C EXPRESSIONS ET LOCUTIONS

He's got a/ some cheek/ neck!	*Il en a du toupet!*
Keep your chin up!	*Courage!*
She was all ears.	*Elle était tout ouïe.*
An eye for an eye, a tooth for a tooth.	*Œil pour œil, dent pour dent.*
There's more in it than meets the eye.	*Ce n'est que la partie visible de l'iceberg.*
She's got an eye for a bargain.	*Elle sait voir les bonnes affaires.*
That's one in the eye for him!	*Ça lui fait les pieds!*
She's the apple of my eye.	*Je tiens à elle comme à la prunelle de mes yeux.*
We're up to the eyes in work.	*Nous avons du travail par-dessus la tête.*
You're a sight for sore eyes!	*Quel plaisir de te revoir!*

calf (*plur* calves) [kɑːf]	*mollet*
hip	*hanche*
knee [niː]	*genou*
leg	*jambe*

The frame

La charpente

back	*dos*
ˈbelly	*ventre*
bone • ˈcollarbone	*os • clavicule*
breast [brest]	*sein*
ˈbuttock [ˈbʌtək]	*fesse*
chest [tʃest]	*poitrine*
groin [grɔɪn]	*aine*
muscle [mʌsl]	*muscle*
ˈmuscular [ˈmʌskjʊlə]	*musclé*
rib	*côte*
skin	*peau*
spine, ˈspinal ˈcolumn	*colonne vertébrale*
thigh [θaɪ]	*cuisse*
waist	*taille*

The internal organs

Les organes internes

aˈppendix	*appendice*
ˈbladder	*vessie*
blood [blʌd]	*sang*
ˈbowel [ˈbaʊəl]	*intestin*
brain	*cerveau*
gall [gɒl] • ˈgall ˈbladder	*bile • vésicule biliaire*
heart [hɑːt]	*cœur*
inˈtestine • ˈsmall inˈtestine	*intestin • intestin grêle*
ˈkidney	*rein*
ˈliver [ˈlɪvə]	*foie*
lung [lʌŋ]	*poumon*
spleen	*rate*
ˈstomach [ˈstʌmək]	*estomac*
ˈtummy (*fam*) [ˈtʌmi]	*estomac; ventre*

That was an eye-opener.	*Ce fut une révélation.*
She raised her eyebrows.	*Elle a levé les sourcils.*
He didn't bat an eyelash.	*Il n'a pas bronché/ sourcillé.*
He made a face.	*Il a fait une grimace.*
We mustn't lose face!	*Il ne faut pas perdre la face!*
You can talk till you're blue in the face!	*Cause toujours!*
He had a hair's breadth escape.	*Il l'a échappé belle.*
It was hair-raising/ it made my hair stand on end.	*C'était à faire dresser les cheveux sur la tête.*
Stop splitting hairs!	*Cesse de couper les cheveux en quatre!*
Keep a stiff upper lip!	*Ne perds pas courage!*
The news spread by word of mouth.	*La nouvelle s'est répandue de bouche à oreille.*
He's a pain in the neck.	*Il est casse-pieds.*
It's as plain as the nose on your face.	*C'est clair comme le jour.*
He escaped by the skin of his teeth.	*Il l'a échappé belle.*
It's on the tip of my tongue.	*Je l'ai sur le bout de la langue.*
Hold your tongue!	*Tais-toi!*
It was a slip of the tongue.	*La langue m'a fourché.*
All my fingers are thumbs.	*Je ne sais rien faire de mes dix doigts.*
They live from hand to mouth.	*Ils vivent au jour le jour.*
on the one hand… on the other (hand)	*d'une part… d'autre part*
He got rapped over the knuckles.	*Il s'est fait taper sur les doigts.*
Keep your fingers crossed!	*Croise les doigts ! Touche du bois!*
He's got a finger in every pie.	*Il a des intérêts partout.*
It's within arm's reach.	*C'est à portée de la main.*
I'm going to stretch my legs.	*Je vais faire un petit tour.*
Have a heart!	*Pitié!*
I can't stomach that.	*Je ne peux pas supporter cela.*
My blood is up.	*Je suis furieux.*

The positions of the body	Les positions du corps
bend *(bent, bent)*	*(se) courber*
bow [baʊ]	*(s')incliner*
kneel [niːl] *(knelt, knelt)*	*s'agenouiller*
lean [liːn] *(leant, leant)* [lent]	*(a) se pencher (b) s'accouder*
lounge [laʊndʒ]	*se prélasser*
re'cline [rɪ'klaɪn]	*s'allonger; être allongé*
sit (down) *(sat, sat)*	*s'asseoir*
squat (down) [skwɒt]	*s'accroupir*
stand *(stood, stood)*	*être debout*
stand up	*se mettre debout*
stoop	*se pencher*
stretch	*(s')étirer*

Actions	Les actions
catch *(caught, caught)*	*attraper*
hold *(held, held)*	*tenir*
pull	*tirer*
push	*pousser*
throw [θrəʊ] *(threw, thrown)*	*lancer*

Movements	Les déplacements
march *vb • n*	*marcher (militaire) • marche*
move	*bouger*
run *(ran, run) vb • n*	*courir • course*
walk *vb • n*	*marcher • marche; promenade*
◻	
amble	*déambuler*
hike *n • vb* [haɪk]	*randonnée • faire des randonnées*
ramble *n • vb (GB)*	*randonnée • errer; faire des randonnées*
'saunter *vb • n* ['sɔːntə]	*flâner • flânerie*
stroll *vb • n* [strəʊl]	*flâner • flânerie; petit tour*
tramp *vb • n*	*marcher d'un pas lourd • longue marche; randonnée*
'wander ['wɒndə]	*errer*

He bent over his desk.	*Il se pencha sur son bureau.*
His back is very bent.	*Il a le dos très voûté.*
The actor bowed to the audience.	*L'acteur salua le public.*
He was kneeling/ lying/ sitting/ squatting/ standing / stooping.	*Il était agenouillé / couché/ assis / accroupi / debout / penché en avant.*
Kneel down!	*Agenouille-toi!*
Lie down!	*Couche-toi!*
Sit down!	*Assieds-toi!*
Sit up!	*Redresse-toi!*
Stand up!	*Lève-toi!*
Stretch out / up!	*Étire-toi!*
He leaned his elbows on the window.	*Il s'est accoudé à la fenêtre.*
He leaned out of the window.	*Il s'est penché à la fenêtre.*
He was leaning against the wall.	*Il était adossé au mur.*
He gave the cord a pull.	*Il a tiré sur le cordon.*
He gave me a push.	*Il m'a poussé.*
He didn't make a move.	*Il n'a pas bougé d'un pouce.*
He was walking at a brisk pace.	*Il marchait d'un bon pas.*
Let's go for a walk!	*Allons nous promener!*
Let's go for a run!	*Si on allait courir un peu!*
He has run away.	*Il s'est sauvé.*
I enjoy a stroll after dinner.	*J'aime bien faire un petit tour après le dîner.*

C EXPRESSIONS ET LOCUTIONS

He was on all fours.	*Il était à quatre pattes.*
He showed a clean pair of heels.	*Il prit ses jambes à son cou.*
Get a move on!	*Dépêche-toi!*
It's within walking distance.	*On peut y aller à pied.*
His mind is wandering.	*Son esprit commence à battre la campagne.*

crawl	*ramper*
creep *(crept, crept)*	*marcher à quatre pattes*
dawdle *(péj)*	*lambiner*
pad *(péj)*	*marcher à pas feutrés*
prowl *(péj)*	*rôder*
shamble; shuffle *(péj)*	*traîner les pieds*
steal *(stole, stolen)*	*se faufiler*
tip-toe	*marcher sur la pointe des pieds*

❑

pace n • vb	*(a) pas (b) allure; vitesse*
	• *faire les cent pas*
plod	*marcher d'un pas lourd*
stalk	*marcher à grands pas*
step n • vb	*pas • faire un pas*
stride *(strode, stridden)* vb • n	*marcher à grands pas*
	• *enjambée*
strut [strʌt]	*se pavaner*

❑

fall *(fell, fallen)*	*tomber*
hobble	*clopiner*
limp	*boiter*
lurch n • vb [lɜːtʃ]	*écart brusque • vaciller*
reel	*chanceler; tituber*
slip	*glisser; déraper; trébucher*
'slither	*déraper lentement*
sprawl	*s'étaler*
stagger	*tituber*
'stumble [stʌmbl]	*trébucher*
sway	*se balancer; tanguer*

❑

climb vb • n [klaim]	*grimper • montée*
hop vb • n	*sautiller • sautillement*
jump vb • n [dʒʌmp]	*sauter • saut*
leap vb • n	*bondir • bond*

Baby is beginning to creep.	*Le bébé commence à ramper.*
Stop dragging your feet!	*Cesse de traîner les pieds!*
You are just dawdling!	*Tu lambines!*
He stole behind the couch.	*Il s'est faufilé derrière le canapé.*
She stole into the room.	*Elle s'est glissée sans bruit dans la pièce.*
She tiptoed into the nursery/ went into the nursery on tiptoe.	*Elle est entrée dans la chambre d'enfants sur la pointe des pieds.*
We plodded back home dead tired.	*Morts de fatigue, nous nous sommes traînés jusqu'à la maison.*
He struts around as if he owned the place!	*Il se pavane comme en terre conquise!*
He hobbled/ limped/ ran/ across the street.	*Il traversa la rue en clopinant/ en boitant/ en courant.*
That man must be drunk—just look how he's reeling about!	*Cet homme doit être soûl— regarde comme il titube!*
He's slipped and now he's slithering down towards the canal!	*Il vient de trébucher et voilà qu'il est en train de glisser vers le canal!*
It's a long climb (up).	*C'est une longue montée.*
It's just a short hop over the Channel.	*C'est juste un petit saut par-dessus la Manche.*

C EXPRESSIONS ET LOCUTIONS

It's only a step from here.	*C'est à deux pas d'ici.*
I'm going to take steps.	*Je vais prendre des mesures.*
My head is reeling with all those figures!	*Tous ces chiffres me font tourner la tête!*
Don't be swayed by whatever he says!	*Ne te laisse pas influencer par ce qu'il dit!*
He'll leave you in the lurch!	*Il te laissera le bec dans l'eau!/ Il te plantera là!*

Hearing and sounds

L'ouïe et les sons

bang *n* • *vb* [bæŋ] — *détonation* • *claquer; détoner*
blare *n* • *vb* [blɜə] — *beuglement* • *beugler*
boom *n* • *vb* — *grondement* • *gronder*
buzz *n* • *vb* [bʌz] — *bourdonnement* • *bourdonner*
'clatter *n* • *vb* — *fracas; vacarme* • *résonner*
clear [klɪə] — *clair; audible*
crack *n* • *vb* — *craquement* • *craquer*
crackle *n* • *vb* — *crépitement* • *crépiter*
deaf [def] — *sourd*
'deafen • **'deafening** — *assourdir* • *assourdissant*
deep — *grave*
din — *vacarme, tintamarre*
drone *n* • *vb* [drəʊn] — *bourdonnement* • *bourdonner*
dull [dʌl] — *assourdi; mat*
'eavesdrop — *écouter aux portes*
hoarse — *rauque* ▲
hum *n* • *vb* [hʌm] — *bourdonnement* • *bourdonner*
jangle *n* • *vb* [dʒæŋgl] — *bruit de ferraille* • *faire un bruit de ferraille*
'jarring [ˈdʒɑːrɪŋ] — *discordant*
jingle *n* • *vb* [dʒɪŋgl] — *tintement* • *tinter*
muffled [mʌfld] — *étouffé, assourdi, sourd*
'noisy [ˈnɔɪzi] — *bruyant*
over'hear *(-heard, -heard)* — *entendre par hasard*
peal *n* • *vb* — *tintement* • *sonner*
'raucous *(~ voice)* [ˈrɔːkəs] ▲ — *éraillé*
ring *(rang, rung)* • *n* — *sonner* • *sonnerie*
roar *n* • *vb* — *rugissement* • *rugir*
rumble *n* • *vb* [rʌmbl] — *grondement* • *gronder*
rustle *n* • *vb* [rʌsl] — *bruissement* • *bruire*
shrill — *perçant*
sizzle *n* • *vb* — *grésillement* • *grésiller*
squeak *n* • *vb* — *grincement* • *grincer*
squeal *n* • *vb* — *petit cri aigu* • *pousser un ~*
thud *n* • *vb* [θʌd] — *bruit sourd* • *produire un ~*
tinkle *n* • *vb* — *tintement* • *tinter*

He banged the door.	*Il fit claquer la porte.*
the blare of a trumpet	*la sonnerie d'une trompette*
the boom(ing) of cannons	*le grondement des canons*
a booming voice	*une voix tonitruante*
a buzzing of bees	*un bourdonnement d'abeilles*
a clatter of horses' hooves	*un martèlement de sabots*
the crack of a gun/ a whip	*le claquement d'un fusil/ d'un fouet*
The flames crackled.	*Les flammes crépitèrent.*
The gravel crunched.	*Le gravier crissait.*
the drone of a plane	*le bourdonnement d'un avion*
the jangle of chains	*le fracas de chaînes*
the jingle of keys/ bells	*le tintement de clefs/ de grelots*
The bells were pealing.	*Les cloches sonnaient.*
The cat was purring.	*Le chat ronronnait.*
a rattle of machine-guns	*un crépitement de mitrailleuses*
the rumble of thunder	*le grondement du tonnerre*
the rustle/ rustling of leaves	*le bruissement des feuilles*
the squeak of a door	*le grincement d'une porte*
the squeal of tyres	*le crissement des pneus*

C EXPRESSIONS ET LOCUTIONS

He's deaf and dumb.	*Il est sourd-muet.*
He's hard of hearing.	*Il est dur d'oreille.*
Hear! Hear!	*Bravo! D'accord!*
You could have heard a pin drop.	*On aurait entendu une mouche voler.*
within hearing (distance)	*à portée de voix*
He said it in my hearing.	*Il l'a dit en ma présence.*
It jars on my nerves.	*Cela me porte sur les nerfs.*
He rattled off the list.	*Il débita la liste à toute allure.*
That name rings a bell.	*Ce nom me dit quelque chose.*
It's unheard of!	*C'est inouï!/ C'est du jamais vu!*

Sight

blind *adj* • *vb* [blaɪnd]	*aveugle* • *aveugler*
'blindness	*cécité; (fig) aveuglement*
blink *n* • *vb* [blɪŋk]	*clignement* • *cligner des yeux*
gaze *n* • *vb* [geɪz]	*long regard* • *contempler*
glance *n* • *vb* [glɑːns]	*coup d'œil* • *jeter un -*
glimpse *n* • *vb*	*aperçu* • *entrevoir*
make out *(made, made)*	*distinguer*
short-'sighted [-'saɪtɪd]	*myope*
squint *n* • *vb* [skwɪnt]	*strabisme* • *loucher*
stare *n* • *vb* [stɛə]	*regard fixe*
	• regarder fixement
wink *n* • *vb*	*clin d'œil* • *faire un -*

La vue

Effects of light

blurred [blɜː]	*flou; estompé*
dark [dɑːk]	*sombre; foncé*
dazzle [dæzl]	*éblouir*
dull [dʌl]	*mat*
'garish ['gɛərɪʃ]	*criard*
glare *n* • *vb* [glɛə]	*lumière éblouissante* • *éblouir*
gleam/ 'glimmer *n* • *vb*	*faible lueur* • *luire*
glint *n* • *vb*	*reflet cuivré* • *avoir un -*
'glisten [glɪsən]	*luire (surface mouillée)*
'glitter *n* • *vb*	*brillant* • *étinceler*
gloss	*lustre; vernis*
'glossy; *(- paper)*	*lustré; (papier glacé)*
glow *n* • *vb*	*rougeoiement* • *rougeoyer*
pale	*pâle; clair*
sheen	*éclat soyeux; lustre*
'shimmer *n* • *vb*	*chatoiement* • *chatoyer*
shine *(shone, shone)*	*briller*
sparkle *n* • *vb*	*étincelle; scintillement*
	• étinceler; scintiller
twinkle *n* • *vb*	*scintillement (étoiles); pétillement (yeux)* • *scintiller; pétiller*

Les effets de lumière

Just look at that!	*Regarde-moi ça!*
He looked round.	*Il se retourna / tourna la tête.*
He was dazzled by the headlights.	*Il fut ébloui par l'éclat des phares.*
The candle flame flickered.	*La flamme de la bougie vacillait.*
I caught a glimpse of her.	*Je l'ai juste entrevue.*
I cast a glance at her.	*Je lui ai jeté un coup d'œil.*
I hate the glare of the headlights.	*Je déteste l'éclat des phares.*
He glared at me.	*Il m'a foudroyé du regard.*
It was a glaring mistake.	*C'était une erreur grossière.*
She likes gaudy colours.	*Elle aime les couleurs voyantes.*
There's not a gleam / glimmer of hope.	*Il n'y a pas la moindre lueur d'espoir.*
Her hair had coppery glints.	*Ses cheveux avaient des reflets cuivrés.*
Her eyes glistened with tears.	*Ses yeux s'embuèrent de larmes.*
His eyes glittered sadistically.	*Ses yeux brillèrent d'un éclat sadique.*

C EXPRESSIONS ET LOCUTIONS

He's colour-blind.	*Il est daltonien.*
Look before you leap!	*Regardes-y à deux fois avant de décider!*
Look out!	*Fais attention!*
We looked round the town!	*Nous avons visité la ville!*
She's looking after the baby.	*Elle s'occupe du bébé.*
When I look back on the past...	*Quand je reviens sur le passé...*
He looked daggers at me.	*Il m'a lancé un regard haineux.*
She looks down her nose at me.	*Elle me regarde de haut.*
I'm looking for my glasses.	*Je cherche mes lunettes.*
I look forward to seeing you.	*J'ai hâte de vous revoir.*
She looks like her mother.	*Elle ressemble à sa mère.*
It looks like rain.	*On dirait qu'il va pleuvoir.*
She has kept her (good) looks.	*Elle est encore belle.*

Smell — L'odorat

'acrid ['ækrɪd]	*âcre*
'fragrance ['freɪgrəns]	*parfum; bouquet*
'fragrant	*odorant; parfumé*
'nauseating ['nɔːsɪeɪtɪŋ]	*nauséabond*
'perfume *n* • *vb* ['pɜːfjuːm]	*parfum* • *parfumer*
'pungent ['pʌndʒənt]	*âcre*
scent *n* • *vb* [sent]	*odeur; parfum* • *flairer*
smell *n* • *vb*	*odeur* • *sentir*
smelly	*malodorant*
sniff	*renifler; flairer*
stink *(stank, stunk)* *vb* • *n*	*puer* • *puanteur*
'stinking	*malodorant, puant*

Taste — Le goût

'bitter	*amer*
'flavour *n* • *vb* ['fleɪvə]	*parfum; arôme* • *parfumer*
'relish *vb* • *n* ['relɪʃ]	*savourer* • *goût*
salt *adj* • *vb* [sɒlt]	*salé* • *saler*
'savoury ['seɪvrɪ]	*succulent*
sour [saʊə]	*aigre*
spice *n* • *vb* [spaɪs]	*épice* • *épicer*
'spicy	*épicé; relevé*
sweet	*doux; sucré*
sweeten	*sucrer; (fig) adoucir*
tart	*aigrelet*
taste *n* • *vb* [teɪst]	*goût* • *goûter; avoir un goût*
'tasteless	*sans goût; fade*
'tasty	*savoureux; goûteux*

Touch — Le toucher

'biting ['baɪtɪŋ]	*mordant (un froid -)*
brush [brʌʃ]	*frôler; effleurer*
'clammy	*froid et moite (peau)*
'clamminess	*moiteur*
feel *(felt, felt)*	*sentir; palper*
'flabby	*flasque*

glossy magazines	*magazines de luxe*
Her cheeks glowed.	*Elle avait les joues en feu.*
She was glowing with health.	*Elle rayonnait de santé.*
He gave a glowing description.	*Il a fait un compte rendu enthousiaste.*
the silky sheen of her hair	*l'éclat soyeux de ses cheveux*
The lake shimmers in the sun.	*Le lac miroite au soleil.*
Her eyes sparkled with joy.	*Ses yeux étincelaient de joie.*
His eyes twinkled.	*Ses yeux pétillaient de malice.*
These colours clash.	*Ces couleurs jurent.*

C EXPRESSIONS ET LOCUTIONS

Look alive/ lively/ sharp!	*Fais vite! Ne traîne pas!*
Try to look on the bright side of things!	*Essaie de voir le bon côté des choses!*
You don't look your age.	*Tu ne parais pas ton âge.*
You look the part.	*Tu es fait pour le rôle.*
She looked me up and down.	*Elle m'a toisé du regard.*
See you (later/ soon)!	*À bientôt!*
He can't see beyond the end of his nose.	*Il ne voit pas plus loin que le bout de son nez.*
I'll see you damned first!	*Plutôt mourir!*
at first sight...	*à première vue...*
I know her by sight.	*Je la connais de vue.*
We've lost sight of them.	*On les a perdus de vue.*
I can't stand the sight of him!	*Je ne peux pas le voir!*
Out of sight out of mind.	*Loin des yeux, loin du cœur!*
She's a sight!	*Quelle drôle d'allure elle a!*
You're a sight for sore eyes!	*Quel bonheur de te revoir!*
We saw all the sights.	*Nous avons tout visité.*
In view of the situation...	*Vu la situation...*
We've got a bird's eye view.	*On a une vue panoramique.*
in the twinkling of an eye	*en un clin d'œil*

Touch

Le toucher

¹**fluffy** [ˈflʌfi]	*duveteux; pelucheux*
graze *n • vb*	*écorchure • écorcher; effleurer*
grope [grəʊp]	*chercher à tâtons*
hard	*dur*
¹**lukewarm** [ˈluːkwɔːm]	*tiède*
moist	*humide; moite*
¹**moisture** [ˈmɔɪstʃə]	*humidité; moiteur*
pat *n • vb*	*tape (amicale) • tapoter*
press	*serrer; pousser*
¹**pressure** [ˈpreʃə]	*pression*
rap *vb • n*	*frapper d'un coup sec • coup sec*
¹**silky**	*soyeux*
¹**silkiness**	*texture soyeuse*
skim	*raser; effleurer*
slap *n • vb*	*gifle • gifler*
¹**slimy** [ˈslaɪmy]	*visqueux; gluant*
smart	*faire mal; brûler; piquer*
smooth *adj • vb*	*lisse; lisser • aplanir*
soft	*doux*
¹**soggy**	*détrempé; pâteux*
squeeze *vb • n*	*comprimer • pression*
stick *(stuck, stuck)*	*coller*
¹**sticky** *adj*	*gluant; collant*
strike *(struck, struck)*	*frapper*
stroke *vb • n*	*caresser • caresse*
tap *vb • n*	*tapoter • tape (amicale)*
¹**tepid** [ˈtepid]	*tiède*
touch *vb • n* [tʌtʃ]	*toucher*

B   ... DANS LEUR CONTEXTE

What a taste!	*Quel drôle de goût!*
That medicine leaves a nasty taste in your mouth.	*Ce médicament laisse un mauvais goût dans la bouche.*
It has a fishy taste.	*Cela a un goût de poisson.*
It tastes of fish.	*On dirait un goût de poisson.*
What a smell!	*Quelle odeur!*
That pool smells!	*Cette mare sent mauvais!*
That tart smells good.	*Cette tarte sent bon.*
The house smells of sardines!	*Toute la maison sent la sardine!*
There's a smell of burning.	*Ça sent le brûlé.*
The ice-cream is flavoured with vanilla.	*La glace est parfumée à la vanille.*
He brushed past me.	*Il m'a frôlé en passant.*
His hands were clammy with terror.	*Ses mains étaient moites de terreur.*
She felt/ fumbled/ groped for the light.	*Elle chercha la lumière à tâtons.*
I've grazed my knee.	*Je me suis écorché le genou.*
He is under pressure.	*Il est sous tension.*

C   EXPRESSIONS ET LOCUTIONS

I smell a rat.	*Il y a là quelque chose de louche.*
It stinks to high heaven!	*Ça pue!*
She said it with a touch of humour.	*Elle l'a dit avec une pointe d'humour.*
He has a biting wit.	*Il a l'esprit mordant.*
It was biting cold.	*Il faisait un froid de loup.*
Give yourself a pat on the back!	*Tu peux te féliciter!*
He was given a rap over the knuckles.	*Il s'est fait taper sur les doigts.*
I'll make him smart for that!	*Il va lui en cuire!*
Everything is going smoothly.	*Tout marche comme sur des roulettes.*

☞ *mots transparents:*
a'llergic; 'allergy – antibi'otic – appendi'citis – ar'thritis – 'asthma – bron'chitis – 'cancer; cancer'igenous; 'cancerous – cardio'vascular – 'cholera – ci'rosis – conjuncti'vitis – dia'betes; dia'betic – derma'titis – 'eczema – goitre – gout – 'hernia – hepa'titis – lum'bago – menin'gitis – 'polio(mye'liti) – 'rhumatism – sci'atica – scle'rosis – tubercu'losis – 'tumour – 'virus

Notons que la plupart des maladies sont (**I sing**) *ou* (**I plur**). *À voir aussi en contexte.*

Notons également que, dans les pays anglo-saxons, si les médecins font usage entre eux d'un vocabulaire scientifique tiré surtout du latin ou du grec, ils emploient le plus souvent des termes plus simples en s'adressant à leurs malades. Ainsi, dans la vie courante, on préférera **heart attack** *à* **coronary thrombosis; stones in the kidney** *à* **renal calculi; child specialist** *à* **pediatrician; eye specialist** *à* **ophthalmologist,** *et* **heart specialist** *à* **cardiologist.** *Si nous donnons la terminologie scientifique parmi les mots transparents, nous avons préféré mettre en contexte les termes les plus usuels.*

Children's illnesses

'chickenpox *(I sing)* — *varicelle*
'infantile pa'ralysis *(I sing)* — *polio(myélite)*
measles *(I plur)* — *rougeole*
mumps *(I plur)* — *oreillons*
'rickets *(I plur)* — *rachitisme*
ru'bella; German measles *(I plur)* — *rubéole*
'scarlet 'fever *(I sing)* — *scarlatine*
'whooping cough *(I sing)* [kɒf] — *coqueluche*

Les maladies infantiles

Adult diseases

aids [eɪdz] — *le sida*
an'gina [æn'dʒaɪnə] — *angine de poitrine*
'coronary *(abrév - **thrombosis**)* — *infarctus*
HIV-positive [eɪtʃaɪviː] — *séropositif*

Les maladies de l'adulte

How are you feeling? How do you feel?	*Comment vous sentez-vous?*
I'm feeling / I feel sick.	*(a) Je me sens malade (b) J'ai des nausées.*
Are you in pain?	*Est-ce que vous souffrez?*
Where is it painful?	*Où avez-vous mal?*
Is that where it hurts (you)?	*C'est là que ça (vous) fait mal?*
Is the pain acute?	*Est-ce que la douleur est aiguë?*
Let me take your pulse!	*Que je vous prenne le pouls!*
Your blood pressure is rather high/ low.	*Vous avez une tension sanguine un peu élevée/ basse.*
Let me sound you!	*Laissez-moi vous ausculter!*
I've got a running nose and I keep sneezing and blowing my nose all the time.	*J'ai le nez qui coule et j'éternue et je me mouche sans arrêt.*
I've got a sore throat.	*J'ai mal à la gorge.*
You've got a bad cough.	*Tu as une mauvaise toux.*
You need a good cough mixture.	*Tu as besoin d'un bon sirop.*
You've caught a bad cold.	*Tu as attrapé un bon rhume.*
You've caught cold.	*Tu as pris froid.*
I've just had flu.	*Je viens d'avoir la grippe*
It was a nasty attack of flu.	*C'était une mauvaise grippe.*
Last year it was only a mild attack.	*L'an dernier ce n'était qu'une grippe bénigne.*
Flu/ influenza can be fatal.	*La grippe peut être mortelle.*
I suffer from rhumatism.	*Je souffre de rhumatismes.*
I had a bad/ severe attack of lumbago last week.	*J'ai souffert d'un mauvais lumbago la semaine dernière.*
I had a very high temperature.	*J'avais beaucoup de température.*
I often had headaches.	*J'avais souvent des maux de tête.*
I've been putting on weight.	*J'ai pris du poids.*
Should I go on a diet?	*Devrais-je suivre un régime?*
I've tried some health foods.	*J'ai essayé certains produits diététiques.*
Might I have a heart attack, a coronary or a stroke?	*Est-ce que je risque d'avoir une crise cardiaque, un infarctus ou une attaque?*

☞ *mots transparents:*
'acupuncture; acu'puncturist – 'ambulance – an(a)es'thesia;
an(a)es'thetic; an'(a)esthetist; an'(a)esthetize – cance'rologist;
cance'rology – cardi'ologist; cardi'ology – conva'lescence;
conva'lescent – 'cortisone – 'dental; 'dentist; 'dentistry –
'doctor – 'donor – derma'tologist; derma'tology – eutha'nasia –
'fever – 'forceps – gyn(a)e'cologist; gyn(a)e'cology
'homeopath; homeo'pathic; home'opathy – ma'ternity;
'menopause – 'operate; ope'ration – ophthal'mologist;
ophthal'mology – pedia'trician; pedi'atrics– pharma'ceutical;
'pharmacist; 'pharmacy – radio'therapist; radio'therapy –
sy'ringe – 'stethoscope – 'temperature; ther'mometer –
vacci'nation; 'vaccine

Symptoms	Les symptômes
bleed *(bled, bled)* • 'bleeding	*saigner • saignement*
cough *vb* • *n* [kɒf]	*tousser • toux*
pain [peɪn] ▲	*douleur*
rash	*éruption*
'shiver *vb* • *n*	*frissonner • frisson*
sneeze *vb* • *n*	*éternuer • éternuement*

The practitioners	Ceux qui nous soignent
'chemist ['kemɪst]	*pharmacien*
chi'ropodist [kaɪr-]	*pédicure*
chi'ropody [kaɪr-]	*podologie*
GP *(abrév* 'general prac'titioner)	*(médecin) généraliste*
gyn(a)e'cologist [gaɪn-]	*gynécologue*
'houseman *(GB);* in'tern *US*	*interne*
nurse • 'nursing	*infirmière • soins d'infirmière*
physio'therapist • -'therapy	*kinésithérapeute • -thérapie*
radi'ologist • radio'therapist	*radiologue • radiothérapeute*
'specialist ('child ~)	*pédiatre*
'specialist ('eye ~)	*ophtalmologiste*
'specialist ('heart ~)	*cardiologue*
'specialist ('nerve ~)	*neurologue*
'surgeon • 'surgery	*chirurgien • chirurgie*
'surgical	*chirurgical*

You're quite healthy.	*Vous allez tout à fait bien.*
You're in good health.	*Vous êtes en bonne santé.*
We have a good health insurance scheme.	*Nous avons une bonne assurance maladie.*
the Health Service (GB)	*la Sécurité Sociale*
Secretary for Health	*ministre de la Santé publique*
He's a Health Service doctor.	*C'est un médecin conventionné.*
He's a medical student.	*Il est étudiant en médecine.*
He's a homeopathic doctor.	*Il est (médecin) homéopathe.*
He's an eye specialist/ ear, nose and throat specialist.	*Il est ophtalmo(logiste)/ oto-rhino(-laryngologiste).*
First aid is indispensable.	*Les premiers soins sont indispensables.*
a convalescent home	*une maison de convalescence*
a hospital department/ ward	*un service hospitalier*
He had to go into hospital.	*Il a dû aller à l'hôpital.*
He is in (the) hospital/ a private home.	*Il est à l'hôpital/ en clinique.*
You'll soon recover.	*Vous allez bientôt vous remettre.*
You'll soon be fit again.	*Vous serez bientôt en forme.*
I would like you to have a check-up.	*J'aimerais que vous vous fassiez faire un bilan de santé.*
I'd like some sleeping pills.	*J'aimerais avoir un somnifère.*
I'll write you a prescription.	*Je vous ferai une ordonnance.*
He's sprained his ankle.	*Il s'est foulé la cheville.*
It's a bad sprain.	*C'est une mauvaise foulure.*
He strained a muscle.	*Il s'est claqué un muscle.*
We need some sticking plaster.	*Nous avons besoin de sparadrap.*
Call for a stretcher-bearer!	*Appelez un brancardier!*
He was one of the patients.	*Il était un des malades.*
He was X-rayed.	*Il avait passé une radio.*
He had broken his leg.	*Il s'était cassé la jambe.*
He was in a wheel-chair.	*Il était dans un fauteuil roulant.*
He walks with a limp now.	*Il boite maintenant.*
He's a drug addict.	*Il se drogue.*
He took a fatal dose.	*Il a pris une dose mortelle.*
It's a deadly poison.	*C'est un poison mortel.*

Means *of investigation*	**Les moyens** **d'investigation**
diag'nose [daɪəg'nəʊz]	*diagnostiquer*
diag'nosis (*plur* diagnoses)	*diagnostic*
scan	*examen radiologique par scanner*
sound	*ausculter*
'X-ray *n* • *vb*	*radio* • *faire une radio*

Care	**Les soins**
'bandage *n* • *vb*	*bandage* • *bander*
chemo'therapy ['keməʊ-]	*chimiothérapie*
dress • 'dressing	*panser* • *pansement*
in'ject • in'jection	*injecter; piquer* • *piqûre*
'life-support 'system	*respirateur artificiel*
'plaster *n* • *vb*	*plâtre* • *plâtrer*
pre'scribe • pre'scription	*ordonner* • *ordonnance*
PVS (permanent vegetative state) treatment	*acharnement thérapeutique*
trans'plant *vb* • 'transplant *n*	*greffer* • *greffe (d'organe)*
ward	*salle; service hospitalier*
□	
birth	*(a) naissance (b) accouchement*
de'liver • de'livery	*accoucher* • *accouchement*
'midwife (*plur* 'midwives)	*sage-femme*
'pregnancy • 'pregnant	*grossesse* • *enceinte*
□	
a'bort • a'bortion	*avorter* • *avortement*
'voluntary a'bortion	*IVG (abrév. = interruption* *volontaire de grossesse)*

Prevention/ *alleviation*	**Prévention/** **soulagement**
'condom	*préservatif*
'ointment ['ɔɪntmənt]	*pommade*
pill	*pilule*
'tablet	*comprimé*
'tranquillizer	*tranquillisant*
'vaccinate • 'vaccine ['væksiːn]	*vacciner* • *vaccin*

I've got toothache.	J'ai mal aux dents.
It's a decayed wisdom tooth.	J'ai une dent de sagesse cariée.
I must get it extracted.	Il me faut la faire arracher.
I've got lots of fillings.	J'ai beaucoup de dents plombées.
What is the diagnosis?	Quel est le diagnostic?
They have diagnosed a benign/ malignant tumour.	On a diagnostiqué une tumeur bénigne/ maligne.
Certain kinds of cancer can be treated successfully.	Certains cancers peuvent être traités avec succès.
He's been operated on/ had an operation for the kidney.	On l'a opéré d'un rein.
They gave him a kidney transplant.	On lui a fait une greffe de rein.
He's in the emergency ward in the intensive care unit.	Il est aux urgences dans le service de soins intensifs.
It's acute appendicitis.	C'est une appendicite aiguë.
This needs surgery.	Ceci nécessite une intervention chirurgicale.
The cut is nearly healed.	La plaie est presque guérie.
It will soon scar.	Cela va bientôt se cicatriser.
It won't leave much of a scar.	La cicatrice ne se verra presque pas.
The condom is, at present, the only way to have safe sex, that is, without running the risk of contracting aids.	Pour l'instant seul le préservatif permet d'avoir des rapports sexuels sans courir le risque d'attraper le sida.
He's on a drip.	Il est sous perfusion.
He died after a long illness.	Il est mort des suites d'une longue maladie.
They decided to take him off the life support system.	Ils ont décidé d'arrêter tout acharnement thérapeutique.
She is 5 months pregnant.	Elle est enceinte de cinq mois.
It's a five-month pregnancy.	C'est une grossesse de cinq mois.
the maternity ward	le service de maternité
the delivery/ labour ward	la salle de travail
It was an easy birth.	L'accouchement a été facile.
She decided to have an abortion.	Elle a opté pour une IVG.
She's got her periods again.	Elle a ses règles à nouveau.

9 HEALTH
A LES MOTS...

☞ *mots transparents:*
**de'lirious; de'lirium – de'pression; de'pressive – halluci'nation –
hypo'chondria; hypo'chondriac – klepto'mania; klepto'maniac –
megalo'mania; megalo'maniac – ob'session; ob'sessive – para'noia;
para'noiac – psych'iatry; psycho'analyst; psycho'logical;
psy'chology; psy'chosis; psycho'therapy; psy'chotic**

Mental afflictions	**Maladies mentales**
in'sane [ɪn'seɪn]	*dément, fou*
in'sanity [ɪn'sænɪti]	*démence; folie*
'lunacy • 'lunatic *n* ▲	*folie • aliéné mental*
mad • 'madness	*fou • folie*
'mania ['meɪnjə]	*manie; penchant morbide*
'maniac *n* ▲	*fou dangereux*
'manic-de'pressive ['mænɪk-]	*cyclothymique*
'mental de'ficiency/ de'fective	*débilité mentale/ débile mental*
neu'rosis • neu'rotic [njuː-]	*névrose • névrosé*
'psyche ['saɪki]	*psychisme*
psy'chiatrist [saɪ'kaɪ-]	*psychiatre*
psycho'analyse ['saɪkəʊ-]	*psychanalyser*
psychoa'nalysis [-sɪs] *(plur -a'nalyses)* [-siːz]	*psychanalyse*
psy'chologist [saɪk-]	*psychologue*
psycho'therapist [saɪkəʊ-]	*psychothérapeute*
rave [reɪv] • **raving**	*délirer; divaguer • délirant*
shrink *(fam)*	*psychanalyste, psychiatre, etc.*
un'balanced	*déséquilibré, instable*
un'stable [ʌn'steɪbl]	*instable*
❐	
'complex	*complexe*
in'hibit • in'hibited	*refouler • refoulé; complexé*
inhi'bition	*inhibition; refoulement*
rep'ress • re'pression	*refouler • refoulement*

80

9 LA SANTÉ
B ... DANS LEUR CONTEXTE

She's had a nervous breakdown.	*Elle a fait une dépression (nerveuse).*
She is having (psycho)therapy.	*Elle est en (psycho)thérapie.*
She's under (psycho)analysis.	*Elle est en (psych)analyse.*
He's slightly unbalanced.	*Il est un peu déséquilibré.*
He's in a mental home/ psychiatric hospital.	*Il est dans une clinique/ un hôpital psychiatrique.*
He's in a lunatic asylum.	*Il est dans un asile d'aliénés.*
He's a sex maniac.	*C'est un obsédé sexuel.*
He has persecution mania.	*Il a la manie de la persécution.*
He's raving mad.	*Il est fou à lier.*
His mind is rambling.	*Il divague.*
He's under sedation.	*Il est sous calmants.*
He needs a lot of tranquillizers.	*Il a besoin de beaucoup de tranquillisants.*

C EXPRESSIONS ET LOCUTIONS

You're as sound as a bell.	*Tu es solide comme un chêne.*
Let's drink to your health!	*Buvons à ta santé!*
You're as fit as a fiddle.	*Tu te portes comme un charme.*
She's the picture of health.	*Elle respire la santé.*
I'm feeling under the weather.	*Je me sens patraque.*
He's at death's door.	*Il est à l'article de la mort.*
She's only lovesick.	*Elle est simplement amoureuse.*
I'm going off my head with worry.	*Je suis fou d'inquiétude.*
He's out of his mind.	*Il n'a plus toute sa raison.*
He's taken leave of his senses.	*Il a perdu la tête.*

D SO THEY SAY...

All the world is queer save thee and me, and even thou art a little queer. (Robert Owen)	*Tout le monde est un peu bizarre sauf toi et moi, et même toi, tu es un peu bizarre.*

10 AGRICULTURE

A   LES MOTS...

☞ *mots transparents:*
agri'culture – 'arable – 'fertile; fer'tility – 'irrigate; irri'gation –
'pesticide

The people	Les gens
breed *(bred, bred)*	*élever*
'breeder • 'breeding	*éleveur • élevage*
croft • 'crofter *(GB)*	*petite ferme • petit exploitant*
farm *n • vb*	*ferme; exploitation agricole • cultiver; exploiter*
'farmer	*fermier; exploitant agricole*
'farmhouse	*maison de ferme*
'farming	*agriculture; exploitation de la terre*
'homestead	*maison de maître*
'landowner	*propriétaire terrien*
'share-cropper • 'share-cropping	*métayer • métayage*
'shepherd ['ʃepəd]	*berger*
'smallholder • 'smallholding *(GB)*	*petit propriétaire • petite propriété*
'steward ['stjuəd]	*régisseur*
'stockman	*bouvier*

The land (I *sing*)	La terre; les terres
'barren	*stérile*
'fallow	*en jachère*
'soil [sɔɪl]	*terre*
'topsoil	*terre arable*
❒	
e'state [ɪ'steɪt]	*domaine*
field	*champ*
'meadow ['medəʊ]	*prairie; pré*
'orchard ['ɔːtʃəd]	*verger*
'pasture(land) ['pɑːstʃə]	*pâturages*
vineyard ['vɪnjad]	*vigne; vignoble*
❒	
'scarecrow ['scɛəkrəʊ]	*épouvantail*

They live on a farm.	*Ils vivent dans une ferme/ à la ferme.*
They live off (the produce of) the farm.	*Ils vivent des produits de la ferme.*
He's a farmhand/ farm labourer.	*Il est valet de ferme/ ouvrier agricole.*
He's a tenant farmer.	*Il est fermier.*
There's a lot of tenant farming.	*Il y a beaucoup de terres en fermage.*
The whole estate is farmed out.	*Toute la propriété a été donnée à ferme.*
She's a farmer's wife.	*Elle est fermière/ agricultrice.*
They farm 50 acres of land.	*Ils exploitent 20 hectares de terre.*
They grow a lot of fruit.	*Ils font beaucoup de fruits.*
They breed livestock.	*Ils élèvent du bétail.*
They specialize in stockraising/ stockbreeding.	*Ils se sont spécialisés dans l'élevage.*
They breed prize bulls.	*Ils élèvent des taureaux de reproduction.*
They do cross-breeding.	*Ils font des croisements de races.*
They raise beef on a large scale.	*Ils élèvent des bœufs de boucherie sur une grande échelle.*
Farmers are beginning to experiment with linseed.	*Les agriculteurs commencent à se lancer dans la production d'huile de lin.*
It's the end of a featherbedding policy of subsidized farming.	*C'est la fin de la politique d'une agriculture subventionnée.*
There is now a set-aside policy.	*Il y a maintenant une politique de mise en friche.*
Farmers are given incentive to let the land lie fallow.	*On encourage les agriculteurs à laisser les terres en friche.*
Some farmers are allowing arable land to fall derelict.	*Certains agriculteurs laissent des terres cultivables à l'abandon.*

Preparation and harvesting | ## Les préparatifs et la récolte

fence *n* • *vb* — *barrière; clôture* • *clôturer*
'gather ['gæðə] — *ramasser (fruits); rentrer (céréales)*

grow *(grew, grown)* [grəʊ] — *cultiver; (faire) pousser*
pick — *cueillir (fruits, pommes de terre)*
prune [pruːn] — *tailler (arbres fruitiers)*
reap — *moissonner*
'reaper — *(a) (personne) moissonneur*
(b) (machine) moissonneuse

sow *(sowed, sown)* [səʊ] — *semer*
spray *vb* • *n* [spreɪ] — *pulvériser* • *pulvérisation*
spread *(spread, spread)* [spred] — *répandre (engrais, etc.)*

Outbuildings | ## Les dépendances

barn — *grange*
'cowhouse, 'cowshed — *étable*
'dovecot ['dʌvcɑt] — *pigeonnier*
'hen coop, 'hen house — *poulailler*
hive [haɪv] — *ruche*
hutch [hʌtʃ] — *clapier*
'pigsty *(plur* **pigsties)** ['pɪgstaɪ] — *porcherie*
pond — *mare*
shed — *hangar; remise*
'watering trough [trɒf] — *abreuvoir*
well — *puits*
'woodhouse — *bûcher*
yard • **'poultry yard** ['pəʊltri] — *cour* • *basse-cour*

Draught animals | ## Les animaux de trait

ass, donkey — *âne*
horse — *cheval*
mare [mɛə] — *jument*
mule [mjuːl] — *mule, mulet*
ox *(plur* **oxen)** [ɒks] — *bœuf (de labour)*

10 L'AGRICULTURE

B ... DANS LEUR CONTEXTE

a sheep run/ pen; a fold	un parcours/ enclos à moutons
chicken farming	l'élevage de poulets
This used to be a country of scattered farms.	Ici c'était autrefois une région de fermes dispersées.
Now there is a drift from the land and rural depopulation.	Nous assistons à présent à un exode rural et une désertification des campagnes.
Regrouping of land is on the increase.	Le remembrement des terres se pratique de plus en plus fréquemment.
Rural discontent/ unrest is growing.	Le mécontentement/ L'agitation rural(e) s'étend.
Overproduction has given rise to a market glut.	La surproduction a provoqué un encombrement du marché.
Some are turning to market gardening (GB)/ truck farming (US).	Certains se mettent à la culture maraîchère.
There is also under-glass farming, organic farming and hydroponic farming.	On fait aussi de la culture sous serre, de l'agriculture biologique et de la culture hors sol.
Fodder plants are extending.	La culture de plantes fourragères est en expansion.
Some go in for dairy farming.	Certains se tournent vers l'industrie laitière.
You must get your soil analysed.	Il faut faire analyser ta terre.

C EXPRESSIONS ET LOCUTIONS

He's a big fish in a small pond.	C'est le coq du village.
I haven't seen him for donkey's years.	Il y a une éternité que je ne l'ai pas vu.
I had to do the donkey work.	À moi les tâches ingrates.
He can talk the hind legs off a donkey.	Il peut parler pendant des heures.

Animals for butchery | Les animaux de boucherie

bull [bʊl] • **'bullock**	*taureau* • *bœuf (pour la viande)*
calf *(plur* **calves)** [kɑ:f]	*veau*
cattle *(I plur)* [kætl]	*bétail; cheptel*
cow [kaʊ]	*vache*
'heifer [ˈhefə]	*génisse*
'rabbit	*lapin*
▢	
sheep *(plur* **sheep)**	*mouton*
'ewe [juː]	*brebis*
lamb [læm]	*agneau*
goat [gəʊt]	*bouc; chèvre*
kid	*chevreau*
▢	
pig	*cochon, porc*
'piglet	*cochon de lait*
hog	*verrat*
sow [saʊ]	*truie*

Poultry *(I plur)* | La volaille

'chicken	*poulet*
cock	*coq*
'cockerel [ˈkɒkrəl]	*coquelet*
hen	*poule*
▢	
duck [dʌk]	*canard (générique); cane*
drake [dreɪk]	*canard (mâle)*
goose *(plur* **geese)**	*oie (générique ou femelle)*
'gander [ˈgændə]	*jars*
'guinea-fowl [ˈgɪnɪfaʊl]	*pintade*
'peacock	*paon*
'pigeon [ˈpɪdʒɪn]	*pigeon*
'turkey [ˈtɜːki]	*dinde; dindon*
▢	
bee	*abeille*
'beehive	*ruche*

10 L'AGRICULTURE

B ... DANS LEUR CONTEXTE

free-range chickens	*poulets élevés en liberté*
Cows moo.	*Les vaches mugissent.*
Cocks crow.	*Les coqs chantent.*
at cockcrow	*au chant du coq*
Dogs bark.	*Les chiens aboient.*
Donkeys bray.	*Les ânes braient.*
Ducks quack.	*Les canards cancanent.*
Hens cackle.	*Les poules caquettent.*
Horses neigh.	*Les chevaux hennissent.*
Pigeons coo.	*Les pigeons roucoulent.*
Sheep bleat.	*Les moutons bêlent.*
Turkeys gobble.	*Les dindons glougloutent.*

C   EXPRESSIONS ET LOCUTIONS

Don't put the cart before the horse!	*Ne mets pas la charrue avant/ devant les bœufs!*
Hold your horses!	*Doucement!// Arrête un peu!*
Don't change horses in mid-stream.	*On ne change pas d'attelage au milieu du gué.*
Don't count your chickens (before they are hatched).	*Ne vends pas la peau de l'ours (avant de l'avoir tué).*
She's no chicken.	*Elle n'est pas de la première jeunesse.*
They're hatching a plot.	*Ils sont en train de comploter.*
He is playing ducks and drakes at the riverside.	*Il joue à faire des ricochets à la rivière.*
He is playing ducks and drakes with his money.	*Il jette son argent par la fenêtre.*
Don't kill the goose that lays the golden eggs!	*On ne tue pas la poule aux œufs d'or!*
It gives me gooseflesh.	*Cela me donne la chair de poule.*
Don't be a goose!	*Ne sois pas idiot!*
It's a feather in his cap.	*C'est un fleuron à sa couronne.*
He's got a bee in his bonnet.	*Il a une idée fixe/ une lubie.*
He thinks he's the bee's knees.	*Il se prend pour le centre du monde.*

Major equipment

cart	*charrette*
¹combine ¹harvester	*moissonneuse-batteuse*
¹cultivator	*motoculteur*
¹harrow	*herse*
¹milking ma¹chine	*trayeuse électrique*
¹mowing ma¹chine [¹məʊɪŋ]	*faucheuse mécanique*
plough (GB); plow (US) [plaʊ]	*charrue*
¹tractor	*tracteur*
¹trailor	*remorque*
¹waggon	*chariot; tombereau*

Le gros matériel

Small gear

(¹wheel)barrow	*brouette*
¹bucket [bʌkɪt]	*seau*
churn n [tʃɜːn]	*baratte*
fork	*fourche*
hoe [həʊ]	*binette*
hose	*tuyau d'arrosage*
¹mattock	*pioche*
¹milk-can	*bidon à lait*
pail	*seau*
rake	*râteau*
¹shovel [ʃʌvl]	*pelle-bêche*
spade	*bêche*

Le petit matériel

The work

dig (dug, dug)	*bêcher*
cart	*transporter (en charrette)*
churn [tʃɜːn]	*baratter*
¹harrow	*herser*
hoe	*biner*
milk	*traire*
mow (mowed, mown) [məʊ]	*faucher*
plough (GB) • plow (US)	*labourer*
rake	*ratisser*
weed	*sarcler*

Le travail

They milk the cows.	*Ils traient les vaches.*
We churn our own butter.	*Nous faisons notre propre beurre.*
They are shearing the sheep.	*Ils tondent les moutons.*
It's sheep-shearing time.	*C'est le moment de la tonte.*
He has three sheepdogs.	*Il a trois chiens de bergers.*
a homing pigeon	*un pigeon voyageur*

C EXPRESSIONS ET LOCUTIONS

It was a mare's nest.	*Ce n'était que du vent.*
He's as stubborn as a mule.	*Il est têtu comme un âne.*
It's a nest-egg.	*C'est une poire pour la soif.*
He's a hen-pecked husband.	*Sa femme le mène par le bout du nez.*
She has her lame ducks.	*Elle a ses canards boiteux.*
She was an ugly duckling.	*C'était un vilain petit canard.*
He's like a bull in a china shop.	*Il est comme un éléphant dans un magasin de porcelaine.*
It was like a red rag to a bull.	*Cela l'a fait voir rouge.*
He's the black sheep of the family.	*C'est la brebis galeuse de la famille.*
Pigs might fly! When pigs fly!	*Quand les poules auront des dents!*
They lived in clover.	*Ils ont vécu comme coqs en pâte.*
Never buy a pig in a poke!	*Il ne faut jamais acheter les yeux fermés!*
He made a pig of himself.	*Il s'est goinfré.*
We'll go the whole hog.	*On ira jusqu'au bout.*
He's as meek as a lamb.	*Il est doux comme un agneau.*
We've got to separate the sheep from the goats.	*Il faut séparer le bon grain de l'ivraie.*
He went like a sheep to the slaughter.	*Il s'est laissé conduire comme un mouton à l'abattoir.*
We might as well be hanged for a sheep as a lamb!	*C'est le même prix à la fin!*
He's a wolf in sheep's clothing.	*C'est un faux jeton.*

Treatments

'artificial 'fertilizer	*engrais chimique*
dung [dʌŋ]	*fumier (organique)*
ma'nure *n* • *vb* [mə'njʊə]	*fumier* • *fumer*
'pesticide • 'pest-killer	*pesticide*

Les traitements

Produce (I sing)

'barley	*orge*
'cereals ['si:rɪəls]	*céréales*
chaff	*balle (d'avoine, etc.)*
'colza	*colza*
corn	*blé (GB); maïs (US)*
'cornfield	*champ de blé*
'corn-rick	*meule de blé*
'cotton	*coton*
'fodder	*fourrage*
hay	*foin*
hops *(I plur)*	*houblon*
maize [meɪz]	*maïs*
oats *(I plur)* [əʊts]	*avoine*
rye [raɪ]	*seigle*
'silo ['saɪləʊ]	*silo*
'soya ['sɔɪjə]	*soja*
straw	*paille*
'sugar cane	*canne à sucre*
'sunflower	*tournesol*
wheat	*blé*

Les produits

Vegetables

'artichoke	*artichaut*
bean	*haricot; fève*
'beetroot	*betterave*
'Brussels sprouts	*choux de Bruxelles*
'cabbage	*chou*
'carrot	*carotte*
'cauliflower	*chou-fleur*

Les légumes

10 L'AGRICULTURE

B ... DANS LEUR CONTEXTE

a seed drill/ sowing machine	un semoir
a wine harvester	une machine à vendanger
money crops	les cultures de rapport
subsistence crops	les cultures vivrières
We had a bumper crop.	Nous avons eu une récolte exceptionnelle.
We sold the crop standing.	On a vendu la récolte sur pied.
There was a good crop/ yield of potatoes.	Les pommes de terre ont bien rendu.
early/ late vegetables	légumes primeurs/ tardifs
The fruit trees are in blossom.	Les arbres fruitiers sont en fleur.
The grapes are ripening.	Les raisins commencent à mûrir.
It's haymaking (time).	On fait les foins; c'est le moment de la fenaison.
There are haystacks everywhere.	Il y a des meules de foin partout.
We have broad beans, haricot beans and French beans.	Nous avons des fèves, des haricots blancs et des haricots verts.
The ears of corn are well filled.	Les épis de blé sont bien remplis.
They are harvesting.	Ils moissonnent/ rentrent la récolte.
We'll soon be lifting/ picking the potatoes.	Nous pourrons bientôt ramasser les pommes de terre.
We produce vintage wines.	Nous produisons des vins de grand cru.
We grow citrus fruits.	Nous cultivons des agrumes.
We have orange groves and olive groves.	Nous avons des orangeraies et des oliveraies.

C EXPRESSIONS ET LOCUTIONS

She's as busy as a bee.	Elle est toujours affairée.
I made a bee-line for the door.	Je me suis dirigé droit vers la porte.
You're like a king on a dunghill.	Tu es fier comme Artaban.
I very much want to be king of my own dunghill.	Je tiens beaucoup à être maître chez moi.

Vegetables — Les légumes

'celery	*céleri*
'cucumber ['kjuːkʌmbə]	*concombre*
'gherkin ['gɜːkɪn]	*cornichon*
leek	*poireau*
'lettuce ['letɪs]	*laitue; salade*
'onion ['ʌnjən]	*oignon*
(green) pea	*petit pois*
'pepper	*(a) poivron (b) piment*
po'tato *(plur potatoes)*	*pomme de terre*
'pumpkin ['pʌmpkɪn]	*potiron; citrouille*
'radish ['rædɪʃ]	*radis*
sha'llot [ʃə'lɒt]	*échalote*
'spinach *(I sing)* ['spɪnɪtʃ]	*épinards*
'sugar beet	*betterave à sucre*
to'mato *(plur tomatoes)*	*tomate*
'turnip	*navet*
'vegetable 'marrow	*courge*

Fruit — Les fruits

'berry	*baie*
'bilberry; 'blueberry	*myrtille*
'blackberry	*mûre (de ronce)*
black'currant [blæk'kʌrənt]	*cassis*
'gooseberry ['gʊsbəri]	*groseille à maquereau*
'raspberry ['rɑːsbəri]	*framboise*
red'currant [red'kʌrənt]	*groseille*
strawberry ['strɔːbəri]	*fraise*
whortleberry ['wɔːtlbəri]	*airelle*
□	
nut [nʌt]	*nom générique pour les fruits à écale*
'almond ['ɑːmənd]	*amande*
'chestnut [tʃesnʌt]	*châtaigne*
'groundnut ; 'peanut	*cacahouette*
'hazel nut ['heɪzlnʌt]	*noisette*
walnut ['wɔːlnʌt]	*noix*

B ... DANS LEUR CONTEXTE

Apples and oranges have pips.	*Les pommes et les oranges ont des pépins.*
Peaches and apricots have stones.	*Les pêches et les abricots ont des noyaux.*
Hazel nuts have kernels.	*Les noisettes ont des amandes.*
the wine-making process	*la vinification*
a wine-growing area	*une région viticole*
a wine cooperative	*une coopérative vinicole*
We went grape-picking.	*Nous avons fait les vendanges.*
They are picking fruit.	*Ils récoltent les fruits.*
a raspberry cane	*un framboisier*
canned/ tinned fruit	*fruits en conserve*
There's a glut of fruit.	*Il y a surproduction de fruits.*
Strawberries are ripe in May.	*Les fraises sont mûres en mai.*
The fruit crop depends to a large extent on the pruning of the trees.	*La récolte des fruits dépend dans une grande mesure de la manière de tailler les arbres.*

C EXPRESSIONS ET LOCUTIONS

He's got a plum of a job.	*Il a une situation en or.*
I like to call a spade a spade.	*J'aime appeler un chat un chat.*
It's a drop in the bucket.	*C'est une goutte d'eau dans l'océan.*
He kicked the bucket *(fam)*.	*Il a passé l'arme à gauche.*
I'm ready to put my hand to the plough.	*Je suis prêt à mettre la main à la pâte.*
He hitched his waggon to a star.	*Il a misé sur le bon cheval.*
You've stirred up a hornet's nest.	*Tu t'es fourré dans un beau guêpier.*
He was chafing/ champing at the bit.	*Il rongeait son frein.*
He finally kicked over the traces.	*Il a fini par ruer dans les brancards.*

Fruit	**Les fruits**
'apple	*pomme*
'apricot ['eɪprɪkət]	*abricot*
'cherry ['tʃeri]	*cerise*
fig	*figue*
grapes *(plur)*	*raisin(s)*
kiwi	*kiwi*
'lemon	*citron*
'melon • 'water melon	*melon • pastèque*
'orange ['ɒrɪndʒ]	*orange*
peach [pi:tʃ]	*pêche*
pear [peə]	*poire*
pip; stone	*pépin*
plum [plʌm]	*prune*
'pomegranate ['pɒmɪgrænɪt]	*grenade*
tange'rine [tændʒə'ri:n]	*mandarine*

Exotic fruit	**Les fruits exotiques**
avo'cado pear [ævəu'kɑ:dəu]	*avocat*
ba'nana [bə'nɑ:nə]	*banane*
'coconut	*noix de coco*
date	*datte*
'grapefruit	*pamplemousse*
'mango *(plur **mangoes**)*	*mangue*
'pineapple ['paɪnæpl]	*ananas*

Dairy produce *(I sing)*	**Les produits laitiers**
'butter	*beurre*
cheese	*fromage*
cream	*crème*
egg	*œuf*
milk	*lait*

Agribusiness	**L'industrie agroalimentaire**
A brewery brews beer.	*Une brasserie brasse de la bière.*
A distillery distils spirits.	*Une distillerie distille de l'alcool.*
a cheese dairy	*une fromagerie*
a cooperative dairy	*une laiterie coopérative*
the food processing industry	*l'industrie agroalimentaire*
processed foods	*produits agroalimentaires*
the tinning *(GB)*/ canning *(US)* industry	*la conserverie*
a slaugther house	*un abattoir*

❑

Some farmers are opposed to the CAP (Common Agricultural Policy).	*Certains agriculteurs sont opposés à la PAC (Politique agricole commune).*

C   EXPRESSIONS ET LOCUTIONS

Let's make hay while the sun shines!	*Profitons-en tant que nous pourrons!*
He has sown his wild oats.	*Il a jeté sa gourme.*
Sow the wind and reap the whirlwind.	*Qui sème le vent récolte la tempête.*
It's the last straw (that breaks the camel's back)!	*C'est la goutte qui fait déborder le vase!*
It's a case of the tail wagging the dog.	*C'est la base qui les pousse.*
Don't be such a dog in the manger!	*Ne fais pas l'empêcheur de tourner en rond!*
It's a dog's life!	*C'est une vie de chien!*
Everything is going to the dogs!	*Tout va à vau-l'eau!*
He went off with his tail between his legs.	*Il est parti la queue basse.*

The village

	Le village
'county ['kaunti]	*comté*
'hamlet	*hameau*
'market town	*bourg; ville-marché*
'parish	*paroisse*

❐

'castle	*château (souvent fortifié)*
'cottage ['kɒtɪdz]	*petite maison*
'country 'seat	*château; gentilhommière*
'manor (house) ['mænə]	*manoir; gentilhommière*
manse	*presbytère (en Écosse surtout)*
'parsonage • 'rectory • 'vicarage	*presbytère (Église anglicane)*

❐

church • 'churchyard	*église • cimetière*
inn	*auberge*
'post 'office	*poste*
pub *(abrév* public house) [pʌb]	*café*
town 'hall	*mairie*

❐

'by-road	*chemin vicinal*
'high/ 'main street	*grand-rue*
lane	*(a) rue de village*
	(b) route de campagne

The villagers

	Les villageois
'blacksmith	*forgeron*
'carpenter	*menuisier*
'cobbler	*cordonnier*
'craftsman	*artisan*
'harness-maker	*bourrelier*
'innkeeper	*aubergiste*
pa'rishioner [pə'riʃənə]	*paroissien*
'postmaster • 'postmistress	*receveur • receveuse*
'road-mender	*cantonnier*
'saddler	*sellier*
squire [skwaiə]	*châtelain; hobereau*
'wheelwright ['wiːlrait]	*charron*

11 LA VIE AU VILLAGE

B ... DANS LEUR CONTEXTE

We live in the country.	Nous vivons à la campagne.
They have a week-end house.	Ils ont une résidence secondaire.
It's a thatched cottage.	C'est une chaumière.
the village green	la place du village
the church spire/ tower	la flèche/ le clocher de l'église
a cobbled street	une rue pavée
the parish church	l'église paroissiale
We often go to the local for a drink.	Nous allons souvent prendre un verre au pub du coin.
I get my shoes repaired by the local cobbler.	Je fais réparer mes chaussures par le cordonnier du village.
The saddler and harness-maker still work for the local riding school.	Le bourrelier et le sellier travaillent encore pour le manège du coin.
We can take a short cut.	Nous pouvons prendre un raccourci/ chemin de traverse.
Everywhere is fenced in now.	Tout est clôturé maintenant.
It's nice to get off the main road into a small country lane.	C'est agréable de quitter la grand-route pour prendre un petit chemin creux.
There's not much folklore left.	Il ne reste plus beaucoup de tradition(s) villageoise(s).
We still have some country/ folk dancing.	Nous pratiquons encore quelques danses folkloriques.
Some of the locals are very parochially minded.	Certaines personnes du coin ont terriblement l'esprit de clocher.
There's a lot of parish-pumpery.	L'esprit de clocher est très répandu.

D SO THEY SAY...

I have no relish for the country. It is a kind of healthy grave. (Sydney Smith)	Je n'ai aucun goût pour la campagne. C'est un enterrement de première classe.

Gardening	**Le jardinage**
con'servatory	*jardin d'hiver*
fence *n* • *vb*	*clôture* • *clôturer*
frame (cold ~)	*châssis, cloche*
'garden	*jardin*
gate	*portail; portillon*
'greenhouse; 'hothouse; 'glasshouse	*serre*
hedge	*haie*
lawn [lɔːn]	*pelouse*
path [pɑːθ]	*allée*
'seedbed • seed box	*semis* • *germoir*
'toolshed	*cabane à outils*

Implements/ Tools	**Les outils**
dibble	*plantoir*
'ladder • 'stepladder	*échelle* • *escabeau*
'lawnmower	*tondeuse à gazon*
rake	*râteau*
'secators *(plur)* ['sekət3ːz]	*sécateurs*
shears *(plur)* [ʃɪəz]	*ciseaux à tailler*
'watering can	*arrosoir*

Herbs	**Les plantes aromatiques**
bay	*laurier*
cori'ander	*coriandre*
'garlic	*ail*
mint	*menthe*
'parsley	*persil*
sage [seɪdʒ]	*sauge*
'tarragon	*estragon*
thyme [taɪm]	*thym*

Voir aussi AGRICULTURE **(vegetables)**

B ... DANS LEUR CONTEXTE

We have our own kitchen/ vegetable garden.	*Nous avons notre jardin potager.*
I dug it all myself last winter.	*Je l'ai bêché tout seul l'hiver dernier.*
That's a fine bed of vegetables!	*Voilà un beau carré de légumes!*
We spend a lot of time weeding.	*Nous passons beaucoup de temps à désherber.*
We could be overrun with weeds.	*Nous pourrions être envahis par les mauvaises herbes.*
Snails and slugs eat our cabbages.	*Nos choux sont mangés par les escargots et les limaces.*
The moles burrow under our lawn and leave molehills.	*Les taupes creusent des taupinières sous notre pelouse.*
I haven't mowed the lawn yet with my new lawn-mower.	*Je n'ai pas encore tondu la pelouse avec ma nouvelle tondeuse à gazon.*
It doesn't cut the edges.	*Elle ne fait pas les bords.*
You have to thin out carrots.	*Il faut éclaircir les carottes.*
It's worth while bedding out.	*Cela vaut la peine de repiquer.*
You have to prune a fruit tree.	*Il faut tailler un arbre fruitier.*
I clip/ trim the hedge myself.	*Je taille la haie moi-même.*
I trained those fruit trees.	*J'ai mis ces arbres fruitiers en espalier.*
I admire your flower beds and the herbacious border.	*J'admire vos massifs de fleurs et la bordure herbacée.*
You have to water a garden.	*Il faut arroser un jardin.*

D SO THEY SAY...

God made the country and man made the town. (William Cowper)	*Dieu a fait la campagne, et l'homme la ville.*

The municipality	**La municipalité**
¹mayor	*maire*
town ¹council	*conseil municipal*
town ¹councillor	*conseiller municipal*
town ¹hall; city ¹chambers	*mairie; hôtel de ville*

Topography	**La topographie**
dead-¹end; ¹cul-de-sac	*impasse*
¹gutter [¹gʌtə]	*caniveau*
¹parking ¹meter	*parcmètre*
¹pavement *(GB);* ¹sidewalk *(US)*	*trottoir*
¹roadway	*chaussée*
square [skwɛə]	*place; square*
street	*rue*
high/ main street	*rue principale*
Voir aussi HOUSING	

City-dwellers	**Les citadins**
co¹mmute	*faire la navette régulièrement entre la banlieue et le lieu de travail en ville*
co¹mmuter	*banlieusard*
crowd	*foule*
crush *vb • n*	*se serrer • foule; cohue*
¹crush ¹barrier	*rampe de sécurité*
¹hurry *vb • n*	*se précipiter • précipitation*
jostle *vb • n* [dʒɒsl]	*se bousculer • bousculade*
passer-¹by	*passant*
pe¹destrian	*piéton*
run *(ran, run)* over	*écraser*
rush *vb • n*	*se dépêcher • précipitation*

Public services	**L'équipement urbain**

Voir CULTURAL LIFE (cinema; music; theatre; literature); HEALTH (care); JUSTICE; THE MEDIA (the press; television)

Council meetings are open to anyone who wishes to attend.	*Tout le monde peut assister aux réunions du conseil municipal.*
Some streets are called "crescents" or "terraces".	*Certaines rues s'appellent ainsi à cause de leur forme (en arc de cercle ou constituées de maisons attenantes).*
Our house overlooks the square.	*Notre maison donne sur la place.*
The street comes to a dead-end here.	*La rue finit en impasse ici.*
a side-street/ one-way street	*une rue transversale/ à sens unique*
It's just at/ round the corner.	*C'est au coin de la rue/ tout près.*
It's just across the road.	*C'est en face.*
This is a dangerous crossroads.	*C'est un carrefour dangereux.*
This is a very busy street.	*C'est une rue très animée.*
The traffic is heavy just now.	*La circulation est dense à cette heure-ci.*
Be careful you don't get run over!	*Fais attention de ne pas te faire écraser!*
Watch for the traffic lights!	*Attention aux feux!*
You have to use the pedestrian/ zebra crossing (GB).	*Il faut utiliser le passage piéton.*
We have a pedestrian precinct.	*Nous avons une zone piétonnière.*
"Pedestrian traffic only"	*"Réservé aux piétons"*
It's the rush hour.	*C'est l'heure de pointe.*
The commuter trains are full to overflowing.	*Les trains de banlieue sont pris d'assaut.*
The buses and underground are crowded/ packed.	*Les bus et le métro sont bondés.*
People are packed like sardines in the tube (GB)/ subway (US).	*Les gens sont serrés comme des sardines dans le métro.*
The traffic is going at a crawl/ at a snail's pace.	*La circulation est au ralenti.*
People are queueing for taxis.	*On fait la queue pour les taxis.*
There's a dreadful traffic jam.	*Il y a un embouteillage terrible.*

☞ *mots transparents:*
bus – 'envelop(e) – fax – post – 'taxi – 'telegram; 'telegraph

Means of transport

Les moyens de transport

con'ductor • con'ductress ▲   *receveur • receveuse*
'driver   *conducteur* ▲
fare [fɛə]   *le prix du voyage*
'street car *(US)*; 'tram (car) *(GB)* *tramway*
'taxi rank   *station de taxis*
the 'underground/'subway *(US)*/   *le métro*
  tube *(Londres fam)* [tju:b]

The Post Office

La Poste

cable; wire *n* • *vb*   *télégramme • télégraphier*
co'llect • co'llection   *lever • levée*
de'liver • de'livery   *distribuer • distribution*
'letter   *lettre*
mail *n* • *vb* • 'mailbag   *courrier • poster • sac postal*
'mailbox • 'mailman *(US)*   *boîte aux lettres • facteur*
'money/ 'postal order   *mandat-poste*
'parcel   *paquet*
'pillar-box *(GB)*   *boîte aux lettres*
'postcard   *carte postale*
'postman *(GB)* • 'postmark   *facteur • cachet de la poste*
'register   *recommander*
sort   *trier*
stamp *n* • *vb*   *timbre; tampon • timbrer;*
                                      tamponner

The telephone

Le téléphone

call; phone; ring *(rang, rung)*   *téléphoner*
di'rectory   *annuaire*
ex'change; 'switchboard   *standard téléphonique*
'phone booth/ box   *cabine téléphonique*
re'ceiver   *combiné*
sub'scriber   *abonné*

The mailman/ postman collects and delivers the mail.	*Le facteur fait la levée du courrier et le distribue.*
He also sorts the mail.	*Il trie également le courrier.*
I want to register this letter.	*Je voudrais envoyer cette lettre en recommandé.*
Could you mail/ post this letter for me?	*Pourrais-tu poster cette lettre pour moi?*
Please send a stamped, addressed envelope.	*Veuillez envoyer une enveloppe timbrée à votre adresse.*
I must look up the number in the directory.	*Il faut que je cherche le numéro dans l'annuaire.*
I want to put through a call to New York.	*Je voudrais appeler New York.*
Lift the receiver and dial the number.	*Décrochez le combiné et composez votre numéro.*
There's no dialling tone *(GB)/* dial tone *(US).*	*Il n'y a pas de tonalité.*
Call the (exchange/ switchboard) operator!	*Appelez le standard!*
Ask the operator to put you through.	*Demandez au standard de vous passer votre correspondant.*
I wish to make a reverse charge call *(GB)/*a collect call *(US).*	*Je voudrais avoir une communication en PCV.*
The line is engaged.	*La ligne est occupée.*
Hold on/ Hold the line please!	*Ne coupez pas!*
(We're) trying to connect you.	*Nous essayons de trouver votre correspondant.*
You're through.	*Vous êtes en ligne.*
We've been cut off.	*Nous avons été coupés.*
It's a wrong number.	*C'est un faux numéro.*
I hung up/ rang off.	*J'ai raccroché/ coupé.*
I'll call him back.	*Je le rappellerai.*
Give me a call/ ring tomorrow!	*Passe-moi un coup de fil demain!*
It's a freefone *(GB)/* toll-free *(US)* number.	*C'est un numéro vert.*

The bank	*La banque*
bank 'account	*compte en banque*
'banker	*banquier; employé de banque*
'banknote	*billet de banque*
bond	*obligation*
'borrow	*emprunter*
branch	*succursale*
check *(US)*; cheque *(GB)*	*chèque*
check-/ 'cheque-book	*chéquier*
coin [kɔɪn]	*pièce de monnaie*
'counter ['kauntə]	*guichet*
'credit card • 'creditor	*carte de crédit • créditeur*
'debtor ['detə]	*débiteur*
in'surance [ɪn'ʃuərəns]	*assurance*
in'vest • in'vestment	*investir • investissement*
lend *(lent, lent) (GB)*	*prêter*
loan *vb (US)* • *n*	*prêter • prêt; emprunt*
save • 'savings *(I plur)*	*économiser • économies*

Voir aussi ECONOMIC LIFE (**banking**)

The fire brigade	*Les (sapeurs-)pompiers*
burn *vb* • *n*	*brûler • brûlure*
'fire drill	*exercice d'alerte*
'fire'engine	*voiture de pompiers*
'fire ex'tinguisher	*extincteur*
'fire 'hydrant *(GB)*; 'fireplug *(US)*	*bouche d'incendie*
'fireman	*pompier*
hose	*tuyau*
'ladder	*échelle*
on fire	*en feu*
put *(put, put)* out	*éteindre*
'rescue *vb* • *n*	*sauver • sauvetage; secours*

B ... DANS LEUR CONTEXTE

Can you pay me over the counter?	*Pouvez-vous me payer directement?*
I'm not in the red, am I?	*J'espère que je ne suis pas dans le rouge.*
I wish to deposit some money.	*Je veux déposer de l'argent.*
Please endorse this cheque.	*Veuillez endosser ce chèque.*
His cheque has just bounced! It was a rubber cheque!	*Il a tiré un chèque sans provision/ en bois.*
A fire has broken out.	*Un incendie s'est déclaré.*
The firemen are on the spot.	*Les pompiers sont sur les lieux.*
Not everybody has been rescued.	*Ils n'ont pas réussi à sauver tout le monde.*
There was no emergency exit or fire escape.	*Il n'y avait ni sortie ni escalier de secours.*
There was no fireproof door.	*Il n'y avait pas de porte ignifugée.*
There are many fire hazards in a large city.	*Il y a de nombreux risques d'incendie dans une grande ville.*
It may be the work of an arsonist/ fire-raiser.	*Cela peut être l'œuvre d'un pyromane.*

C EXPRESSIONS ET LOCUTIONS

That won't break the bank.	*Cela ne cassera pas notre budget.*
It's as safe as the Bank of England.	*C'est aussi solide que le Pont-Neuf.*
I'm down to my bottom dollar.	*J'en suis à mon dernier sou.*
I'm broke/ on the rocks.	*Je suis fauché comme les blés.*
Money burns a hole in my pocket.	*Je suis un vrai panier percé.*
He's rolling in money.	*Il est riche comme Crésus.*
He makes money hand over fist.	*Il gagne l'argent qu'il veut.*
He's made of money.	*Il est cousu d'or.*
Money doesn't grow on trees.	*L'argent ne se trouve pas sous le sabot d'un cheval.*

In general

fair [fɛə]	*foire*
'market	*marché*
shop *(GB)*; store *(US)*	*magasin*
'supermarket	*supermarché*

□

'counter ['kaʊntə]	*comptoir*
de'partment	*rayon, service*
scales *(I plur)* [skeɪlz]	*balance*
shelf *(plur* shelves)	*étagère*
'trolley ▲	*caddie* ▲
weigh [weɪ] • weight [weɪt]	*peser • poids*

□

box • 'cardboard ~ • 'wooden ~ crate *n* • *vb*	*boîte • carton • cageot caisse (à claire-voie) • mettre en cageot/ caisse*
goods; wares *(I plur)*	*marchandises*
'rubbish; trash *(I sing)*	*camelote*

□

a'ssistant	*vendeur; vendeuse*
ca'shier; 'cashgirl	*caissier; caissière*
'customer	*client*
'salesman; 'saleswoman	*représentant de commerce*
'shopkeeper; 'tradesman	*commerçant*
staff	*personnel*

□

bill; check	*note; ticket de caisse*
buy [baɪ] *(bought, bought)* [bɔːt]	*acheter*
'discount ['dɪskaʊnt]	*réduction*
'purchase *vb* • *n* ['pɜːtʃɪs] ▲	*acheter • achat*
'purchaser ▲	*acheteur; acheteuse*
purse	*(a) porte-monnaie (GB) (b) sac à main (US)*
re'fund • 'refund	*rembourser • remboursement*
re'ceipt	*reçu*
sale	*(a) vente (b) solde*
sell *(sold, sold)*	*vendre*

En général

a shopping centre	un centre commercial
a chain store	un magasin à succursales
a department store	un grand magasin
a shopping basket	un panier à provisions
She's going shopping.	Elle va faire ses courses.
an open-air stall	un éventaire en plein vent
a flea market	un marché aux puces
a travelling salesman	un commis voyageur
a commercial traveller	un voyageur de commerce
a door-to-door salesman	un démarcheur à domicile
Trade is brisk/ slack.	Les affaires marchent bien / mal.
on sale in this shop	en vente dans ce magasin
the sale price	le prix de solde
the selling price	le prix de vente
the buying price	le prix d'achat
The firm's buyers will be only too happy to receive your suggestions or complaints.	Le service d'achats de la maison ne sera que trop heureux d'accueillir toutes vos suggestions ou réclamations.
I love window-shopping.	J'adore faire du lèche-vitrine.
We have an excellent window-dresser.	Notre étalagiste est excellent.
We have been troubled with shop-lifting.	Nous avons eu des ennuis avec des vols à l'étalage.
There are an astonishing number of shop-lifters.	Il y a un nombre étonnant de personnes qui volent dans les magasins.
Such articles are often sold under the counter.	De tels articles sont souvent vendus sous le manteau.
Stop talking shop!	Cesse de parler boutique!

D   SO THEY SAY ...

"England is a nation of shopkeepers."	"L'Angleterre est une nation de boutiquiers."
	(Napoléon Bonaparte)

13 SHOPPING
A LES MOTS...

Hardware	**La droguerie/ la quincaillerie**
¹**ironmonger** *(GB)*	*droguiste; quincailler*
¹**ironmongery** *(GB)*	*droguerie; quincaillerie*
de'**tergent**	*détergent*
¹**parazone**	*eau de Javel*
soap	*savon*
soap/ ¹washing ¹powder	*lessive*

Dairy produce — **Les produits laitiers**
¹**clotted/ thick cream**	*crème épaisse*
whipped cream	*crème fouettée*

Voir aussi AGRICULTURE (dairy produce)

At the florist's — **Chez le fleuriste**
Voir THE FLORA

□
At the newsagent's — **Chez le marchand de journaux**

Voir THE MEDIA

At the stationer's — **À la papeterie**
¹**envelop(e)**	*enveloppe*
¹**postcard**	*carte postale*
¹**stationery** [¹steɪʃənri]	*(a) papeterie*
	(b) articles de bureau

The bookshop — **La librairie**
Voir CULTURAL LIFE (literature)

Haberdashery — **La mercerie**
lace *(I sing)* • **laces** *(plur)*	*dentelle • lacets*
¹**needle**	*aiguille*
¹**ribbon**	*ruban*
sew [səʊ] *(sewed, sewn)*	*coudre*
thimble [θɪmbl]	*dé à coudre*
thread [θred]	*fil*
wool	*laine*
zip; ¹zipper; zip ¹fastener	*fermeture Éclair*

108

B ... DANS LEUR CONTEXTE

He sells soap powder and all sorts of cleansing products.	*Il vend de la lessive et toutes sortes de produits d'entretien.*
Dairy produce has to be fresh.	*Les produits laitiers doivent être frais.*
The milkman used to come every morning.	*Autrefois le laitier passait tous les matins.*
I take skimmed milk.	*Je prends du lait écrémé.*
I eat low-fat butter and low-fat cheese.	*Je mange du beurre allégé et du fromage maigre.*
My wife likes cottage cheese.	*Ma femme aime le fromage blanc.*
She puts fresh (double!) cream on her strawberries.	*Elle met de la crème fraîche (épaisse!) sur ses fraises.*
We both like fresh eggs, and especially new-laid ones.	*Nous aimons les œufs frais, surtout quand ils sont "coque".*
We sometimes get free-run, farm eggs.	*Quelquefois nous avons des vrais œufs de ferme (poules élevées en plein air).*
They taste better than the battery eggs.	*Ils ont meilleur goût que les œufs de batterie.*
I'd like a writing pad.	*J'aimerais avoir un bloc-notes.*
I need some writing paper.	*J'ai besoin de papier à lettres.*
Our florist can make up wonderful bunches of flowers.	*Notre fleuriste compose de merveilleux bouquets.*
She has a lot of potted plants.	*Elle a beaucoup de plantes vertes.*
She specializes in house plants.	*Elle est spécialisée dans les plantes d'appartement.*
Our M.P. wore a flower in his buttonhole.	*Notre député arborait une fleur à sa boutonnière.*

C EXPRESSIONS ET LOCUTIONS

You're as welcome as the flowers in May!	*Vous arrivez à point nommé!*
Say it with flowers!	*Dites-le avec des fleurs!*

Clothes

'bathrobe	(a) peignoir de bain (GB)
	(b) robe de chambre (US)
'cardigan	gilet tricoté
'dressing gown (GB)	robe de chambre
pa'jamas (US);	pyjama
py'jamas (GB) (I plur)	
sock	chaussette
❑	
coat	manteau; pardessus
'denims (I plur)	jean(s)
'jacket	veste ▲
jeans (I plur)	jean(s)
'lining ['laınıŋ]	doublure
'mac(kintosh) (GB); 'raincoat	imper(méable)
pants (US) (I plur)	pantalon
suit	complet; costume; ensemble;
	tailleur
'trousers (GB) (I plur) ['trəuzəz]	pantalon
'waistcoat ['weıskəut]	gilet
❑	
'collar	col
la'pel	revers (de veste)
sleeve	manche
'turn-up	revers (de pantalon)
❑	
belt	ceinture
braces (GB); su'spenders (US)	bretelles
cap	casquette
glove [glʌv]	gant
hat	chapeau
shirt [ʃɜːt]	chemise
tie [taı]	cravate

La confection

At the dry cleaner's

clean • 'cleaning	nettoyer • nettoyage
iron; press • 'ironing; press	repasser • repassage
mend • 'mending	raccommoder • raccommodage

Au pressing

a knitting/ darning/ sewing needle	*une aiguille à tricoter/ à repriser/ à coudre*
I buy a lot of knitting wool.	*J'achète beaucoup de laine à tricoter.*
I do a lot of knitting.	*Je tricote beaucoup.*
Where have I laid my knitting?	*Où ai-je posé mon tricot?*
I can't thread this needle.	*Je n'arrive pas à enfiler cette aiguille.*
I used to do a lot of needlework, embroidery and dressmaking.	*Autrefois je faisais beaucoup de travaux d'aiguille, de broderie et de couture.*
Could you give this a stitch?	*Pourrais-tu y faire un point?*
I've sewn it up several times.	*Je l'ai recousu plusieurs fois.*
There's a spot of grease here.	*Il y a une tache de graisse ici.*
Dry-clean only!	*Nettoyage à sec uniquement!*
Drip-dry only.	*Ne pas essorer.*
no-iron	*repassage inutile*
crease-resistent	*infroissable*
I've laddered my tights.	*J'ai filé mon collant.*
These are fancy tights.	*C'est un collant fantaisie.*
Zip me up, please!	*Sois gentil et remonte-moi ma fermeture Éclair!*

C   EXPRESSIONS ET LOCUTIONS

A stitch in time saves nine.	*Un point à temps en vaut cent.*
They were all in stitches.	*Tout le monde se tordait de rire.*
I've got a stitch (in my side).	*J'ai un point de côté.*
He hadn't a stitch on him.	*Il était nu comme un ver.*
He threaded his way through the crowd.	*Il se faufila à travers la foule.*
He's as sharp as a needle.	*Il est malin comme un singe.*
It's like looking for a needle in a haystack.	*C'est comme si on cherchait une aiguillle dans une botte de foin.*
Every cloud has a silver lining!	*Après la pluie le beau temps!*

Men's underwear	**Sous-vêtements homme**
'singlet; vest ▲	*tricot de corps*
'underpants *(plur)*	*slip* ▲

Lingerie	**La lingerie**
bou'tique ▲	*magasin de mode*
'lingerie (shop)	*boutique de lingerie*
□	
blouse [blaʊz] ▲	*chemisier*
bra *(abréviation* = brassière ▲)	*soutien-gorge*
dress	*robe* ▲
frill	*volant*
'jumper [ˈdʒʌmpə]	*pull(over)*
'nightdress	*chemise de nuit*
pants; 'panties *(I plur)*	*culotte*
'petticoat	*jupon*
skirt [skɜːt]	*jupe*
slip ▲	*combinaison*
'stocking	*bas*
tights *(I plur)* [taɪts]	*collant*
'underwear *(I sing)*	*sous-vêtement(s)*

The shoe shop	**Le magasin de chaussures**
boot	*chaussure (à tige montante)*
clog	*sabot*
shoe [ʃuː]	*chaussure (basse)*
'shoemaker	*fabricant de chaussures*
'slipper	*chausson; pantoufle*
□	
heel	*talon*
lace, 'shoestring	*lacet*
'shoe-horn	*chausse-pied*
sole	*semelle*
□	
re'pair *vb* • *n*	*réparer* • *réparation*
mend	*réparer*

ready-made clothes	*vêtements de confection*
ready-to wear clothes	*le prêt-à-porter*
I bought this suit off the peg *(fam)*.	*J'ai acheté ce costume en confection.*
It isn't tailor-made.	*Il n'est pas fait sur mesure.*
She has a good dress-maker who can make alterations.	*Elle a une bonne couturière qui sait faire des retouches.*
He is a fashion designer.	*C'est un grand couturier.*
He is holding a fashion show.	*Il organise un défilé de mode.*
He wears casual clothes.	*Il s'habille très décontracté.*
She dresses neatly.	*Elle s'habille avec soin.*
She dresses well.	*Elle porte bien la toilette.*
a pleated silk/ velvet skirt	*une jupe plissée en soie/velours*
a flared/ straight skirt	*une jupe évasée/ droite*
a single-breasted jacket	*un veston droit*
a double-breasted jacket	*une veste croisée*
dinner jacket *(GB)*/ tuxedo *(US)*	*smoking* ▲
a three-piece suit	*un costume trois-pièces*
She does a lot of modelling.	*Elle travaille beaucoup comme mannequin.*
She is dressed in a black three-quarter-length coat.	*Elle est habillée d'un manteau trois-quarts noir.*
It's very fashionable/ smart/ *(fam)* trendy.	*C'est très à la mode.*
It's all the fashion/ rage.	*C'est la grande mode.*
It's the very latest fashion.	*C'est le tout dernier cri.*
Her dress looks old-fashioned.	*Sa robe a l'air démodée.*
He is in evening dress.	*Il est en tenue de soirée.*
Everyone is in formal dress.	*Tout le monde est en tenue de cérémonie.*

C   EXPRESSIONS ET LOCUTIONS

He has put on in his Sunday best.	*Il porte son costume du dimanche.*
They are hand in glove.	*Ils marchent la main dans la main; ils sont de mèche.*

At the jeweller's — Chez le bijoutier

At the jeweller's	Chez le bijoutier
'bracelet	bracelet
brooch [brəʊʃ]	broche
'ear-ring	boucle d'oreille
'jewel ['dʒʊəl]	bijou
me'dallion	médaillon
'necklace ['neklɪs]	collier
ring	bague
❐	
clock	horloge; pendule
watch [wɒtʃ]	montre
❐	
'diamond ['daɪəmənd]	diamant
'emerald	émeraude
e'namel	émail
'ivory ['aɪvri]	ivoire
pearl [pɜːl]	perle
'ruby [ru:bɪ]	rubis
'sapphire ['sæfaɪə]	saphir
❐	
gold [gəʊld]	or
'platinum	platine
'silver	argent

The beauty parlour — L'institut de beauté

The beauty parlour	L'institut de beauté
beau'tician	esthéticienne
'cleansing milk ['klenzɪŋ]	lait de toilette
cold cream	crème de jour
cos'metics (I plur)	produits de beauté
foun'dation cream	fond de teint
'lipstick	rouge à lèvres
make up (made, made)	se maquiller
make-up	maquillage
'moisture cream	crème hydratante
nail 'varnish	vernis à ongles
'perfume; scent [sent]	parfum
spray vb • n	vaporiser • vaporisateur

ski boots	*chaussures de ski*
snow boots	*après-skis*
rubber boots	*bottes en caoutchouc*
dress shoes	*chaussures habillées*
flat shoes	*chaussures à talons plats*
casual shoes	*mocassins*
walking shoes	*chaussures de marche*
high-heeled shoes	*chaussures à talons*
stiletto heels	*talons aiguille*
the footwear department	*le rayon chaussures*
I've polished my shoes.	*J'ai ciré mes chaussures.*
I like to be well shod.	*J'aime être bien chaussé.*

☐

an engagement ring	*une bague de fiançailles*
a signet ring	*une chevalière*
a wedding ring	*une alliance*
a ring set with diamonds	*une bague sertie de diamants*
a safety clasp	*un fermoir de sécurité*
a goldsmith/ silversmith	*un orfèvre*
gold-plated	*en plaqué or*

C   EXPRESSIONS ET LOCUTIONS

I wouldn't like to be in his shoes.	*Je n'aimerais pas être à sa place.*
He stepped into his father's shoes.	*Il a pris la succession de son père.*
I was shaking in my shoes.	*J'avais une peur bleue.*
I made the film on a shoestring.	*J'ai fait le film avec un budget dérisoire.*
A horse shoe brings luck.	*Un fer à cheval porte bonheur.*
He is well-heeled.	*Il est riche.*
They look down-at-heel.	*Ils n'ont pas l'air de rouler sur l'or.*
All that glitters is not gold.	*Tout ce qui brille n'est pas or.*
She is as good as gold.	*Elle est sage comme une image.*
She is heavily made up.	*Elle est très maquillée.*

A LES MOTS...

At the hairdresser's   Chez le coiffeur

'barber	*coiffeur pour hommes*
'hairdressing	*coiffure (métier)*
shave *vb • n*	*raser • rasage*
'toupee ['tu:peɪ]	*postiche*
trim	*égaliser; rafraîchir*

❑

brush *n • vb*	*brosse • brosser*
'clippers *(I plur)*	*tondeuse*
comb *n • vb* [kəum]	*peigne • peigner*
'(hair-)dryer	*séchoir*
'(hair)net	*filet; résille*
'(hair)pin	*épingle*
'hair-spray	*laque*
'razor ['reɪzə]	*rasoir*
'roller ['rəulə]	*rouleau*
'scissors *(I plur)* ['sɪzəz]	*ciseaux*

❑

'backcombing	*crêpage*
bleach	*décolorer*
blow-'dry	*brushing* ▲
cut *(cut, cut) vb • n*	*couper • coupe*
dye *vb • n* [daɪ]	*teindre • teinture*
perm	*permanente*
set *(set, set) vb • n*	*mettre en plis • mise en plis*
sham'poo *n • vb* ['ʃæm'pu:]	*shampooing • faire un shampooing*

❑

bang, fringe	*frange*
bun [bʌn]	*chignon*
'hairdo ['heədu:]	*coiffure (style)*
'parting	*raie*
plait [plæt/ pleɪt]	*natte*
'poneytail	*queue-de-cheval*
wig	*perruque*

B ... DANS LEUR CONTEXTE

She has a beauty spot.	*Elle a un grain de beauté.*
I want to go in for hairdressing.	*Je veux apprendre la coiffure.*
I like your new hair style/ *(fam)* hairdo.	*J'aime ta nouvelle coiffure.*
I had my hair done yesterday.	*Je suis allée chez le coiffeur hier.*
I had my hair shampooed.	*Je me suis fait faire un shampooing.*
I got my hair permed/ set.	*Je me suis fait faire une permanente / une mise en plis.*
My hair used to be straight.	*J'avais les cheveux raides.*
We do manicures and remove unwanted hair.	*Nous faisons manucure et épilation.*
hair remover	*crème épilatoire*
hair restorer	*régénérateur capillaire*
He has a shock of hair.	*Il a une vraie tignasse.*
He needs a haircut/ to get his hair cut.	*Il a besoin de se faire couper les cheveux.*
He has a crew-cut now.	*Il a les cheveux coupés en brosse maintenant.*
His hair is getting thin (on top).	*Il commence à se dégarnir.*
He's getting bald.	*Il devient chauve.*
Just a trim, please!	*Juste rafraîchir, s'il vous plaît!*
I'll clean the back of your neck.	*Je vais vous rafraîchir la nuque.*

C   EXPRESSIONS ET LOCUTIONS

She gets in my hair!	*Elle m'énerve!*
It was hair-raising!	*C'était effrayant!*
It made my hair stand on end.	*Cela m'a fait dresser les cheveux sur la tête.*
My wife didn't turn a hair.	*Ma femme n'a pas bronché.*
Don't split hairs!	*Ne coupe pas les cheveux en quatre!*
He escaped by a hair's breadth.	*Il a échappé de justesse.*
It was a close shave.	*On a frôlé la catastrophe.*

At the butcher's   ## Chez le boucher

beef • roast beef	*bœuf • rosbif*
chop; 'cutlet	*côtelette*
meat [miːt]	*viande*
mince *(abrév* minced meat)	*biftek haché; viande hachée*
shin	*gîte*
'topside	*gîte à la noix*
veal [viːl]	*veau*

'fillet steak [steɪk]	*biftek dans le filet; tournedos*
'rump steak [rʌmp]	*rumsteak*
'sirloin (steak) ['sɜːlɔɪn]	*aloyau*
'stewing steak ['stjuːɪŋ]	*bœuf à braiser*
T-bone steak	*biftek coupé dans l'aloyau et comprenant l'os et le filet*

lamb [læm]	*agneau*
a leg of lamb/ 'mutton	*un gigot d'agneau/ de mouton*
'mutton [mʌtn]	*mouton*

black 'pudding ['pʊdɪŋ]	*boudin noir*
'chicken ['tʃɪkən]	*poulet*
fowl [faʊl]	*volaille; poule*
'gammon	*jambon blanc*
ham	*jambon blanc ou fumé*
pork	*porc*
roast pork	*rôti de porc*
'sausage ['sɒsɪdʒ]	*saucisse; saucisson*

Voir aussi AGRICULTURE

At the fishmonger's   ## Chez le poissonnier

'bloater ['bləʊtə]	*bouffi (gros hareng fumé)*
'filleted fish	*filets de poisson*
fish 'fingers	*bâtonnets de poisson*
farm 'salmon/ trout	*saumon/ truite d'élevage*
wild 'salmon	*saumon sauvage*
'river trout	*truite de rivière*

Voir aussi WILDLIFE

13 LES COURSES

B ... DANS LEUR CONTEXTE

Is it a special offer?	*Est-ce que c'est en promo(tion)?*
Can I get a discount on it?	*Puis-je avoir une réduction?*
I can't afford to buy things like that.	*Je ne peux pas me permettre d'acheter de tels articles.*
Could I pay by installments?	*Pourrais-je payer par mensualités?*
We can give you easy payment terms.	*Nous pouvons vous donner des facilités de paiement.*
We cater for children.	*Nous avons un rayon enfants.*
"We cater for businessmen."	*"Salle pour repas d'affaires."*
I'm sure I got short weight.	*Je suis sûre qu'il n'y a pas le poids.*
Who did you buy that from?	*À qui as-tu acheté ça?*
This is shop-soiled.	*Cet article est défraîchi.*
Who was at the check-out?	*Qui était à la caisse?*
I'll ask at the main cash-desk.	*Je demanderai à la caisse principale.*
I made several purchases.	*J'ai fait plusieurs achats.*
We can give you a refund.	*Nous pouvons vous rembourser.*
You can exchange this for something else.	*Vous pouvez échanger ceci contre autre chose.*
Would you prefer me to pay you in cash for this?	*Préférez-vous que je vous règle ceci en espèces?*
I prefer cash to cheques that bounce or stolen credit cards!	*J'aime mieux les espèces que les chèques en bois ou les cartes de crédit volées!*

C EXPRESSIONS ET LOCUTIONS

One man's meat is another man's poison.	*Ce qui plaît à l'un ne plaît pas toujours à l'autre.*
His goose is cooked.	*Son compte est réglé.*
He's as dead as mutton.	*Il est tout ce qu'il y a de plus mort.*
The customer is always right.	*Le client a toujours raison.*

At the baker's — Chez le boulanger

'baker's shop	*boulangerie*
bread *(I sing)* [bred]	*pain*
bun [bʌn]	*brioche; pain au lait*
cake [keɪk]	*gâteau*
'caramel, 'toffee	*caramel*
'doughnut, 'donut ['dəʊnʌt]	*beignet*
'pancake	*crêpe*
'pastry ['peɪstri]	*pâtisserie*
scone [skəʊn/skɒn]	*petit pain au lait*
sweet *(GB)*; candy *(US)*	*bonbon*

At the grocer's — Chez l'épicier

canned *(US)*/ tinned *(GB)* food	*conserves (en boîtes)*
'chocolate	*chocolat*
flour [flaʊə]	*farine*
jam [dʒæm]	*confiture*
'margarine	*margarine*
oil [ɔɪl]	*huile*
'pickled 'onions ['ʌnjəns]	*oignons au vinaigre*
prune ▲ [pruːn]	*pruneau*
split 'peas *(plur)*	*pois cassés*
vinegar	*vinaigre*

Voir aussi AGRICULTURE (fruit; vegetables)

D.I.Y. (abrév *Do It Yourself*) — Le bricolage

bench; 'workbench	*établi*
clamp *n* • *vb*	*serre-joint* • *serrer*
vice *(GB)*; vise *(US)* [vaɪs]	*étau*
□	
bit	*mèche*
bolt *n* • *vb* [bəʊlt]	*boulon* • *boulonner*
drill *n* • *vb*	*(a)foret; mèche*
	(b) perceuse • *percer*
file *n* • *vb* [faɪl]	*lime* • *limer*
'hammer *n* • *vb*	*marteau* • *marteler*
'mallet	*maillet*

A loaf of white bread and two loaves of brown, please!	*Un pain blanc et deux pains bis, s'il vous plaît!*
Have you any wholemeal bread?	*Avez-vous du pain complet?*
We do all our own baking.	*Tous nos produits sont faits maison.*
Customers appreciate our convenience foods.	*Les clients apprécient nos plats cuisinés.*
We have take-away dishes.	*Nous vendons des plats à emporter.*
We have a range of deep-/ quick-frozen food.	*Nous avons une gamme de produits surgelés.*

nail *n* • *vb* [neɪl]	*clou* • *clouer*
nut [nʌt]	*écrou*
plane *n* • *vb* [pleɪn]	*rabot* • *raboter*
pliers *(I plur)* [ˈplaɪəz]	*pince*
□	
sand • **ˈsander** • **ˈsandpaper**	*poncer* • *ponceuse* • *papier de verre*
saw *n* • *vb* [sɔ:]	*scie* • *scier*
ˈcircular saw • **ˈhacksaw**	*scie circulaire* • *scie à métaux*
□	
loose [lu:s] • **ˈloosen**	*desserré* • *(se) desserrer*
slack • **ˈslacken**	*desserré* • *(se) desserrer*
tight [taɪt] • **ˈtighten**	*serré* • *serrer*
□	
screw *n* • *vb* [skru:]	*vis* • *visser*
ˈscrewdriver	*tournevis*
ˈspanner *(GB)*	*clé (de mécanicien)*
wrench *n* • *vb* [rentʃ]	*clé* • *tordre; arracher*
ˈmonkey wrench	*clé anglaise/ à molette*
□	
ˈtape ˈmeasure [ˈmeʒə]	*mètre*
ˈfolding rule	*mètre pliant*
square [skwɛə]	*équerre*
(spirit) ˈlevel	*niveau*
□	
paint *n* • *vb*	*peinture* • *peindre*
paper *n* • *vb* • **ˈ(wall)paper**	*papier* • *tapisser* • *papier peint*
ˈladder • **ˈstepladder**	*échelle* • *escabeau*

They have a well-stocked D.I.Y. department.	*Ils ont un rayon de bricolage bien approvisionné.*
I have two electric/ power drills.	*J'ai deux perceuses électriques.*
I drill a hole.	*Je perce un trou.*
I file off the rough corners.	*Je lime des coins.*
I drive/ hammer in a nail.	*Je plante un clou.*
I nail a picture to the wall.	*Je cloue un tableau au mur.*
I plane down a board.	*Je rabote une planche.*
I sand down wood or plastic.	*Je ponce le bois ou le plastique.*
I sawed off the right/ wrong length of wood.	*J'ai scié la bonne/ mauvaise longueur de bois.*
I screw in a screw.	*Je visse une vis.*
I unscrew a bolt.	*Je dévisse un boulon.*
I need a wrench or spanner to get this off.	*J'ai besoin d'une clé pour enlever cela.*
Is it level?	*Est-ce que c'est horizontal?*
Use your level.	*Utilise ton niveau.*
Is it square?	*Est-ce que c'est d'équerre?*

14 HOUSING

Housing	**Le logement**
'outskirts (*I plur*)	*grande banlieue*
'shantytown	*bidonville*
'slum	*taudis*
'square	*place; square*
'suburb	*banlieue*
'tenement	*immeuble (dans un quartier populaire)*

con'tractor	*entrepreneur*
de'veloper	*promoteur immobilier*
'landlord/ 'landlady	*propriétaire d'une location*
'lodger ▲	*pensionnaire*
'managing 'agent	*syndic*
'owner	*propriétaire*
(real) e'state 'agency	*agence immobilière*
e'state 'agent (*GB*); realtor (*US*)	*agent immobilier*
'tenant ▲	*locataire*

lease *n* • *vb*	*bail* • *donner à bail*
let (*let, let*) *vb* • *n*	*louer; mettre en location* • *bail*
lodge ▲	*être en pension*
own	*posséder; être propriétaire de*
rent *vb* • *n*	*louer; avoir/ prendre en location* • *loyer*

Types of housing	**Types de logements**
a'partment (*US*)	*appartement*
'bungalow	*pavillon*
'cottage	*petite maison de campagne*
digs (*I plur*) (*fam GB*)	*chambre chez l'habitant*
flat (*GB*)	*appartement*
'lodgings (*I plur*) ▲	*chambre chez l'habitant*
'manor ['mænə]	*manoir*
'mansion ['mænʃən]	*hôtel particulier*
'skyscraper ['skaɪskreɪpə]	*gratte-ciel*
('high-rise) 'building; 'tower	*tour*

There is a housing problem.	*Il y a une crise du logement.*
They live in lodgings/ in rooms.	*Ils vivent en pension/ en meublé.*
We have bought a plot of ground.	*Nous avons acheté un terrain.*
This deed is proof of ownership.	*Ce document prouve que nous en sommes les propriétaires.*
He lives on an estate.	*Il habite un lotissement.*
She lives in a garden city.	*Elle habite une cité-jardin.*
It is a smokeless area.	*C'est une zone anti-pollution.*
We live in a built-up area.	*Nous vivons en zone urbaine.*
Private property: no entry!	*Propriété privée: défense d'entrer!*
Trespassers will be prosecuted.	*Tout contrevenant sera poursuivi.*
Many working-class tenements are overcrowded.	*Beaucoup d'immeubles ouvriers sont surpeuplés.*
They fail to conform to the town-planning criteria.	*Ils ne sont pas conformes aux normes de l'urbanisme.*
Some districts are squalid.	*Certains quartiers sont sordides.*
This is a very slummy area.	*C'est un genre de "zone" ici.*
There is a slum clearance scheme.	*Il y a un projet d'aménagement de quartiers insalubres.*
They want to evict some tenants.	*On veut expulser certains locataires.*
There have been several evictions.	*Il y a eu plusieurs expulsions.*
These are reclaimed flats.	*Ce sont des appartements réhabilités.*
This is a new block of flats.	*C'est un immeuble neuf.*
These are high-rise flats.	*Ce sont des tours/ buildings.*
They are built of concrete.	*Ils sont construits en béton.*

C EXPRESSIONS ET LOCUTIONS

They were turned out of house and home.	*On les a jetés à la rue.*
They get along like a house on fire.	*Ils s'entendent on ne peut mieux.*

Individual elements

drive [draɪv]	*allée (pour voitures)*
door [dɔː]	*porte (donnant vers l'intérieur)*
gate [geɪt]	*porte (à l'extérieur); portail*
□	
bell	*sonnette*
'knocker [ˈnɒkə]	*marteau*
□	
'bannister	*rampe d'escalier*
'elevator *(US)* • **lift** *(GB)*	*ascenseur*
stairs • **'staircase**	*escalier • cage d'escalier*
□	
'basement	*sous-sol*
'courtyard	*cour intérieure*
hall	*entrée*
'landing	*palier*
'railing	*grille*
□	
beam	*poutre*
gable [geɪbl]	*pignon*
roof *(plur* **roofs***)*	*toit*
slate [sleɪt]	*ardoise*
thatch [θætʃ]	*chaume*
tile [taɪl]	*tuile*

Types of windows — Les types de fenêtres

bow 'window [bəʊ]	*fenêtre en saillie*
'dormer 'window	*fenêtre mansardée*
French 'window	*porte-fenêtre*
'frosted glass 'window	*fenêtre en verre dépoli*
'lattice 'window	*fenêtre à croisillons*
'oriel 'window [ˈɔːrɪəl]	*fenêtre à encorbellement*
'sash 'window	*fenêtre à guillotine*
'stained glass 'window	*vitrail*
□	
blind [blaɪnd]	*persienne*
'shutter [ˈʃʌtə]	*volet*

B ... DANS LEUR CONTEXTE

"House to let/ for sale"	*"Maison à louer/ à vendre"*
"Unrestricted outlook"	*"Vue imprenable"*
The house is jerry-built.	*C'est une construction bon marché.*
We live in a semi-detached house in the suburbs.	*Nous habitons une maison jumelle en banlieue.*
When do you move in?/ into your new house?	*Quand est-ce que vous emménagez?*
We'll be moving (out) soon.	*Nous allons déménager bientôt.*
a private house	*une maison particulière*
They qualify for a council house.	*Ils ont droit à une H.L.M.*
We have a week-end house.	*Nous avons une résidence secondaire.*
He has a house in the country.	*Il a une maison de campagne.*
They have a country house.	*Ils possèdent une (grande) maison à la campagne/ une gentilhommière.*
They also own a town house.	*Ils ont également une maison en ville/ un hôtel particulier.*
There are still some thatched cottages.	*Il existe encore quelques chaumières.*
There's a flight of stairs to go up.	*Il y a un escalier (intérieur) à monter.*
There's a fight of steps to go down.	*Il y a un escalier (extérieur) à descendre.*

C EXPRESSIONS ET LOCUTIONS

It's as safe as houses.	*Il n'y a absolument aucun risque.*
His life collapsed like a house of cards.	*Sa vie s'est effondrée comme un château de cartes.*
People who live in glass houses shouldn't throw stones!	*Tu ferais mieux de balayer devant ta porte!*
I felt like shouting it from the housetops/ rooftops.	*J'avais envie de le crier sur les toits.*
An Englishman's house is his castle.	*Charbonnier est maître chez lui.*

Amenities [ə'mi: nɪtɪz]   ## Les agréments

'air-con'ditioned	*climatisé*
'air-con'ditioning	*climatisation*
'balcony	*balcon*
'built-in 'cupboard	*placard incorporé; élément encastré*
'burglar-proof	*avec dispositif de sécurité*
'central 'heating	*chauffage central*
con'servatory	*jardin d'hiver*
double-'glazed	*à double vitrage*
double-'glazing	*double vitrage*
hot 'water tank	*ballon d'eau chaude*
inter'com	*interphone*
'parquet 'floor(ing)	*parquet*
porch • 'sun-porch	*porche (GB); terrasse (US)*
	• véranda
'raftered 'ceiling ['si:lɪŋ]	*plafond à poutres apparentes*
rein'forced main door	*porte d'entrée blindée*
'soundproof • 'soundproofing	*insonoriser • insonorisation*
tiled floor	*plancher carrelé*
'tiling ['taɪlɪŋ]	*carrelage*
wall-to-wall 'carpeting	*moquette* ▲

Good features   ## Les atouts

'airy	*aéré*
con'venient	*commode*
'roomy	*spacieux*

Bad features   ## Les inconvénients

cramped	*exigu*
dirty *adj* • *vb*	*sale • salir*
draught [drɑ:ft]	*courant d'air*
'draughty	*plein de courants d'air*
'filthy	*crasseux*
'poky	*exigu*
'sordid	*sordide*
'squalid • squalor	*sordide • crasse*

Air-conditioning is a really good feature for a resale.	*La climatisation est un vrai atout à la revente.*
Built-in cupboards avoid having to bend down to get at things.	*Les éléments encastrés évitent d'avoir à se pencher pour avoir accès aux différentes choses.*
No house is really burglar-proof.	*Aucune maison n'est vraiment à l'abri d'un cambriolage.*
Central heating is more comfortable but maybe less economical.	*Le chauffage central donne un confort accru mais il est peut-être moins économique.*
Double-glazing keeps out the cold and cuts down the heating bills.	*Le double vitrage empêche le froid de passer et permet des économies de chauffage.*
We have only electric heating.	*Nous n'avons que le chauffage électrique.*
It's less risky than gas.	*Il y a moins de risques qu'avec le gaz.*
Rafters are picturesque, but they collect the dust and the cobwebs.	*Les poutres apparentes sont pittoresques, mais ce sont des nids à poussière et à toiles d'araignée.*
Sound-proofing is a must when you have a professional musician as a neighbour.	*L'insonorisation est essentielle quand on a un musicien professionnel comme voisin.*
A tiled kitchen is a boon to the housewife.	*Une cuisine carrelée est une vraie aubaine pour la ménagère.*
Wall-to-wall carpeting is warmer than parquet flooring, but is less hard-wearing.	*Une moquette est plus chaude qu'un parquet mais moins résistante.*
Modern apartments/ flats are planned especially with an eye to greater convenience.	*Les appartements modernes sont conçus en visant surtout une commodité plus grande.*

C EXPRESSIONS ET LOCUTIONS

There's not enough room to swing a cat in here.	*On n'a pas la place de se retourner ici.*

Inside the home / L'intérieur de la maison

ceiling ['si:lɪŋ]	*plafond*
floor [flɔ:]	*plancher*
par'tition	*cloison*
'skirting (board)	*plinthe*
'wainscoting	*lambris*

❐

paint *n* • *vb*	*peinture • peindre*
paper *n* • *vb*	*papier • tapisser*
'wallpaper	*papier peint*

Electrical fittings / L'équipement électrique

bulb [bʌlb]	*ampoule*
'centre light	*plafonnier*
chande'lier ▲	*lustre* ▲
'lampshade	*abat-jour*
'lighting ['laɪtɪŋ]	*éclairage*
switch	*commutateur, interrupteur*
'wall lamp • 'wall plug	*applique • prise murale*

The kitchen / La cuisine

chute [ʃu:t] ▲	*vide-ordures*
'cupboard • fitted cupboards	*placard • éléments muraux*
sink	*évier*

Basic ustensils / Les ustensiles de base

'coffeepot	*cafetière*
'fish kettle	*turbotière*
'frying pan	*poêle*
jug	*pichet*
'kettle	*bouilloire*
knife [naɪf] *(plur* knives)	*couteau*
pan; saucepan ['sɒspən]	*casserole*
'sugar bowl	*sucrier*
'teapot	*théière*
tray	*plateau*

Household appliances	**Les appareils ménagers**
ˈblender	*mixeur*
ˈcan-opener *(US)*	*ouvre-boîte*
ˈtin-opener *(GB)*	
ˈcoffee-grinder/ -mill	*moulin à café*
ˈcoffee-maker	*cafetière électrique*
ˈcooker	*cuisinière*
ˈcream/ ˈmilk jug	*pot au lait/ à crème*
deep-ˈfreeze, ˈfreezer	*congélateur*
ˈdishwasher	*lave-vaisselle*
ˈmicro-wave ˈoven	*four à micro-ondes*
ˈmincer	*hachoir*
ˈmixer	*mixeur*
ˈoven [ˈʌvən]	*four*
ˈpressure cooker	*cocotte minute, autocuiseur*
ˈprocessor	*robot*
reˈfrigerator • fridge *(fam)*	*réfrigérateur • frigo*
ˈtoaster [ˈtəʊstə]	*grille-pain*
ˈwashing maˈchine	*machine à laver; lave-linge*

The bathroom	**La salle de bains**
bath	*baignoire; bain*
ˈfaucet *(US)*	*robinet*
ˈshower [ˈʃaʊə]	*douche*
tap *(GB)*	*robinet*
ˈtoilet, ˈlavatory	*toilettes; waters* ▲
ˈtowel-rail [ˈtaʊəl-]	*porte-serviettes*
ˈwash-hand ˈbasin [ˈbeɪsən]	*lavabo*

Toilet accessories	**Accessoires de toilette**
comb *n* • *vb* [kəʊm]	*peigne • peigner*
file *n* • *vb* [faɪl]	*lime • limer*
ˈhairbrush	*brosse à cheveux*
ˈrazor [ˈreɪzə]	*rasoir*
shave • ˈshaver [ˈʃeɪvə]	*(se) raser • rasoir électrique*
ˈtoothbrush	*brosse à dents*

Daily routine | La routine journalière

wake *(woke, woken)* up — *se réveiller*
get *(got, got)* up — *se lever*
dress — *s'habiller*
shave — *se raser*
wash [wɒʃ] — *se laver*

The bedroom | La chambre

cot — *lit d'enfant*
cradle ['kreɪdl] — *berceau*
'mattress — *matelas*
'wardrobe ['wɔ:drəʊb] — *armoire-penderie*
□
'blanket — *couverture*
'bolster — *traversin*
downie ['daʊnɪ] — *duvet; couette*
'pillow — *oreiller*
quilt [kwɪlt] — *édredon*
sheet — *drap*

The study | Le bureau

bookcase • (book)shelf — *bibliothèque (meuble) • étagère*

work table; (writing) desk — *table de travail*

The living room | La salle de séjour

'drawing room; lounge [laʊndʒ] — *salon*
'carpet *n* • *vb* — *tapis • moquetter*
'curtain — *rideau; doubles rideaux*
'pelmet — *cantonnière*
rug — *petit tapis*
□
'armchair — *fauteuil*
con'vertible — *canapé-lit*
couch [kaʊtʃ]; di'van — *divan*
'cushion — *coussin*
se'ttee; 'sofa — *canapé*

Switch on/ off (the light)!	*Allume/ éteins (la lumière)!*
Turn on/ off the light/ gas...!	*Allume/ éteins la lumière/ le gaz...!*
Bolt the door!	*Pousse le verrou!*

hot/cold water tap	*robinet d'eau chaude/ froide*
hot water tank	*ballon d'eau chaude*
a bath/ hand towel	*un drap de bain/ essuie-mains*
Where's the toothpaste?/ the face cloth?/ my toilet bag?/ the cotton wool?/the hair-drier?	*Où est le dentifrice?/ le gant de toilette?/ ma trousse de toilette?/ le coton hydrophile?/ le sèche-cheveux?*
Would you do my hair for me?	*Voudrais-tu me coiffer?*
You're too heavily made up!	*Tu es trop maquillée!*
Go and wash!	*Va faire ta toilette!*
Brush your teeth!	*Lave-toi les dents!*
I've had a good wash (and shave).	*J'ai fait une bonne toilette.*
Go and bath(e)/ have a bath!	*Va prendre un bain!*
Go and shower/ have a shower!	*Va prendre une douche!*

double/ single bed	*lit à deux places/ à une place*
twin beds	*lits jumeaux*
a guestroom/ spare (bed)room	*une chambre d'amis*
a chest of drawers	*une commode*
a dressing/ bedside table	*une coiffeuse/ table de chevet*
a bedside lamp	*une lampe de chevet*
an alarm clock	*un réveil (réveille-matin)*
I'll show you to your room.	*Je vous accompagnerai à votre chambre.*

I hope you don't walk in your sleep/ aren't a sleep-walker.	*J'espère que vous n'êtes pas somnambule.*
I hope you won't have nightmares.	*J'espère que vous ne ferez pas de cauchemars.*
I'm a heavy/ sound sleeper.	*Je suis un grand dormeur.*
I fall asleep easily.	*Je m'endors facilement.*
I love an afternoon nap.	*Je fais très volontiers la sieste.*
He's half/ fast asleep.	*Il dort à moitié/ profondément.*
He's wide awake now.	*Il est bien éveillé maintenant.*

The living room

La salle de séjour

'fireplace	*cheminée; foyer*
hearth [hɑːθ]	*foyer; âtre*
log	*bûche*
'mantelpiece	*(dessus de) cheminée*
'poker	*tisonnier*

☐

'ashtray	*cendrier*
candle	*bougie*
'candlestick	*bougeoir*
clock	*pendule*
'knicknack ['nɪknæk]	*bibelot (fantaisie)*
'trinket	*bibelot*

The dining room

La salle à manger

chair	*chaise*
'dining 'area	*coin repas*
'drawer	*tiroir*
leaf *(plur leaves)*	*abattant; rallonge*
'sideboard	*buffet* ▲
table	*table*
'trolley	*table roulante*

Table accessories

Accessoires de table

bowl	*(a) bol (b) coupe*
'carver; 'carving knife	*couteau à découper*
'china ['tʃaɪnə]	*porcelaine; service de table*
'crockery	*faïence*
cup	*tasse*
'cutlery *(I sing)*	*couverts*
dish *(plur dishes)*	*plat* ▲
fork	*fourchette*
glass ▲	*verre*
knife [naɪf] *(plur knives)*	*couteau*
ladle ['leɪdl]	*louche*
mug	*gobelet*

B ... DANS LEUR CONTEXTE

Do come in!	*Entrez donc!*
This way, please!	*Par ici, s'il vous plaît!*
Mind the step!	*Attention à la marche!*
I've put on the fire.	*J'ai fait du feu.*
I love an open fire.	*J'adore un feu dans la cheminée.*
What a lovely pedestal table!	*Quel joli guéridon!*
It is (an) antique/ a period piece.	*Il est ancien/ d'époque.*
Who made your lace curtains?	*Qui a fait tes voilages?*
a standard lamp	*un lampadaire*
a coffee table	*une table basse*
a display cabinet	*une vitrine*
a rocking chair	*un fauteuil à bascule*
a nest of tables	*un jeu de tables gigognes*

❐

a breadknife *(plur -knives)*	*un couteau à pain*
a coffee spoon • a teaspoon	*une cuillère à café/ à thé*
She has some beautiful table linen.	*Elle a du très beau linge de table/ un très joli service de table.*
Will you lay/ set the table?	*Veux-tu mettre la table?*
Put out the table mats!	*Mets les dessous-de-plat/ sets de table.*
This table isn't heat-proof.	*Cette table ne résiste pas à la chaleur.*
Pass the salt, please!	*Donne-moi le sel, s'il te plaît!*
Help yourself!	*Sers-toi!*
Help yourself to some potatoes!	*Sers-toi de pommes de terre!*
We often discuss business over a meal.	*Nous parlons souvent affaires au cours d'un repas.*
Now we have to clear the table.	*Maintenant il faut enlever le couvert.*

Table accessories	**Accessoires de table**
'napkin	*serviette de table*
plate ▲	*assiette*
'sauce-boat	*saucière ▲*
'saucer ▲	*soucoupe*
'servers (*I plur*)	*couverts à servir*
'silver	*argenterie*
spoon	*cuillère*
'tablecloth	*nappe*
tu'reen (soup ~)	*soupière*

Household chores	**Les corvées ménagères**
broom	*balai*
brush *n* • *vb*	*brosse • brosser; balayer*
clean *adj* • *vb*	*propre • nettoyer*
cook *vb* • *n*	*faire la cuisine • cuisinier; cuisinière (personne)*
'cooker	*cuisinière (appareil)*
dust *n (I sing)* • *vb*	*poussière • épousseter; essuyer*
'duster • 'dustbin	*chiffon • poubelle*
'iron *n* • *vb*	*fer à repasser • repasser*
mop *n* • *vb*	*serpillière • passer la serpillière*
'polish *n* • *vb*	*cire • cirer*
scrub	*frotter, récurer*
'shovel ['ʃʌvl]	*pelle*
sweep (*swept, swept*)	*balayer*
'tidy *adj* • *vb* ['taɪdi]	*rangé • ranger*
'vacuum (**cleaner**) ['vækjʊəm]	*aspirateur*
washing	*la lessive*
'washing-up	*la vaisselle*

Home helps	**Les aides ménagères**
cook	*cuisinier; cuisinière; chef*
'gardener	*jardinier*
'housekeeper	*gouvernante*
'maid(servant)	*bonne*
'servant	*domestique*

I do all the cooking.	*Je fais toute la cuisine.*
I only do plain cooking.	*Je ne fais qu'une cuisine très simple et sans prétention.*
I have done the rooms / made the beds.	*J'ai fait les chambres / les lits.*
I've hoovered the carpets.	*J'ai passé l'aspirateur sur les tapis.*
I've done the dusting/ ironing.	*J'ai fait la poussière et le repassage.*
I've tidied (up) everything.	*J'ai tout rangé.*
Everything is (nice and) tidy.	*Tout est bien rangé.*
The house is spick-and-span.	*La maison est impeccable.*
I'll polish the table and the silver.	*Je vais cirer la table et faire l'argenterie.*
I'll have to scrub the floor.	*Il me faudra passer la serpillière.*
I hate scrubbing the pots.	*Je déteste récurer les casseroles.*

C EXPRESSIONS ET LOCUTIONS

He's on the way home now.	*Il est sur le chemin du retour maintenant.*
I must write home.	*Il faut que j'écrive à la famille.*
He has made his home in France.	*Il a élu domicile en France.*
He feels at home there.	*Il s'y trouve bien.*
Make yourself at home!	*Fais comme chez toi! mets-toi à l'aise!*
She made a real home for him.	*Elle lui a donné un vrai foyer.*
He came from a broken home.	*Il venait d'un foyer désuni.*
She comes from a good home.	*Elle est d'une bonne famille.*
He's a great home-lover/ (fam) stay-at-home!	*Il est très casanier/ un vrai pantouflard!*
This is his home town.	*C'est sa ville natale.*
He's easily homesick.	*Il a facilement le mal du pays.*
I pity the homeless.	*Je plains les sans-abri/ les sans domicile fixe.*

137

Pour les principaux ustensiles de cuisine, voir HOME LIFE *sous les rubriques* The kitchen, Basic utensils *et* Household appliances. *Pour les ingrédients, voir* AGRICULTURE.

Preparing the meal	Préparer le repas
bake [beɪk]	*(faire) cuire (pâtisserie)*
boil [bɔɪl]	*(faire) bouillir*
broil; grill	*(faire) griller*
brown [braʊn]	*(faire) rissoler*
carve • **ˈcarver**	*découper (viande)* • *couteau à découper*
chop [tʃɒp] • **ˈchopper**	*hacher* • *hachoir*
ˈflavour • **ˈflavouring**	*parfumer* • *parfum*
fry [fraɪ]	*(faire) frire*
ˈgravy • **juice**	*jus (viande)* • *jus (légumes, fruits)*
mince *vb* • *n*	*hacher* • *biftek haché*
mix • **ˈmixer**	*mélanger* • *mixeur*
pare [pɛə]	*peler*
peel	*peler (fruits); éplucher (légumes)*
ˈpotroast	*faire cuire à la cocotte*
roast *vb* • *n*	*faire rôtir* • *rôti*
ˈseason • **ˈseasoning** *(I sing)*	*assaisonner* • *condiment(s)*
ˈsimmer	*(faire) mijoter*
slice [slaɪs]	*couper en tranches*
spice [spaɪs] • **ˈspicy**	*épice* • *épicé*
steam	*(faire) cuire à la vapeur*
stew *n* • *vb* [stjuː]	*ragoût* • *faire en ragoût*
stir [stɜː]	*remuer*
ˈthicken • **ˈthickening**	*épaissir; s'épaissir* • *liaison*
toast *vb* • *n*	*faire griller* • *pain grillé*
whisk *vb* • *n*	*battre* • *fouet*

Dishes	**Les plats**
baked beans	*cassoulet* (plus ou moins!)
chip ▲	*pomme frite (GB); chip (US)*
crisp *(GB)*	*chip* ▲
French fries *(US)*	*(pommes) frites*
fried po'tatoes	*pommes de terre sautées*
'fritter	*beignet*
'instant 'coffee	*café soluble; ® Nescafé*
mince	*viande hachée en sauce*
mint 'sauce	*sauce à la menthe*
'salad 'dressing	*vinaigrette*
stewed 'apples	*compote de pommes*
stewed prunes ▲	*pruneaux cuits*
white sauce	*sauce blanche/ Béchamel*

Typical English dishes	**Plats anglais typiques**

'Yorkshire 'pudding
'toad-in-the-'hole [ˌtəʊdɪndəˈhəʊl]
Scotch egg
'rhubarb 'crumble [ˌruːbɑːbˈkrʌmbl]

Demandez-les quand vous serez là-bas. Vous saurez en quoi ils consistent, même si vous ne savez toujours pas les traduire en français!

Soft drinks	**Boissons sans alcool**
coke	*Coca-Cola ®*
'fruit juice	*jus de fruit*
lemo'nade	*limonade*
'soda	*eau gazeuse*

Other drinks	**Autres boissons**
ale • brown ale • pale ale	*bière légère • bière brune • bière blonde*
beer	*bière*
'bitter	*bière amère*
'cider [ˈsaɪdə]	*cidre*
'lager [ˈlɑːgə]	*bière blonde (servie fraîche)*
stout [staʊt]	*bière brune forte*

16 FOOD AND DRINK

A LES MOTS...

☞ *mots transparents:*
'cognac – gin – 'vodka – 'whisky

Other drinks	**Autres boissons**
wine [waɪn]	*vin*
'burgundy ['bɜːgəndi]	*bourgogne*
cham'pagne [ʃæm'peɪn]	*champagne*
'claret	*bordeaux*
hock; 'Rhenish wine	*vin du Rhin*
plonk *(fam)* [plɒŋk]	*le gros rouge*
port	*porto*
'sherry ['ʃeri]	*xérès*
'sparkling wine	*vin mousseux*
'vintage wine	*vin de grand cru*
❐	
cork	*bouchon*
'corkscrew	*tire-bouchon*
un'cork	*déboucher*
❐	
'brandy	*eau-de-vie*
li'queur [lɪ'kjʊə]	*liqueur*
'liquor ['lɪkə] *(I sing)*	*l'alcool; les alcools*
mead [miːd]	*hydromel*
spirits *(I plur)*	*l'alcool; les alcools*

B ... DANS LEUR CONTEXTE

Add a pinch of baking powder.	*Ajoutez une pincée de levure.*
You squeeze a lemon.	*Vous pressez un citron.*
You grate carrots/ cheese.	*Vous râpez des carottes/ du fromage.*
boil/ simmer gently	*(faire) mijoter doucement*
flake/ shortcrust pastry	*la pâte feuilletée/ brisée*
She's a good baker.	*Elle fait de bons gâteaux.*
There's nothing like home baking.	*Rien ne vaut la pâtisserie faite à la maison.*
home-baked cake	*gâteau fait à la maison*
We'll have mashed potatoes.	*Nous aurons une purée de pommes de terre.*
I choose fish and chips.	*Je choisis du poisson-frites.*
What about bacon and eggs?	*Si on faisait des œufs au jambon?*
We eat a lot of milk puddings.	*Nous mangeons beaucoup de laitages.*
Plum pudding is a Christmas dish.	*Le pudding se sert à Noël.*
fried eggs	*œufs sur le plat/ à la poêle*
I like soft-boiled eggs at home. but hard-boiled eggs for a picnic.	*J'aime les œufs à la coque chez moi, mais des œufs durs pour un pique-nique.*
I love scrambled eggs and toast.	*J'adore les œufs brouillés avec du pain grillé.*
This is a vintage year.	*C'est une grande année.*
I bottle my own wine.	*Je mets le vin en bouteilles moi-même.*

C EXPRESSIONS ET LOCUTIONS

He wants to have his cake and eat it.	*Il veut le beurre et l'argent du beurre.*
You'll just have to take pot luck.	*Vous mangerez à la fortune du pot.*

Family ties

'parent ▲	*parent (= exclusivement père + mère)*
'father • **'dad(dy)**	*père • papa*
'mother • **'mum(my);** **mom** *(US)*	*mère • maman*
'husband • **wife**	*mari • femme*
child *(plur* **children)**	*enfant*
son • **'daughter** ['dɔ:tə]	*fils; fille*
'stepfather • **'stepmother**	*beau-père; belle-mère (2ᵉ mariage)*
'stepson • **'stepdaughter**	*beau-fils; belle-fille (2ᵉ mariage)*
❐	
close/ 'distant 'relative	*parent ▲ proche/ éloigné*
'grandfather • **'grandad;** **'grandpa**	*grand-père • papy*
'grandmother • **'granny**	*grand-mère • mamie*
'grandson • **'grand-daughter**	*petit-fils • petite-fille*
great-'grandfather, etc.	*arrière-grand-père, etc.*
'brother • **'sister**	*frère • sœur*
twins	*jumeaux; jumelles*
'nephew • **niece**	*neveu • nièce*
uncle • **aunt; 'auntie**	*oncle; tonton • tante; tatie*
'cousin ['kʌsɪn]	*cousin(e)*
❐	
divor'cee	*divorcé(e)*
'guardian ▲ ['gɑ:dɪən]	*tuteur ▲*
'orphan	*orphelin(e)*
'widow • **'widower**	*veuve • veuf*
❐	
de'scendants	*les descendants*
'forebear	*les ascendants*
'ancestor	*ancêtre*

The household — ## La maisonnée

the **'master** (of the house)	*le maître (de maison)*
the **'mistress** (of the house)	*la maîtresse (de maison)*
'housewife	*ménagère*

Les liens de parenté

B   ... DANS LEUR CONTEXTE

He is very fatherly.	*Il est très paternel.*
She is very motherly.	*Elle est très maternelle.*
He is very brotherly.	*Il est très fraternel.*
She is very sisterly.	*Elle est comme une sœur.*
He is very grandfatherly.	*C'est un vrai grand-père.*
She is very grandmotherly.	*C'est une vraie grand-mère.*
my mother-in-law	*ma belle-mère*
my father-in-law	*mon beau-père*
the in-laws	*les beaux-parents*
There is a family likeness.	*Il y a un air de famille.*
They are identical twins.	*Ce sont de vrais jumeaux.*
We have a family tree.	*Nous avons un arbre généalogique.*
They are our next of kin.	*Ils sont nos plus proches parents.*
She is an adopted child.	*C'est une enfant adoptée.*
I know the adoptive family.	*Je connais la famille adoptive.*
They are a large family.	*C'est une famille nombreuse.*
They have a family of five.	*Ils ont cinq enfants.*
She is from a broken home.	*Elle est de parents séparés.*
Her parents (got) divorced.	*Ses parents ont divorcé.*
They were given custody of the girl.	*On leur a donné la garde de la fille.*
Child welfare is important.	*La protection de l'enfance est une chose importante.*
They get a family allowance.	*Ils ont des allocations familiales.*

C   EXPRESSIONS ET LOCUTIONS

Like father like son.	*Tel père, tel fils.*
He's a chip off the old block.	*C'est bien le fils de son père.*
She's the image of her mother.	*C'est tout le portrait de sa mère.*
It runs in the blood.	*C'est de famille.*
Blood will tell.	*Bon sang ne peut mentir.*
Blood is thicker than water.	*La voix du sang est la plus forte.*
There's a lot of bad blood between them.	*Une vieille rancune les divise.*

Births

be born
bap'tise • christen [ˈkrɪsən]
ˈbaptism • ˈchristening
ˈbirthday
ˈChristian name
ˈsurname ▲
ˈnamesake
ˈnickname
ˈmaiden name
ˈgodfather • ˈgodmother

Les naissances

naître
baptiser
baptême
anniversaire de naissance
nom de baptême
nom de famille
homonyme
surnom ▲
nom de jeune fille
parrain • marraine

Upbringing

be'have • be'haviour
bring up *(brought, brought)*
ˈcuddle *vb* • *n* [kʌdl]
ˈcuddlesome; ˈcuddly *adj*
ˈlullaby [ˈlʌləbaɪ]
ˈmischief • ˈmischievous
per'missive • per'mit
pet *vb* • *n*

ˈpunish • ˈpunishment
ˈscold • ˈscolding
smack *n* • *vb*
spank • ˈspanking
spoil

L'éducation

se comporter • comportement
éduquer; élever
câliner • câlin
câlin
berceuse
espièglerie • espiègle
permissif • permettre
chouchouter, choyer •
   chouchou
punir • punition
gronder • réprimande
claque • donner une claque à
donner une fessée à • fessée
gâter

Courting/ Dating

ˈbachelor ▲ [ˈbætʃələ]
ˈspinster
ˈboyfriend
ˈgirlfriend
court • ˈcourtship *(GB)*;
  date • dating *(US)*
pro'posal • pro'pose

get en'gaged • en'gagement

On fait la cour

célibataire (garçon)
célibataire (fille)
copain; (petit) ami
copine; (petite) amie
faire la cour à • la cour

demande en mariage • faire
   une demande en mariage
se fiancer • les fiançailles

Old John is the head of the family.	*Le vieux John est le chef de famille.*
I am the breadwinner.	*C'est moi le soutien de famille.*
We must do the washing.	*Il faut faire la lessive.*
My wife does most of the household chores.	*C'est ma femme qui fait la plupart des corvées ménagères.*
She is very house-proud.	*Son intérieur est tout pour elle.*
I help with the washing-up.	*Je donne un coup de main pour la vaisselle.*
We make the beds together.	*Nous faisons les lits ensemble.*
I set and clear the table.	*C'est moi qui mets le couvert et qui débarrasse la table.*
She clears up all the mess.	*Elle range et met de l'ordre partout.*
I take out the rubbish bin.	*Je sors la poubelle.*
She baths the baby.	*Elle donne le bain au bébé.*
It's easy to change the baby with those disposable nappies.	*Il est facile de changer le bébé maintenant qu'on a ces couches jetables.*
I like to put the baby to bed.	*J'aime mettre le bébé au lit.*
I can always lull her to sleep with a cradle song / a lullaby.	*J'arrive toujours à la faire dormir en lui chantant une berceuse.*
I wouldn't like her to grow up into a spoiled brat.	*Je n'aimerais pas qu'elle devienne une enfant gâtée.*
I'd like her to be a well brought-up girl.	*J'aimerais qu'elle devienne une fille bien élevée.*
My sister has a problem child.	*Ma sœur a un enfant difficile.*
He's always up to/ getting into mischief.	*Il fait toujours des sottises.*
It's no use saying "Behave!" or "Be good!" or "Be on your best behaviour!"	*Inutile de lui dire "Tiens-toi bien!" ou "Sois sage!"ou "Que je n'aie rien à te reprocher!"*
He gave cheek to his mother.	*Il a été insolent avec sa mère.*
He needs a good scolding.	*Il faudrait qu'on le gronde.*
I say: "Spare the rod and spoil the child!"	*Je dis: "Qui aime bien châtie bien!"*

145

Getting married

'marriage	*le mariage (institution)*
'wedding	*le mariage (cérémonie)*
bride [braɪd] • (bride)groom	*mariée • marié*
'bridesmaid	*demoiselle d'honneur*
best man	*garçon d'honneur*
'witness	*témoin*
'honeymoon	*lune de miel; voyage de noces*
anni'versary	*anniversaire (de mariage)*

On se marie

The ages of life

child • childhood	*enfant • enfance*
young *adj* [jʌŋ] • youth *n* [ju:θ]	*jeune • (a) un jeune*
	(b) la jeunesse
the teens • 'teenager *n*	*adolescence • adolescent*
grown-up *adj* • the grown-ups	*grand • les grands*
middle age • middle-aged	*âge mûr • d'âge mûr*
'elderly *adj*	*d'un certain âge*
old • old age	*vieux • vieillesse*

Les âges de la vie

Death

dead *adj*	*mort*
die	*mourir*
the de'ceased	*le défunt*
(last) will (and 'testament)	*testament*
heir [ɛə] • 'heiress	*héritier • héritière*
'heirloom	*objet qui vient de famille*
in'herit • in'heritance	*hériter • héritage ▲*
'legacy	*legs*
☐	
'burial • 'bury ['beri]	*enterrement • enterrer*
'funeral ['fjʊnrəl]	*obsèques; funérailles*
'cemetery; churchyard	*cimetière*
in'cinerate • incine'ration	*incinérer • incinération*
grave • 'gravestone	*tombe • pierre tombale*
'undertaker	*entrepreneur des pompes funèbres*

La mort

17 EN FAMILLE

B ... DANS LEUR CONTEXTE

They are both single.	*Ils sont tous deux célibataires.*
She is engaged to her boyfriend.	*Elle est fiancée avec son ami.*
He proposed to her yesterday.	*Il l'a demandée en mariage hier.*
It was love at first sight.	*C'était le coup de foudre.*
She is eager to marry him/ to get married to him.	*Il lui tarde de l'épouser/ de se marier avec lui.*
It will be a love match.	*Ce sera un mariage d'amour.*
the engagement ring	*la bague de fiançailles*
the wedding ring	*l'alliance*
They're off on their honeymoon.	*Ils sont en voyage de noces.*
My son is coming into manhood.	*Mon fils arrive à l'âge d'homme.*
My nephew came of age last year.	*Mon neveu est devenu majeur l'an dernier.*
We had a coming-of-age party.	*Nous avons fait une fête pour célébrer sa majorité.*
My niece is still under age.	*Ma nièce est encore mineure.*
She is in her teens.	*Elle n'a pas encore vingt ans.*
My brother is in his early/ mid fifties.	*Mon frère a cinquante ans passés/ autour de cinquante-cinq ans.*
His wife is in her late forties.	*Sa femme approche de la cinquantaine.*
They're not worried about the generation gap.	*Le conflit des générations ne les tracasse pas.*
My father died in his sleep of old age.	*Mon père est mort de vieillesse pendant son sommeil.*
My mother has been left a widow and she is in mourning.	*Ma mère est restée veuve et elle est en deuil.*
He was buried in the old churchyard.	*On l'a enterré dans le vieux cimetière à côté de l'église.*
He didn't want to be incinerated.	*Il ne voulait pas être incinéré.*
My parents left us this house as a legacy.	*Mes parents nous ont légué cette maison.*
We also inherited a plot of land.	*Nous avons aussi hérité d'un lopin de terre.*
This ring is an heirloom.	*Cette bague est un bijou de famille.*

Meeting people

Can / may I introduce you to
  my wife?
How do you do?
How do you do?
Hi! *(fam)*
Let me introduce you to Mavis.
  She's a close friend of mine.

Haven't we met?
I know you by sight.
I made your acquaintance a
  year ago, so we are at least
  nodding acquaintances.

It was at that house-warming
  party the Smiths gave / threw.

They gave us a very warm
  welcome / welcomed us most
  warmly/made us most welcome.
They said: "Welcome to our
  new home!"
Let me shake hands with you
  again!
Tony is a real bore / drag/
  wet blanket
We are not on friendly /
  speaking terms.
He cold-shouldered / cut me.
Malcolm is a good mixer.

He always makes you feel at
  home.
The first thing he says is:
  "Make yourself at home!"
We enjoyed ourselves / had
  great fun at his place.

Les rencontres

*Puis-je vous présenter ma
  femme?*
Enchanté.
Très heureux.
Salut!
*Je voudrais vous présenter à
  Mavis. C'est une de mes
  grandes amies.*

Je crois qu'on se connaît?
Je vous connais de vue.
*J'ai fait votre connaissance il y
  a un an, de sorte que nous
  nous connaissons au moins
  un peu.*

*C'était lors de la réception que
  les Smith ont donnée pour
  pendre la crémaillère.*

*Nous avons reçu un accueil
  des plus chaleureux de leur
  part.*
*Ils ont dit: "Soyez les bienvenus
  dans notre nouvelle maison!"*
*Laissez-moi vous serrer la
  main à nouveau!*
*Tony est un vrai bonnet de
  nuit / rabat-joie.*
*Nous sommes brouillés / nous ne
  nous adressons plus la parole.*
Il m'a battu froid.
*Malcolm est de bonne
  compagnie.*
Il vous met toujours à l'aise.

*Ses premiers mots sont:
  "Faites comme chez vous!"*
*Nous nous sommes bien
  amusés chez lui.*

We must go and thank the host and hostess for giving us such an enjoyable time/ evening.	*Il nous faut aller remercier nos hôtes pour l'excellente soirée qu'ils nous ont fait passer.*
We had the time of our lives.	*Nous nous sommes rarement amusés autant.*
They entertain a lot/ do a lot of entertaining.	*Ils reçoivent beaucoup.*
They socialize a lot.	*Ils ont une vie sociale active.*
We often have them in for tea.	*Nous les recevons souvent pour le thé.*
They are having friends in for dinner tonight.	*Ils reçoivent des amis à dîner ce soir.*
They have a lot of visitors.	*Ils ont beaucoup de visites.*
I often visit them.	*Je leur rends souvent visite.*
The Prime Minister is on an official visit to our city.	*Le Premier ministre est en visite officielle dans notre ville.*
Do call on us! Do come (along/ round/ up) to see us!	*Venez donc nous rendre visite!*
No need to be in formal dress.	*Pas besoin d'être en grande tenue.*
It won't be too formal a reception.	*Ce ne sera pas une réception trop collet monté.*
It's a family gathering/ a friendly get-together/ a birthday party/ a dinner party.	*C'est une réunion de famille/ entre amis/ une fête d'anniversaire/ un dîner.*
I'll show you to your room.	*Je vous conduis/ je vais vous conduire à votre chambre.*
I'll show you out.	*Je vous accompagnerai jusqu'à la porte.*
Let me kiss you goodbye/ give you a goodbye kiss!	*Laissez-moi vous embrasser avant de partir!*
Remember me to your father!	*Mes amitiés à votre père!*
Give your mother my (best) regards.	*Mon meilleur souvenir à votre mère.*
Give the children our love/ a big hug and kiss.	*Embrassez bien les enfants pour nous.*

Requests and answers	Demandes et réponses
Can / could I make you a cup of tea?	*Puis-je vous offrir une tasse de thé?*
No, thank you!	*Merci (non)!*
That would be nice / lovely!	*Avec grand plaisir!*
□	
Please hand round the cakes!	*Veuillez faire passer les gâteaux!*
Help yourselves!	*Servez-vous!*
□	
Would you mind not smoking here?	*Cela vous dérangerait-il de ne pas fumer ici?*
Of course not!	*Bien sûr que non!*
□	
Would you mind shutting the door?	*Voudrais-tu fermer la porte, s'il te plaît?*
Of course not!	*Bien sûr!*
□	
Would you mind if I shut the door?	*Est-ce que cela te dérangerait si je fermais la porte?*
Not at all!	*Pas du tout!*
□	
Shall I shut the window?	*Veux-tu que je ferme la fenêtre?*
Yes, do (please)!	*Oui, bien sûr.*
□	
Could I possibly call on you tomorrow?	*Serait-il possible que je vienne vous voir demain?*
I'm afraid not. I'll be out.	*Je regrette beaucoup, mais je ne serai pas là.*
□	
Would you be kind enough to see me across the street?	*Auriez-vous la gentillesse de m'aider à traverser la rue?*
Of course! It's no trouble!	*Bien entendu! Avec plaisir!*
□	
Thank you so much!	*Merci infiniment!*
You're welcome.	*Ce n'est rien. Avec plaisir.*

Invitations

What about a drink?
Would you like to join us for/
in a beer?
How/ What about having
dinner together one evening?
Why not?
Let's make it a date!
Suppose we made it Friday?
Fine/ Great/ Lovely! Agreed!

Les invitations

Si on buvait quelque chose?
*Viens-tu avec nous prendre
une bière/ boire une bière?*
Si on dînait ensemble un soir?

Pourquoi pas?
Fixons une date!
Si on disait vendredi?
Merveilleux! Entendu!

Apologies

Excuse-me! Can I get past?
So sorry! I didn't see you!
I am most apologetic!
I must apologize for being late.

Please excuse my coming so
late/ me for arriving so late!
I'm so sorry I couldn't come
earlier.
I wish I had been able to let
you know!
What a pity you are not on
the (tele)phone!
I'm sorry, but I have to leave
already!

Les excuses

Pardon! Puis-je passer?
Excuse-moi! Je ne t'avais pas vu.
Mille excuses!
*Je vous prie de m'excuser
d'arriver en retard.*
*Toutes mes excuses pour ce
retard!*
*Je regrette, mais je n'ai pas pu
arriver plus tôt.*
*Si seulement j'avais pu vous
prévenir!*
*Quel dommage que vous
n'ayez pas le téléphone!*
Excusez-moi de partir si tôt!

Best wishes

(I wish you a) Merry Christmas
and a Happy New Year!
Many Happy Returns!
Happy Birthday (to you)!
May you be very happy!

God bless you!

Les souhaits

*(Je vous souhaite un) Joyeux
Noël et (une) bonne année!*
Bon anniversaire!
Joyeux anniversaire!
*Je vous souhaite d'être très
heureux!*
Que Dieu vous bénisse!

19 GAMES AND SPORTS

A LES MOTS...

Children's games — Jeux d'enfants

carou'sel *(US);* 'roundabout *(GB)* — *manège*
chute [ʃuːt]; slide [slaɪd] — *toboggan*
marbles *(plur)* — *billes*
'seesaw *(GB);* 'teeter-'totter *(US)* — *(jeu de) bascule; balançoire*
swing *(swung, swung) vb • n* — *se balancer • balançoire*

❐

dress up — *se déguiser; se costumer*
'hide-and-'seek — *cache-cache*
'hopscotch — *la marelle*
let's pre'tend; 'make-believe — *faire semblant*

Indoor games — Jeux de société

(playing) cards — *cartes*
clubs [klʌbz] — *trèfles*
'diamonds ['daɪəməndz] — *carreaux*
hearts [hɑːts] — *cœurs*
spades [speɪdz] — *piques*

❐

the ace [eɪs] — *l'as*
the jack; the knave [neɪv] — *le valet*
the king — *le roi*
the queen [kwiːn] — *la reine*

❐

'checkmate ['tʃekmeɪt] — *échec et mat*
chess [tʃes] — *les échecs*
'chessboard — *échiquier*
pawn [pɔːn] — *pion*
'stalemate — *impasse*

❐

'billiards *(I plur)* — *billard*
bowls [bəʊlz] — *boules*
darts [dɑːts] — *fléchettes*
dice *(plur dice)* [daɪs] — *dé*
'dominoes *(plur)* — *dominos*
draughts *(GB)* [drɑːfts]; 'chequers — *(US) jeu de dames*

152

Our children love sliding down the chute.	*Nos enfants adorent glisser sur le toboggan.*
They play hopscotch and other such games.	*Ils jouent à la marelle et à d'autres jeux de ce genre.*
They love to play at "let's pretend" or "make-believe".	*Ils adorent jouer à faire semblant.*
They are fond of charades and dressing up too.	*Ils aiment aussi jouer aux charades et se costumer.*

☐

a deck *(US)*/ pack *(GB)* of cards	*un jeu de cartes*
Let's play cards!	*Jouons aux cartes!*
What about having a game of cards?	*Si on faisait une partie de cartes?*
Did you shuffle the cards?	*As-tu battu les cartes?*
Will you deal the cards?	*Veux-tu distribuer les cartes?*
You had a good hand.	*Tu avais un bon jeu.*
You took a lot of tricks.	*Tu as fait beaucoup de levées.*
Why did you play trumps?	*Pourquoi as-tu joué atout?*

C EXPRESSIONS ET LOCUTIONS

They are playing for high stakes.	*Ils jouent gros jeu.*
It's your move now!	*À toi de jouer maintenant!*
He played his cards well.	*Il a bien mené sa barque.*
I'm going to throw in my hand.	*Je vais abandonner la partie.*
I don't want to show my hand.	*Je ne veux pas montrer mon jeu.*
I still have a card up my sleeve.	*J'ai encore un atout dans ma manche.*
You've played your last card.	*Tu as joué ton va-tout.*
Now's the time to bring out the joker!	*C'est maintenant qu'il faut sortir le joker!*
I'm going to lay my cards on the table.	*Je vais jouer cartes sur table /franc jeu.*
She turned up trumps.	*Elle s'est révélée merveilleuse!*

153

19 GAMES AND SPORTS
A LES MOTS...

☞ *mots transparents:*
'champion – com'petitor; compe'tition – fan – 'manager –
match – 'podium – 'record – su'pporter

Sports	**Les sports**
'changing-room	*vestiaire*
'grandstand	*tribune*
'stadium ['steɪdjəm]	*stade*
tier [tɪə]	*gradin*
track	*piste*
□	
'championship ['tʃæmpjənʃɪp]	*championnat*
'tournament ['tʊənəmənt]	*tournoi*
'quarter 'final ['faɪnəl]	*quart de finale*
semi'final	*demi-finale*
world title [taɪtl]	*titre mondial*
□	
coach *n • vb*	*entraîneur • entraîner*
refe'ree *n • vb*	*arbitre (football, boxe…) • arbitrer*
train • 'trainer • 'training	*(s')entraîner • entraîneur • entraînement*
'umpire *n • vb* ['ʌmpaɪə]	*arbitre • arbitrer (cricket, tennis…)*
□	
com'pete [kəm'piːt]	*être en compétition*
'contest • con'testant	*compétition • challenger*
'substitute *vb • n*	*remplacer • remplaçant*
team	*équipe*
□	
de'feat *n • vb*	*défaite • vaincre*
draw *(drew, drawn) vb • n*	*faire match nul • match nul*
lose [luːz] *(lost, lost)* • loser	*perdre • perdant*
'medal • 'medallist *n*	*médaille • lauréat; médaillé*
runner-'up	*second*
victor • 'victory	*vainqueur • victoire*
win *(won, won)* • 'winner *n*	*gagner • gagnant*

You're wearing a new tracksuit!	*Tu portes un jogging / survêtement neuf!*
I go in for a lot of sport.	*Je suis très sportif; je fais beaucoup de sport.*
I try to keep fit.	*J'essaie de garder la forme.*
I'm out of training.	*Je manque d'entraînement.*
I'm going to my keep-fit class.	*Je vais à mon cours de remise en forme.*
My wife is a good sportswoman.	*Ma femme est très sportive.*
She is good at all kinds of sports.	*Elle excelle dans toutes sortes de sports.*
I'm very fond of team sports.	*J'aime beaucoup les sports d'équipe.*
I like the team spirit.	*J'aime l'esprit d'équipe.*
I'm keen on competitive sports.	*J'aime les sports de compétition.*
I can't compete with the professionals.	*Je ne peux pas rivaliser avec les professionnels.*
I'm not ready for the Olympic Games yet!	*Je ne suis pas encore prêt pour les Jeux Olympiques!*
Can I challenge you to a game?	*Je peux t'inviter à faire une partie?*
They've taken up the challenge.	*Ils ont relevé le défi.*
They are competing for the cup.	*Ils concourent pour la coupe.*
It's the cup final.	*C'est la finale de la coupe.*
It's the most important sports event in the year.	*C'est l'événement sportif le plus important de l'année.*
The team are in peak/ top form.	*L'équipe est au mieux de sa forme.*
She came within an ace of winning the cup last year.	*Elle a raté la coupe de près l'an dernier.*
He's not a good loser.	*Il n'aime pas perdre.*
He's a good loser.	*Il est beau joueur.*

C   EXPRESSIONS ET LOCUTIONS

| He's a good sport. | *C'est un chic type.* |
| We had a grandstand view. | *Nous étions aux premières loges.* |

19 GAMES AND SPORTS

A LES MOTS...

☞ *mots transparents:*
'jogging – 'marathon – 'relay – sprint

On foot / À pied

hike *vb* • *n* [haɪk]	*randonner* • *randonnée pédestre*
hiker	*randonneur*
ramble *(GB)* *vb* • *n*	*randonner* • *randonnée pédestre*
'rambler *(GB)*	*randonneur*
'rucksack ['rʌksæk]	*sac à dos*

On horseback / À cheval

bit	*mors*
bolt [bəʊlt]	*s'emballer*
bridle [braɪdl]	*bride*
harness *n* • *vb* ['hɑːnɪs]	*harnais* • *harnacher*
rein [reɪn]	*rêne*
saddle *n* • *vb*	*selle* • *seller*
spur *n* • *vb* [spɜː]	*éperon* • *éperonner*

❑

dis'mount	*descendre de cheval*
'gallop *vb* • *n*	*galoper* • *galop*
mount [maʊnt]	*monter à cheval*
'pony-'trekking	*randonnée équestre*
ride *(GB)* (rode, ridden) *vb* • *n*	*faire du cheval* • *randonnée à cheval*
'rider ['raɪdə]	*cavalier*
throw [θrəʊ] (threw, thrown)	*désarçonner*
trot • *vb* • *n*	*trotter* • *trot*

At the races / Aux courses

'horserace; 'horseracing	*course de chevaux*
'racecourse; 'racetrack	*hippodrome*
'racegoer	*turfiste*
'racehorse	*cheval de course*
'thoroughbred ['θʌrəʊbred]	*pur-sang*

I want to take up jogging, golf, etc.	*Je veux me mettre au jogging, au golf, etc.*
We go hiking / rambling a lot.	*Nous faisons beaucoup de randonnées pédestres.*
There are several hiking tracks / trails.	*Il y a plusieurs chemins de (grande) randonnée.*
We went for a hike / ramble last week.	*Nous sommes allés faire une randonnée la semaine dernière.*
We also go pony-trekking.	*Nous faisons aussi des randonnées équestres.*
We pitched our tents.	*Nous avons dressé la tente.*
We had sleeping bags.	*Nous avions nos sacs de couchage.*
We attend a riding school.	*Nous suivons des cours dans un manège.*
We have riding lessons.	*Nous suivons des cours d'équitation.*
It's more difficult than riding a bike!	*C'est plus difficile que de faire du vélo!*
Can you dismount all by yourself (from your horse)?	*Est-ce que tu sais descendre de cheval tout seul?*

C EXPRESSIONS ET LOCUTIONS

He's on his high horse!	*Il est monté sur ses grands chevaux!*
Don't change horses in mid-stream!	*On ne change pas de monture au milieu du gué!*
Hold your horses!	*Doucement là! Ne t'emballe pas!*
Wild horses wouldn't make me do that!	*Rien au monde ne me ferait jamais faire cela!*
He eats like a horse.	*Il mange comme un ogre.*
He works like a horse!	*Il fait un travail de Romain!*
He's a dark horse.	*Il cache bien son jeu.*
You're flogging a dead horse!	*Tu enfonces des portes ouvertes!*

Hunting and shooting — La chasse

game *(I sing)* [geɪm] — *gibier (voir aussi* WILDLIFE*)*

hunt [hʌnt] *vb • n* — *chasser • chasse (gros gibier; à courre)*

'hunter — *(a) chasseur (gros gibier)*
(b) cheval de chasse

'huntsman — *chasseur (à courre)*

☐

'barrel [ˈbærəl] — *canon*

'cartridge [ˈkɑːtrɪdʒ] — *cartouche*

'gamebag — *gibecière*

'gamekeeper — *garde-chasse*

'shotgun — *fusil de chasse*

'trigger — *gâchette; détente*

☐

aim *vb • n* — *viser • visée*

fire [faɪə] — *faire feu*

hit *(hit, hit)* — *toucher*

load [ləʊd] — *charger*

miss — *manquer, rater*

shoot [ʃuːt] *(shot, shot)* — *(a) tirer; tuer*
(b) chasser (petit gibier; à pied)

☐

beat *(beat, beat) vb • n* — *rabattre • battue*

'beater — *rabatteur*

poach [pəʊtʃ] • **poacher** — *braconner • braconnier*

'poaching — *braconnage*

snare *n • vb* [snɛə] — *collet • prendre au collet*

trap *n • vb* — *piège • piéger; prendre au piège*

Fishing — La pêche

'angler • **'angling** — *pêcheur à la ligne • pêche à la ligne*

bait *n • vb* [beɪt] — *appât • appâter*

bite [baɪt] *(bit, bit)* — *mordre*

We often go hunting / shooting.	Nous allons souvent à la chasse.
big-game hunting	la chasse au gros gibier / aux grands fauves
a hunting/ shooting estate	une propriété de chasse (de gros / de petit gibier)
fox / stag hunting	chasse au renard / au cerf
He has a good pack of hounds.	Il a une bonne meute.
The dogs have lost the scent.	Les chiens ont perdu la trace.
The water has put the dogs off the scent.	L'eau a fait perdre la trace aux chiens.
We are lying in wait for game.	Nous sommes à l'affût.
There's not much game here.	Le gibier est rare ici.
He's a good shot.	C'est un bon fusil.
Pull the trigger very gently!	Appuie très doucement sur la détente.
Good shot!	Bien tiré!
Where's my cartridge belt?	Où est ma cartouchière?
I've fired my last cartridge.	J'ai tiré ma dernière cartouche.
I'm going back empty-handed!	Je reviens bredouille!

C EXPRESSIONS ET LOCUTIONS

You've backed the wrong horse.	Tu as misé sur le mauvais cheval.
You're locking the stable door after the horse has bolted!	Tu réagis un peu tardivement!
He gave free rein to his feelings.	Il a laissé libre cours à ses sentiments.
She keeps a tight rein on him!	Elle lui tient la bride haute!
That's straight from the horse's mouth!	C'est un tuyau sûr.
Take my tip!	Suivez mon conseil / tuyau!
He's in the running for the job.	Il a des chances d'obtenir le poste.

Fishing

	La pêche
cast *(cast, cast)* [kɑːst]	*lancer*
catch *(caught, caught)* • *n*	*attraper; prendre • prise*
fish *n* • *vb*	*poisson • pêcher*
'fisherman	*pêcheur*
('fishing) rod	*canne (à pêche)*
hook *n* • *vb*	*hameçon • prendre à l'hameçon*
line [laɪn]	*ligne*
net *n* • *vb*	*filet • prendre au filet*
reel [riːl]	*moulinet*

☐

Voir WILDLIFE (fresh-water and salt-water fish)

In the mountains

	À la montagne
climb *vb* • *n* [klaɪm]	*grimper; faire de l'alpinisme •* *course en montagne*
'climber • 'climbing	*alpiniste • alpinisme*
glide [glaɪd] • 'glider	*planer • planeur*
'hang-glider	*deltaplane*
'mountain bike	*VTT (vélo tout-terrain)*
mountai'neer	*alpiniste*
mountai'neering	*alpinisme*
rope • rope up	*corde • s'encorder*

Winter sports

	Les sports d'hiver
'cable-car ['keɪblkɑː]	*téléphérique*
'chair-lift	*télésiège*
skate *n* • *vb*	*patin • patiner*
'skater • 'skating	*patineur • patinage*
ski *n* • *vb* [skiː]	*ski (matériel) • faire du ski*
'skier • 'skiing	*skieur; skieuse • le ski*
'ski-lift; 'ski-tow [-təʊ]	*remonte-pentes; téléski*
'slalom *n* • *vb*	*slalom • slalomer*
sledge *(GB)* *n* • *vb*	*luge • faire de la luge*
sled *(US)* *n* • *vb*	
'snowboots *(plur)*	*après-skis*
'snowshoes *(plur)*	*raquettes*

We go fishing a lot / do a lot of fishing.	*Nous allons beaucoup à la pêche.*
I'm a keen fisherman.	*J'aime beaucoup la pêche.*
I do fly fishing.	*Je pratique la pêche à la mouche.*
He does rod and reel fishing.	*Il fait la pêche au lancer.*
He's fishing for trout.	*Il pêche la truite.*
He knows how to cast his line.	*Il sait bien lancer sa ligne.*
I don't know how often I have cast my line!	*J'ai lancé ma ligne je ne sais combien de fois!*
I've caught nothing!	*Je n'ai rien pris!*
Not even a bite!	*Ça n'a même pas mordu!*
She's caught three fish.	*Elle a pris trois poissons.*
One got off the hook.	*Un des poissons s'est échappé.*
She's had a good catch.	*Elle a fait bonne pêche.*
You need a fishing net.	*On a besoin d'une épuisette.*

□

I have climbing boots.	*J'ai des chaussures de montagne.*
I need an ice axe.	*Il me faut un piolet.*
I love rock-climbing.	*J'adore la varappe.*
a rope of climbers	*une cordée d'alpinistes*
the hazards of mountaineering	*les risques de la montagne*
They were climbing Mount Blanc.	*Ils faisaient l'ascension du Mont Blanc.*
They were roped together.	*Ils étaient encordés.*
It was a pretty hard / stiff climb.	*C'était une course / montée assez rude.*
Two men fell.	*Deux hommes ont dévissé.*

C EXPRESSIONS ET LOCUTIONS

He fished a letter out of his pocket.	*Il a extirpé une lettre de sa poche.*
She's angling / fishing for an invitation.	*Elle cherche à se faire inviter.*
He's fishing for information.	*Il essaie de nous tirer les vers du nez.*

Ice-hockey	Hockey sur glace
de'fenseman	*défenseur*
'goalpost	*poteau de but*
'helmet	*casque*
knee [ni:]/ shin pad	*protège-genou/ -cheville*
puck [pʌk]	*palet*
rink [rɪŋk]	*patinoire*
'shoulder pad	*épaulière*
stick	*crosse*

In and on the water	Dans et sur l'eau
bathe *vb* • *n* [beɪð]	*se baigner • baignade*
'breaststroke ['breststrəʊk]	*la brasse*
'backstroke	*la nage sur le dos*
'butterfly stroke ['bʌtəflaɪ]	*la nage papillon*
dive *vb* • *n* [daɪv]	*plonger • plongeon*
'lifeguard ['laɪfgɑːd]	*maître-nageur*
'skin-diver	*plongeur sous-marin*
'skin-diving	*plongée sous-marine*
swim *(swam, swum)*	*nager*
'swimming	*la natation*
'wetsuit	*combinaison de plongée*
□	
'sailboard	*planche à voile*
surf ▲ [sɛːf]	*ressac*
surfboard	*planche de surf*
'surfing, 'surf-riding	*le surf* ▲
'water-'skiing	*le ski nautique*
'wind-surf • 'wind-'surfer	*faire de la planche à voile •*
	véliplanchiste
'wind-'surfing	*véliplanchisme*
□	
boat • 'boating	*bateau; canot • canotage*
'cabin 'cruiser ['kruːzə]	*yacht de croisière*
ca'noe [kə'nuː]	*canoë*
'cox(swain) ['kɒks(ən)]	*barreur*
oar [ɔː]	*aviron*

B ... DANS LEUR CONTEXTE

Alpine skiing	*ski alpin / de piste*
downhill skiing	*ski de descente*
a downhill (run)	*une (course de) descente*
cross-country skiing	*ski de fond / de randonnée*
This ski resort is well-equipped.	*Cette station de ski est bien équipée.*
The ski runs are varied.	*Les pistes de ski sont variées.*
She skies well.	*Elle skie bien.*
She's a good skier.	*C'est une bonne skieuse.*
They do a lot of skiing.	*Ils font beaucoup de ski.*
He's an experienced skiing instructor.	*C'est un moniteur de ski expérimenté.*
He's a champion skier.	*Il est champion de ski.*
the giant / special slalom	*le slalom géant / spécial*
ski jump(ing)	*le saut à skis*
aerial skiing; hotdogging	*ski acrobatique*
We go skating a lot / we do a lot of skating.	*Nous faisons beaucoup de patinage.*
We've got a skating rink.	*Nous avons une patinoire.*
I'm keen on speed skating.	*J'aime le patinage de vitesse.*
I'd rather do figure skating.	*J'aime mieux le patinage artistique.*
Ice dance/ dancing can be spectacular.	*La danse sur glace peut être spectaculaire.*

C EXPRESSIONS ET LOCUTIONS

I'm against witch-hunting.	*Je suis contre la chasse aux sorcières.*
He runs with the hare and hunts with the hounds.	*Il mange à tous les râteliers.*
I've hunted high and low for it.	*Je l'ai cherché partout.*
Don't beat about the bush!	*Ne tournez pas autour du pot!*
She makes a mountain out of molehill!	*Elle fait une montagne de tout!*
You're skating on thin ice.	*Tu joues sur un terrain glissant.*

19 GAMES AND SPORTS
A LES MOTS...

☞ *mots transparents:*
ˈathlete; athˈletic – gym; ˈgymnast – ˈkayak – ˈparallel bars –
ˈskateboard –ˈtrampoline

In and on the water

paddle *n* • *vb*	*pagaie • pagayer*
punt *n* • *vb* [pʌnt]	*canot à fond plat • propulser à la perche*
raft [rɑ:ft] • ˈrafting	*radeau; raft • rafting*
reˈgatta	*régate*
row [rəʊ] • ˈrowing	*ramer • canotage*
ship	*navire*
ˈshipyard	*chantier naval*
yacht [jɒt] • ˈyachting	*yacht • navigation de plaisance*

☐

ˈcompass [ˈkʌmpəs] ▲	*boussole*
ˈdinghy [ˈdɪŋgi]	*(a) youyou (b) dériveur*
drift	*dériver*
keel	*quille*
ˈlifeboat [ˈlaɪfbəʊt]	*canot de sauvetage*
mast [mɑ:st]	*mât*
ˈrigging	*gréement*
rope [rəʊp]	*corde; cordage*
sail *n* • *vb*	*voile (équipement) • faire de la voile; naviguer*
ˈsailing	*la voile (sport)*
ˈsailor	*marin; navigateur*
tack	*louvoyer*

Athletics

L'athlétisme

ˈfootrace; ˈfootracing	*la course à pied*
gymˈnastics *(I plur)*	*la gymnastique*
hurdles [hɜ:dlz]	*les haies*
ˈjavelin-throwing [ˈdʒævlɪn]	*le lancer du javelot*
ˈjumping *(I sing)*	*le saut (en général)*
jump *vb* • *n*	*sauter • saut*
the high/ long jump	*le saut en hauteur/ en longueur*

I like the freestyle programme.	*J'aime le programme libre.*
The double axel and the triple lutz are for professionals.	*Le double axel et le triple lutz sont pour les professionnels.*
She also does roller skating.	*Elle fait aussi du patin à roulettes.*
We go bathing / swimming a lot.	*Nous nous baignons beaucoup.*
I'm going wind-surfing.	*Je vais faire de la planche à voile.*
Have you got your swimsuit/ swimming suit?	*As-tu ton maillot de bain? (femmes)*
Have you got your swimming trunks?	*As-tu ton maillot de bain? (hommes)*
We have a swimming-pool with a diving board.	*Nous avons une piscine avec plongeoir.*
I keep to the shallow end.	*Je reste dans le petit bain.*
My brother prefers the deep end.	*Mon frère préfère le grand bain.*
I am within my depth here.	*J'ai pied ici.*
I'm out of my depth now!	*Je n'ai plus pied!*
Take care you don't drown/ get drowned!	*Fais attention à ne pas te noyer!*
There have been several cases of drowning.	*Il y a eu plusieurs cas de noyade.*
We often go sailing.	*Nous faisons souvent du bateau.*
We have a small sailing boat.	*Nous avons un petit voilier.*
It's only a drop-keel dinghy.	*Ce n'est qu'un dériveur.*
We're going for a day's sailing.	*Nous allons faire une journée de voile.*
Let's go for a sail together!	*Allons faire un tour en bateau ensemble!*
Let's set sail for that island!	*Dirigeons-nous vers cette île!*
Let's hoist the sail!	*Hissons la voile!*
a rowing boat	*un canoë*
The boat ran aground.	*Le bateau a échoué.*
I feel sea-sick.	*J'ai le mal de mer.*

165

A LES MOTS...

Athletics

pole 'vaulting
'putting the shot [ˈpʌtɪŋ]
weight 'lifting [weɪt]

L'athlétisme

le saut à la perche
le lancer du poids
poids et haltères

Motor sport

'go-kart 'racing
'motor 'racing (I sing)
'racing car
'racing 'motorist

Le sport automobile

karting
courses automobile
voiture de course
coureur automobile

Cycling

fork
'handlebars (plur)
'motorbike 'racing (I sing)
'racing 'cyclist
re'pair kit
'saddle

Le cyclisme

fourche
guidon
courses de moto
coureur cycliste
trousse de réparation
selle

Ring sports

'contest, fight [faɪt]
'lightweight / 'middle-weight /
'heavyweight [-weɪt]
□
wrestle [resl] • 'wrestling
'all-in 'wrestler / 'wrestling
'catch-as-catch-'can
□
'boxing • 'boxer
'footwork (I sing)
hook
jab [dʒæb]
knock out [nɒk]
punch [pʌntʃ] n • vb

round [raʊnd]

Le ring

combat
poids léger / moyen / lourd

pratiquer la lutte • la lutte
catcheur / le catch
le catch

la boxe • boxeur
jeu de jambes
crochet
direct
mettre KO
coup de poing • donner un coup
  de poing
round

She's taking part in the hurdles.	*Elle participe à la course de haies.*
She cleared all the obstacles.	*Elle a franchi tous les obstacles.*
His speciality is pole-vaulting / the pole vault.	*Le saut à la perche est sa spécialité.*
He putted the shot very well.	*Il a très bien lancé le poids.*
He threw the hammer even better.	*Il a lancé le marteau encore mieux.*
He threw the javelin farther than anyone else.	*Il a lancé le javelot plus loin que tout le monde.*
He lifted a colossal weight.	*Il a soulevé un poids colossal.*
She was wonderful at the horizontal bar.	*Elle était merveilleuse à la barre fixe.*

C EXPRESSIONS ET LOCUTIONS

It's no use swimming against the tide.	*Inutile d'aller à contre-courant.*
He left us to sink or swim.	*Il nous a laissés nous débrouiller tout seuls.*
He went in at the deep end.	*Il a opté pour le grand jeu.*
We're all in the same boat!	*Nous sommes tous logés à la même enseigne!*
Don't let's rock the boat!	*Soyons solidaires!*
You've missed the boat!	*Tu as raté le coche!*
I can paddle my own canoe.	*Je suis assez grand pour me débrouiller tout seul.*
I'm steering without a compass.	*Je suis déboussolé.*
Is everything ship-shape?	*Est-ce que tout est en ordre?*
We were just ships that pass in the night.	*Ce n'était qu'une brève rencontre.*

☞ *mots transparents:*
'badminton – 'basketball – 'cricket – golf – 'handball – 'hockey – 'judo – ka'rate – squash – 'volleyball

Archery	**Le tir à l'arc**
'arrow ['ærəʊ]	*flèche*
bow [bəʊ]	*arc*
'quiver ['kwɪvə]	*carquois*
'target ['tɑːgɪt]	*cible*

Fencing	**L'escrime**
épée	*épée*
foil [fɔɪl]	*fleuret*
parry and thrust	*parer et tirer*
sabre ['seɪbə]	*sabre*

Baseball	**Le base-ball**
bat • 'batter	*batte • batteur*
'catcher	*receveur*
'diamond; field	*terrain*
mitt	*gant*
'pitcher	*lanceur*

Cricket	**Le cricket**
bat	*batte*
'batsman ['bætsmən]	*batteur*
bowl [bəʊl] • 'bowler	*lancer (la balle) • lanceur*
'fielder ['fiːldə]	*joueur qui ramasse et renvoie les balles*
'innings (*plur* innings)	*durée de la résistance du batteur aux adversaires*
pad	*jambière*
'wicket	*guichet*
❐	
'century ['sentʃəri]	*cent points*
'over ['əʊvə]	*six balles*
run [rʌn]	*point*

19 LES JEUX ET LES SPORTS

B   ... DANS LEUR CONTEXTE

On your marks, get set, go!	À vos marques, prêts, partez!
She took a run-up.	Elle a pris son élan.
She made a sprint.	Elle a piqué un sprint.
She sprinted down the track.	Elle a dévalé la piste.
He boxes well.	C'est un bon boxeur.
boxing gloves	gants de boxe
boxing match	match de boxe
They went into a clinch.	Ils se sont accrochés.
He went down with a left hook.	Un crochet du gauche l'a mis au tapis.
basketball player	basketteur; basketteuse
He scored a basket.	Il a réussi un panier.
volleyball player	volleyeur; volleyeuse

❐

a cricket pitch	un terrain de cricket
a golf course/ links *(plur)*	un (parcours de) golf
Let's have a round of golf!	Faisons une partie de golf!

C   EXPRESSIONS ET LOCUTIONS

She took her exams in her stride.	Elle a réussi tous ses examens haut la main.
I'm for the long jump! *(fam)*	Tout est foutu pour moi!
He made a show of taking the hurdles.	Il a fait semblant d'affronter le problème.
I'm wrestling with the problem.	Je me casse la tête sur ce problème.
Don't pull your punches!	Ne l'épargne pas!
I'm out for the count!	Je suis KO/ vanné!
You have hit the bull's eye.	Tu as tapé dans le mille.
He's batting on a sticky wicket.	Il joue sur un terrain glissant.
I was bowled over.	J'ai été bouleversé.
He had a good innings.	Il a eu une longue carrière/ vie.

19 GAMES AND SPORTS
A LES MOTS...

☞ *mots transparents:*
ace – ad'vantage – court – fault – lob – match – 'passing shot –
'ping-pong – 'racket – score – serve; 'service; 'service-'volley –
set – slice – smash – 'tennis – 'tiebreak – 'volley

Tennis	Le tennis
clay [kleɪ]	*terre battue*
grass [grɑːs]	*gazon*
□	
court [kɔːt]	*court, terrain*
'backcourt	*fond de court*
'forecourt; 'service court	*carré de service*
□	
'alley ['ælɪ]	*couloir*
'baseline ['beɪslaɪn]	*ligne de fond*
'doubles line	*ligne de double*
'service line	*ligne de service*
'singles line	*ligne de simple*
□	
frame [freɪm]	*tamis*
handle	*manche (de raquette)*
'headband, 'sweatband ['swet-]	*bandeau*
net	*filet*
'racket, 'raquette	*raquette*
string *(strung, strung) vb • n*	*corder • corde*
□	
'ballboy	*ramasseur de balles*
line judge	*juge de ligne*
tennis player	*tennisman*
'umpire ['ʌmpaɪə]	*arbitre; juge de chaise*
□	
'backhand (drive)	*(coup de) revers*
cut *(cut, cut)*	*couper*
'drop shot	*amorti*
'forehand (drive)	*coup droit*
re'turn *vb • n*	*renvoyer • renvoi*
serve *vb • n*	*servir • service*

19 LES JEUX ET LES SPORTS

B   ... DANS LEUR CONTEXTE

a hard court	*un court synthétique*
a clay court	*un court en terre battue*
a grass court	*un court en gazon*
the grand slam	*le grand chelem*
Do you play tennis?	*Est-ce que tu joues au tennis?*
I prefer lawn tennis.	*Je préfère le tennis sur gazon.*
Grass is a fast surface.	*Le gazon est une surface rapide.*
What about (having) a game?	*Si on faisait une partie?*
Let's have a knock-up!	*Faisons quelques balles!*
You play a good game!	*Tu joues bien!*
You have a good serve/ service.	*Tu as un bon service.*
He has just served an ace.	*Il vient de faire un ace.*
He's a service-volley player.	*Il a un jeu de service-volée.*
He rarely moves up to the net.	*Il monte rarement à la volée.*
He is N°4 top seed.	*Il est n°4 tête de série.*
The ball is in/ out.	*La balle est dedans/ dehors.*
He puts a lot of spin on the ball.	*Il donne beaucoup d'effet à la balle.*
Top spin is his speciality.	*La balle liftée est sa spécialité.*
First service!	*Deux balles!*
Love-thirty!	*Zéro-trente!*
They're thirty-all.	*Ils sont à trente partout.*
Deuce! forty-all!	*Quarante partout!*
Advantage in/ out	*Avantage dedans/ dehors!*
match point; set point	*balle de match; balle de set*
Game!	*Jeu!*
It's the end of the first round.	*C'est la fin de la première manche.*
Good shot! well played!	*Bien joué!*
table-tennis	*tennis de table*
ping-pong player	*pongiste*

C   EXPRESSIONS ET LOCUTIONS

You've got to be on the ball!	*Il faut être sur le qui-vive!*
The ball is in your court!	*La balle est dans ton camp!/ À toi de jouer!*

☞ *mots transparents:*
'corner – 'football – penali'zation; 'penalize; 'penalty – score

Football   Le foot(ball)

draw *n* • *vb (drew, drawn)*	*match nul* • *faire match nul*
foul [faʊl]	*faute*
free kick	*coup franc*
goal ▲	*but*
halftime	*la mi-temps*
kick *n* • *vb*	*coup de pied* • *taper*
kick off • **'kick-off**	*donner le coup d'envoi* • *coup d'envoi*
'offside	*hors jeu*
score *n* • *vb*	*score* • *marquer*
shoot *(shot, shot)* • **shot**	*tirer* • *tir*
'soccer ['sɒkə] *(abrév* **association football)**	*le football; (fam) le foot; le ballon rond*
'throw-in	*remise en jeu*
tie *n* • *vb* [taɪ]	*match nul* • *faire match nul*

☐

goal area	*zone des six mètres*
'penalty area	*surface de réparation*
'touchline ['tʌtʃlaɪn]	*ligne de touche*
'uprights *(plur)* ['ʌpraɪts]	*poteaux (de but)*

☐

'centre 'forward	*avant-centre*
centre-'half	*arrière central*
'footballer	*joueur de football*
'goalkeeper	*gardien de but*
'inside right/ left	*milieu de terrain*
right/ left-back	*arrière droit/ gauche*
right/ left 'wing(er)	*ailier droit/ gauche*
'striker ['straɪkə]	*buteur*

a football ground/ pitch	*un terrain de football*
the home/ visiting team	*notre équipe/ les visiteurs*
a home/ away match	*match à domicile/ à l'extérieur*
He was selected for the match.	*Il a été sélectionné pour le match.*
They are limbering/ warming up.	*Ils sont en train de s'échauffer.*
They drew/ tied; it was a draw/ a tie.	*Ils ont fait match nul.*
We've won in the past.	*Nous avons gagné dans le passé.*
We'll win again.	*Nous gagnerons à nouveau.*
They are playing a return match.	*Ils jouent un match retour.*
He's kicked the ball into the net!	*Il vient de marquer!*
He's scored a goal.	*Il a marqué un but.*
He headed the ball into the goal. He scored with a header.	*Il a marqué de la tête.*
The score is 2-nil.	*Le score est de 2 à 0.*
The referee has just blown his whistle.	*L'arbitre vient de siffler.*
He has awarded a penalty.	*Il vient de siffler un pénalty.*
There must have been a foul.	*Il a dû y avoir une faute.*
There's been a lot of foul play.	*Il y a eu beaucoup d'irrégularités.*
They have played a good match.	*Ils ont fait un bon match.*
They are playing extra time.	*Ils jouent les prolongations.*

C   EXPRESSIONS ET LOCUTIONS

Be a sport!	*Sois gentil!*
That's very sporting of you.	*C'est très chic de ta part.*
I tried to keep the ball rolling.	*J'essayais de ne pas laisser tomber la conversation.*
He scored a great hit.	*Il s'est taillé un grand succès.*
He has met his match.	*Il a trouvé son maître / à qui parler.*

Rugby (football)	**Le rugby**
fly half; 'stand-off half	*demi d'ouverture*
the 'forwards	*les avants*
'fullback	*arrière*
'hooker	*talonneur*
the pack	*le pack*
prop ('forward)	*pilier*
'rugby field	*terrain de rugby*
'rugby 'player	*rugbyman*
'rugger *(fam)* ['rʌgə]	*le ballon ovale*
scrum half	*demi de mêlée*
the three-'quarters	*les trois-quarts*
'winger	*ailier*

❑

con'vert • con'version	*transformer • transformation*
drop goal; drop kick	*drop (goal); drop*
'line-out ['laɪnaʊt]	*(a) sortie en touche*
	(b) remise en jeu
'penalty	*pénalité*
scrum [skrʌm]	*mêlée*
tackle *vb* • *n*	*plaquer • plaquage*
'touchline ['tʌtʃlaɪn]	*(ligne de) touche*
try [traɪ]	*essai*

a rugby footballer / player	*un rugbyman*
rugby union	*le rugby à quinze*
rugby league	*le rugby à treize*
Scotland are the likely winners.	*L'Écosse a toutes les chances de gagner.*
Scotland has/ have won the toss.	*L'Écosse a gagné au tirage.*
There's an open scrum.	*Il y a une mêlée ouverte.*
He has kicked for touch.	*Il essaie de trouver la touche.*
The ball is in touch.	*La balle est en touche.*
He has touched down.	*Il a marqué un essai.*
The three-quarters are launching an attack.	*Les trois-quarts lancent une attaque.*
They are going for a try.	*Ils vont tenter un essai.*
He was given a pass.	*On lui a passé le ballon.*
It's a forward pass.	*C'est une passe en avant.*
The referee has awarded a penalty.	*L'arbitre a sifflé une pénalité.*
He has ordered a line-out.	*Il a ordonné une remise en jeu.*
He was brought down by a flying tackle.	*Il a été violemment plaqué au sol.*

C EXPRESSIONS ET LOCUTIONS

I'll tackle him on the subject.	*Je lui en dirai deux mots.*
You've tackled a tough job.	*Tu t'es attelé à une rude tâche.*
It's a toss-up whether we go or not.	*On ne sait pas encore si on ira.*

D SO THEY SAY...

The Battle of Waterloo was won on the playing fields of Eton! (*Duke of Wellington*)	*La bataille de Waterloo a été gagnée sur les terrains de sports du collège d'Eton!*

☞ *mots transparents:*
**'baggage – camp – 'caravan – 'frontier – 'passport – tour;
'tourism; 'tourist**

On holiday   ## En vacances

'holiday   *congé; vacances*
leave *(left, left) vb • n*   *partir • vacances; permission*
va'cation *(US)* ▲   *vacances*

❏

book • 'booking   *réserver • réservation*
'cancel • cance'llation   *annuler • annulation*

Travel   ## Les voyages

bag   *sac*
'baggage *(I sing) (US)*   *bagage(s)*
case   *mallette; valise*
'luggage *(I sing) (GB)*   *bagage(s)*
pack   *faire ses bagages*
'suitcase ['sʊtkeɪs]   *valise*

❏

'journey ['dʒɜːni]   *voyage (long ou fatigant)*
'travel *vb • n (I sing)* ▲   *voyager • les voyages (en général)*
'traveller ▲   *voyageur; globe-trotter*
trip   *voyage (court ou facile);*
                                     excursion
'tripper   *excursionniste*
'voyage ['vɔɪ-ɪdʒ] ▲   *voyage en mer*

❏

'courier ['kʊrɪə] ▲   *animateur*
'operator   *organisateur*
tour *vb • n* [tʊə] ▲   *faire un voyage touristique*
                                     • voyage touristique (en autocar)
'tour-operator   *voyagiste*

❏

a'ccommodate   *héberger • hébergement*
 • accommo'dation
spa [spɑː]   *station thermale*
re'sort ▲ [rɪˈzɔːt]   *lieu de vacances; station* ▲

It's a bank holiday.	*C'est un jour férié.*
We have holidays with pay.	*Nous avons des congés payés.*
I have a day off.	*J'ai un jour de congé.*
They're going on a day trip.	*Ils vont en excursion pour la journée.*
They're on holiday *(GB)*/ on vacation *(US)*.	*Ils ont congé; ils sont en vacances.*
There are some soldiers on leave.	*Il y a quelques militaires en permission.*
It's the holiday season.	*C'est la période de vacances.*
There are many holiday-makers.	*Il y a beaucoup de vacanciers.*
They are going sightseeing.	*Ils font du tourisme.*
We've mapped out the route.	*Nous avons préparé l'itinéraire.*
We've done our packing.	*Nous avons fait nos bagages.*
Our baggage / luggage is packed.	*Nos bagages sont faits.*
Have you got much baggage / luggage? – Not much.	*Avez-vous beaucoup de bagages? – Pas beaucoup.*
Where is the tourist office?	*Où se trouve le syndicat d'initiative?*
We're looking for a bed and breakfast place.	*Nous cherchons des chambres d'hôtes.*
I've booked my room.	*J'ai réservé ma chambre.*
I had to cancel my booking.	*J'ai dû annuler ma réservation.*
We've had some cancellations.	*Nous avons eu quelques annulations.*
We can accommodate you for a week.	*Nous pouvons vous loger pendant huit jours.*
I'm going on a package tour.	*Je fais un voyage organisé.*
There are many guided tours.	*Il y a beaucoup de voyages accompagnés.*
We're going abroad for our holidays.	*Nous allons passer nos vacances à l'étranger.*
We're going on a cruise / a coach tour.	*Nous allons faire une croisière / un voyage en car.*
My son came to see me off at the station/ the airport.	*Mon fils est venu m'accompagner à la gare / à l'aéroport.*

Transports *(I sing)*	**Les transports**
'airport	*aéroport; aérogare*
coach [kəʊtʃ]	*autocar*
cross • 'crossing	*traverser • traversée*
cruise *n* • *vb* [kruːz]	*croisière • croiser*
'ferryboat	*ferry*
flight [flaɪt]	*vol*
fly [flaɪ] *(flew, flown)*	*voler*
sail *vb* • *n* [seɪl]	*voyager par bateau • croisière*
❑	
'booking-office	*guichet*
left-'luggage 'office	*consigne*
lost 'property 'office	*bureau des objets trouvés*
'rail(way) 'station	*gare ferroviaire*
'waiting-room	*salle d'attente*
❑	
'border; 'frontier	*frontière*
'currency *(I sing)* ['kʌrənsi]	*devises*
'customs *(I plur)*	*la douane*
ex'change *vb* • *n*	*échanger • change*
infor'mation desk	*bureau des renseignements*
'single/ re'turn 'ticket	*aller simple/ aller et retour*
e'conomy class	*classe touriste*

The train is due now on number 2 platform.	*Le train est attendu sur le quai numéro 2.*
It's 10 minutes late / overdue.	*Il a 10 minutes de retard.*
I went through a travel agency.	*Je suis passé par une agence de voyages.*
I have travellers' cheques.	*J'ai des chèques de voyage.*
I have never travelled far / done much travelling.	*Je n'ai jamais beaucoup voyagé.*
This is going to be quite a long journey.	*Cela va être un assez long voyage.*
When do I have to check in?	*L'enregistrement est à quelle heure?*
I've got the luggage registered.	*J'ai fait enregistrer les bagages.*
Safe journey!	*Bon voyage!*
Have a nice trip!	*Bon voyage!*
I hope you have a good crossing/ flight.	*J'espère que vous ferez une bonne traversée / un bon vol.*
Watch out for the jet lag!	*Attention au décalage horaire!*
Is this seat taken?	*Est-ce que cette place est prise?*
What's the exchange rate?	*Quel est le taux de change?*
Is it a hard/ soft currency country?	*Est-ce que c'est un pays à monnaie forte / faible?*
When do we cross the border?	*Quand est-ce qu'on passe la frontière?*
Have we to pay customs duties?	*Faut-il payer des droits de douane?*
Where are the duty-free goods?	*Où sont les articles hors taxe?*
Are there any customs officers left?	*Y a-t-il encore des douaniers?*
Can I see your bags, please?	*Puis-je voir vos bagages, s'il vous plaît?*
Anything to declare? – Nothing!	*Rien à déclarer? – Rien!*

C EXPRESSIONS ET LOCUTIONS

Travel broadens the mind.	*Les voyages forment la jeunesse.*

☞ *mots transparents:*

'brilliance; 'brilliant – 'capable; capa'bility – 'cogitate;
cogi'tation – 'competence; 'competent – 'contemplate;
contem'plation; con'templative – curi'osity; 'curious –
de'liberate; delibe'ration – i'dea – imagi'nation; i'magine –
'instinct; in'stinctive – 'intellect; inte'llectual – in'telligence;
in'telligent – intro'spection; intro'spective – intu'ition;
in'tuitive – judge; 'judgement – 'lucid; lu'cidity – 'meditate;
medi'tation; 'meditative – 'mental; men'tality – 'pensive –
per'ception; per'ceptive – philo'sophical; phi'losophy –
'ruminate; rumi'nation – 'speculate; specu'lation; 'speculative –
'stupid; stu'pidity – su'ppose; suppo'sition

The mind	L'esprit et l'intelligence
brain(s) • 'brainy *(fam)*	*intelligence • intelligent*
flair [flɛə]	*aptitude innée*
'genius ['dʒiːnjəs]	*génie*
gift • 'gifted	*don • doué*
I.Q. (Intellectual Quotient)	*Q.I. (Quotient Intellectuel)*
'talent • 'talented	*talent • talentueux*
think *(thought, thought)*	*penser; réfléchir*
thought [θɔːt] • 'thoughtful	*pensée • pensif; réfléchi*
☐	
a'stute [ə'stjuːt] • a'stuteness	*avisé • perspicacité*
bright [brait] • 'brightness	*qui a l'esprit vif • vivacité d'esprit*
clear-'headedness	*clarté d'esprit*
'clever	*intelligent; (péj) habile*
'cleverness	*intelligence; (péj) habileté*
craft • 'crafty	*ruse • rusé; madré*
'cunning *adj* • *n* ['kʌniŋ]	*rusé • ruse*
in'quiring/ in'quisitive	*curieux*
shrewd • 'shrewdness	*perspicace • perspicacité*
skill • 'skilful	*astuce; habileté • astucieux; habile*
'quick-'witted • -'wittedness	*rapide • vivacité d'esprit*
subtle [sʌtl] • 'subtlety	*subtil • subtilité*

B   ... DANS LEUR CONTEXTE

I have been racking my brains.	*Je me suis torturé la cervelle.*
He has a flair for maths.	*Il a la bosse des maths.*
The mere thought of it drives me mad.	*Rien que d'y penser, je deviens fou.*
Is it raining? –I think so/ not.	*Est-ce qu'il pleut?– Je crois que oui/ que non.*
I have to think of so many things!	*Il y a tant de choses auxquelles je dois penser/ il faut que je pense!*
I'm thinking of changing my car.	*Je songe à changer de voiture.*
We have to think about our holidays.	*Il nous faut penser à nos vacances.*
It's worth thinking about.	*Cela vaut la peine d'y penser.*
I'll think it over.	*J'y réfléchirai.*
Think twice before giving an answer.	*Regardez-y à deux fois avant de donner une réponse.*
He thought better of it.	*Il s'est ravisé.*
He thought a lot of that painting.	*Il admirait beaucoup ce tableau.*

C   EXPRESSIONS ET LOCUTIONS

Never mind!	*Cela ne fait rien!/ Ce n'est rien!*
Mind the steps!	*Attention aux marches!*
Mind you, it's difficult!	*Remarque, c'est difficile!*
To my mind, it's not advisable.	*À mon avis, ce n'est pas à conseiller.*
This has been on my mind for a few days.	*Cela me tracasse depuis quelques jours.*
I gave him a piece of my mind.	*Je lui ai dit ses quatre vérités.*
I've a good mind to leave.	*J'ai bien envie de partir.*
He always speaks his mind.	*Il dit ce qu'il a sur le cœur.*
I've made up/ changed my mind.	*J'ai décidé/ changé d'avis.*
You're out of your mind!	*Tu as perdu la tête!*
Don't be so simple-minded!	*Ne sois pas si naïf!*
He's very absent-minded.	*Il est très distrait.*
He's very money-minded.	*Il est très attaché à l'argent.*
He is narrow-/ broad-minded.	*Il est étroit/ large d'esprit.*

The conscious/ unconscious
a'ware *adj* • a'wareness
'conscious *adj*• consciousness
the 'subconscious

Le conscient/ l'inconscient
conscient • la conscience
conscient • la conscience
le subconscient

Competence
a'ccomplished
a'ccomplishment
know [nəʊ] *(knew, known)*
'knowledge ['nɒlɪdʒ] *(I sing)*
'learned ['lɜ:nɪd]
pro'ficiency • pro'ficient

La compétence
accompli; talentueux
talent
connaître; savoir
savoir, connaissance(s)
savant
compétence • compétent

Reasoning
a'ssume [ə'sju:m] ▲
a'ssumption [ə'sʌmpʃən] ▲
de'duce [də'dju:s]
de'duction [də'dʌkʃən]
doubt *n* • *vb* [daʊt]
'insight ['ɪnsaɪt]
grasp *vb* • *n*
guess *vb* • *n* [ges]
meta'physical *adj*
meta'physics *(I plur)*
phi'losopher • philo'sophical
'ponder over
'puzzle out [pʌzl]

'realize (sth)

'reason *n* • *vb*
re'flect • re'flection
su'spect

Le raisonnement
supposer
supposition; hypothèse
déduire
déduction
doute • douter
intuition; pénétration
saisir • compréhension
deviner • hypothèse
métaphysique
métaphysique
philosophe • philosophique
méditer sur
résoudre (un problème) à force
  de se creuser la cervelle
se rendre compte
  (de quelque chose)
raison • raisonner
réfléchir • réflexion
soupçonner; subodorer

Foresight/ Forethought
fore'see *(foresaw, foreseen)*
fore'tell *(foretold, foretold)*

La prévoyance
prévoir
prédire

Suddenly he became aware of strange noises behind the wall.	*Soudain il perçut des bruits étranges derrière la cloison.*
She was well aware of her shortcomings.	*Elle était tout à fait consciente de ses lacunes.*
I gather he is leaving.	*Je crois comprendre qu'il part.*
No doubt you're right.	*Tu as sans doute/ probablement raison.*
Without (any) doubt you're right.	*Tu as raison sans aucun doute.*
I am doubtful about his success.	*Je doute beaucoup de sa réussite.*
I doubt/ question his judgement.	*Je doute de son jugement.*
Guess who is coming tonight!	*Devine qui vient ce soir!*
Do you grasp my meaning?/ see what I mean? / what I'm getting at?	*Est-ce que tu vois ce que je veux dire ? / où je veux en venir?*
He is very clever at figures.	*Il est doué pour les chiffres.*
I have to learn how to use a word processor.	*Il me faut apprendre à utiliser un traitement de texte.*
Do you know how to type?	*Est-ce que tu sais taper à la machine ?*
Have I made myself understood?	*Me suis-je bien fait comprendre?*
Have you noticed the change in her appearance?	*As-tu remarqué comme elle a changé?*
It occurred to mé we might talk this over.	*Il m'est venu à l'esprit que nous pourrions peut-être en discuter.*
He has a lot of judgement.	*Il a un jugement très sûr.*
I reflected afterwards that he had not told the truth.	*Je me suis dit par la suite qu'il n'avait pas dit la vérité.*

C   EXPRESSIONS ET LOCUTIONS

on second thoughts	*réflexion faite; à la réflexion*
That's (a piece of) wishful thinking.	*Tu prends tes désirs pour des réalités.*
I little thought a war would break out.	*J'étais loin de penser qu'une guerre éclaterait.*
When in doubt leave it out!	*Dans le doute abstiens-toi!*

Wisdom ['wɪzdəm]

sense *n* • *vb*
'sensible ▲
wise [waɪz]

La sagesse/ sagacité

bon sens • *sentir intuitivement*
sensé; raisonnable
sage; avisé, sagace

Stupidity

'backward
dull [dʌl]
dumb *(fam)* [dʌm]
thick [θɪk]

La bêtise

retardé
obtus
bêta, bouché
borné

❐

fool *n* • 'foolish *adj*
'gullible ['gʌlɪbl]
'hare-brained; 'scatter-brained
'nitwit *n (fam)*
nut *n (fam)* • nuts *(fam) adj*
'silly ['sɪlɪ]
'slow-'witted

sot; nigaud
jobard
étourdi; écervelé
cinglé, dingue
cinglé, dingue
niais; nigaud
lent d'esprit

❐

misunder'stand *(-stood, -stood)*
misunder'standing
'nonsense *(I sing)* ['nɒnsəns]

mal comprendre
méprise; malentendu
non-sens; balivernes

Memory and forgetfulness

'absent-'minded [-'maɪndɪd]
'absent-'mindedness
for'get *(forgot, forgotten)*
for'getful • for'getfulness
'keepsake
'memorize
re'call [rɪ'kɔːl]
re'cord *vb* [rɪ'kɔːd]
'record ['rekɔːd] • 'records *(plur)*
re'member
re'mind • re'minder

La mémoire et l'oubli

distrait
distraction
oublier
oublieux • *tendance à oublier*
souvenir (objet)
apprendre par cœur
(se) rappeler
noter; enregistrer
note • *archives*
se rappeler, se souvenir de
rappeler • *rappel; (fam)*
  pense-bête

She doesn't realize things.	*Elle ne se rend compte de rien.*
She has no common sense.	*Elle n'a pas de bon sens.*
He is more backward than dull.	*Il est plutôt retardé que bête.*
She is slow-witted but no fool.	*Elle a l'esprit lent mais elle est loin d'être stupide.*
How foolish / silly of you!	*Que tu es nigaud!*
He's so gullible he will swallow anything.	*Il est si crédule qu'il avalerait n'importe quelle couleuvre.*
You must be mistaken.	*Vous devez faire erreur.*
I mistook you for your brother.	*Je vous ai pris pour votre frère.*
You have misunderstood me.	*Tu m'as mal compris.*
It doesn't make sense.	*Cela n'a pas de sens.*
It's (a piece of) sheer nonsense!	*C'est une absurdité totale!*
You remind me of someone.	*Vous me rappelez quelqu'un.*
Remind me to phone.	*Fais-moi penser à téléphoner.*
Tie a knot in your handkerchief as a reminder.	*Fais un nœud à ton mouchoir comme pense-bête.*
I can't remember that.	*Je ne m'en souviens pas.*
Remember to write to her!	*Pense à lui écrire!*
I can't remember writing.	*Je ne me souviens pas d'avoir écrit.*
Remember me to your mother.	*Rappelez-moi au bon souvenir de votre mère.*
She's becoming very forgetful.	*Elle commence à perdre la mémoire.*
Don't jump to conclusions!	*Ne concluez pas trop vite!*

C EXPRESSIONS ET LOCUTIONS

the Three Wise Men	*les Trois Rois Mages*
Don't play the fool!	*Ne fais pas l'idiot!*
As far as I can remember...	*Pour autant que je me souvienne...*
within living memory	*de mémoire d'homme*
This is off the record.	*Ceci est entre nous.*
(Let's) forget it!	*N'y pensons plus!*

☞ *mots transparents:*
dog'matic; 'dogmatism – im'placable – im'pulsive –
in'dulgence; in'dulgent – 'instinct; in'stinctive – in'tolerance;
in'tolerant – per'mission; per'missive – sensi'bility

Temperament

'bad-tempered	*de mauvaise humeur*
'even-tempered	*d'humeur égale*
'good-tempered	*de bonne humeur*
□	
e'motional	*émotif*
highly-'strung	*tendu; hypersensible*
'sensitive • 'sensitiveness	*sensible ▲ • sensibilité*
tense • 'tension	*tendu • tension*
'touchiness • 'touchy	*susceptibilité • susceptible ▲*
'uptight *(fam)*	*crispé*
□	
cool	*calme; détendu*
re'lax • re'laxed	*(se) détendre • détendu*
□	
mood • 'moody	*humeur • lunatique*
per'nickety	*pointilleux*
sulk • 'sulky	*bouder • boudeur*
tempera'mental	*qui a des sautes d'humeur*

Le tempérament

Tolerance

a'llow [ə'laʊ]	*permettre*
'easy-going	*facile à vivre*
lax • 'laxity	*relâché • laxisme*
'lenience; 'leniency • 'lenient	*clémence • clément*
'tolerant • 'tolerate	*tolérant • tolérer*

La tolérance

Intransigency

self-o'pinionated	*ancré dans ses idées*
un'compromising	*inflexible; intraitable*
unfor'giving	*qui ne pardonne pas*
unre'lenting	*implacable*

L'intransigeance

He's too bad-tempered. He has too bad a temper to live with.	Il a trop mauvais caractère. Il est invivable.
He has a quick temper.	Il se met vite en colère.
He has a nasty temper.	Il peut être méchant quand il est en colère.
He flares up for nothing.	Il s'emporte pour un rien.
She is so touchy about things!	Elle est d'une telle susceptibilité!
She is far too sensitive!	Elle est bien trop sensible!
She's so easily offended.	Elle prend la mouche si vite!
She is not easy to get on with.	Elle n'est pas facile à vivre.
She is far too highly-strung!	Elle est bien trop tendue!
She should try to relax a little!	Elle devrait essayer de se détendre un peu!
She should take relaxation classes.	Elle devrait suivre des séances de relaxation.
That might lessen the tension.	Cela pourrait la détendre.
She's sensitive to atmospheres.	Elle est sensible aux ambiances.
Her piano playing is very sensitive.	Au piano son jeu est plein de sensibilité.
She's in a bad mood today.	Elle est de mauvaise humeur aujourd'hui.
She is having a fit of the sulks.	Elle boude.
She's like a child flying into a tantrum.	Elle est comme un enfant qui fait un caprice.
I wish she were more easy-going.	Je la souhaiterais plus facile à vivre.
We were too lenient with her.	Nous l'avons trop laissée faire.
We allowed her to do what she wanted.	Nous lui avons laissé faire ce qu'elle voulait.
His answer was downright.	Il n'y est pas allé par quatre chemins pour lui répondre.
He was adamant in his refusal.	Son refus était sans appel.

☞ *mots transparents:*
'charitable – com'passion – compre'hension – 'conscience –
consci'entious; consci'entiousness – 'generous; gene'rosity –
'passion – so'licitude

Egocentricity

com'placency • com'placent ▲
'ego(t)ism • 'ego(t)ist
ego'(t)istic *adj*
self-'centred • -'centredness
self-in'dulgence • self-in'dulgent
'selfish • 'selfishness

L'égocentrisme

suffisance • suffisant
égoïsme • égoïste n
égoïste
égocentrique • égocentrisme
sybaritisme • sybarite
égoïste • égoïsme

Liking and loving

a'ffect
feel *(felt, felt)* • 'feeling
move • 'moving
❑
a'ffection • a'ffectionate
a'ppeal *n* • *vb* ▲
a'ppealing *adj*
a'ttract • a'ttractive
care for • 'caring
con'genial
congeni'ality
dote on [dəʊt]
'friendliness • 'friendly
'heartiness • 'hearty
'homeliness
in'fatuated (with) ▲
infatu'ation
'likeable • 'liking
love *vb* • *n* • 'loveable
'lover
'loving
'passion ['pæʃn] • 'passionate

L'affection et l'amour

émouvoir; toucher
sentir; ressentir • sentiment
émouvoir • émouvant

affection • affectueux
charme • charmer, attirer
attachant; attirant
attirer • attirant; séduisant
aimer • aimant
sympathique ▲
ambiance sympathique
être en adoration devant
gentillesse • amical
chaleur humaine • chaleureux
simplicité accueillante
entiché (de)
engouement, toquade
sympathique • sympathie ▲
aimer • amour • attachant
amant; amoureux
tendre; affectueux
passion • passionné

What complacency!	*Quelle suffisance!*
He's complacent about everything.	*Il est toujours content de lui.*
I sometimes indulge in a cigar.	*Je me permets un cigare de temps à autre.*
She's very self-centred.	*Elle ne pense qu'à elle.*
He is totally self-indulgent.	*Il ne se refuse rien.*
She is an affectionate child.	*C'est une enfant affectueuse.*
I wonder if she cares for me.	*Je me demande si elle m'aime.*
I found the hotel congenial.	*L'hôtel était tout à fait à mon goût.*
He is devoted to her.	*Il lui est tout dévoué.*
He shows great devotion.	*Il est d'un grand dévouement.*
They dote on each other.	*Ils s'adorent.*
They are friendly people.	*Ce sont des gens sociables.*
They made friends.	*a) Ils se sont faits des amis.*
	b) Ils se sont liés d'amitié.
She was infatuated with him.	*Elle s'était entichée de lui.*
She is keen on art.	*Elle adore les arts.*
She's very likeable.	*Elle est très sympathique.*
She is a very loving person.	*C'est une personne très affectueuse.*
She's a very lovable creature.	*C'est une personne très attachante.*
She loves painting portraits.	*Elle adore peindre des portraits.*
He would love to paint too.	*Il aimerait peindre aussi.*
She has a liking for music.	*Elle a du goût pour la musique.*
She took a liking to the boy.	*Le garçon lui a plu.*
They took to each other.	*Ils ont sympathisé.*
They get on well together.	*Ils s'entendent bien.*
She had a soft spot for him.	*Elle avait un faible pour lui.*
She fell in love with him.	*Elle est tombée amoureuse de lui.*
It was love at first sight.	*C'était le coup de foudre.*
They gave us a hearty/ warm welcome.	*Ils nous ont fait un accueil chaleureux.*
The atmosphere is very homely in this hotel.	*Il y a une atmosphère très familiale dans cet hôtel.*

Altruism

back	soutenir; épauler
care • care for	sollicitude • s'occuper de
'caring	plein de sollicitude
'charity	(a) la charité (b) organisme humanitaire
com'passion • com'passionate	compassion • compatissant
con'cern vb • n	concerner; inquiéter • intérêt
con'siderate ▲	attentionné
de'vote oneself	se dévouer
de'voted • de'votion ▲	dévoué • dévouement
help vb • n (I sing) • 'helpful	aider • aide • serviable; utile
hu'mane; humani'tarian	humain; humanitaire
'interest n • vb	intérêt • intéresser
kind • 'kindness	bon; gentil • gentillesse
kind-'hearted	qui a bon cœur
'pity n • vb	pitié • plaindre; avoir pitié de
'public 'spirit	sens de la solidarité
re'lief • re'lieve	secours; soulagement • soulager
self-de'nial [dɪ'naɪəl]	abnégation
su'pport vb • n	soutenir • soutien
su'pportive adj	qui soutient moralement
sympa'thetic ▲	compréhensif ▲; compatissant
'sympathize ▲	compatir
'sympathy ▲	compréhension; compassion
tact • 'tactful	tact • plein de tact
under'stand (-stood, -stood)	comprendre
under'standing adj • n	compréhensif ▲ • compréhension

Malice ▲ — La méchanceté

hard-'hearted • -'heartedness	dur de cœur • dureté de cœur
harm n • vb	mal • faire mal à
hurt (hurt, hurt)	blesser; faire mal à
ill-natured	agressif; hargneux
ma'levolence • ma'levolent	malveillance • malveillant
ma'licious ▲ [mə'lɪʃəs]	méchant; mauvais
'nastiness • 'nasty	méchanceté • méchant

They were very kind to us.	*Ils ont été très bons pour nous.*
They are kind-hearted/ warm-hearted people.	*Ils ont beaucoup de cœur.*
Their elder daughter is very considerate.	*Leur fille aînée est très attentionnée.*
She is kindness itself.	*Elle est la bonté même.*
He wouldn't hurt a fly.	*Il ne ferait pas de mal à une mouche.*
It was good of them to invite us.	*C'était gentil de leur part de nous inviter.*
Can I be of help to you?	*Puis-je vous aider?*
She is always very helpful.	*Elle est toujours très serviable.*
You did me a good turn once.	*Tu m'as rendu service une fois.*
Could you do me another favour?	*Est-ce que tu pourrais me rendre encore un service?*
They are very socially minded.	*Ils ont un grand sens de la solidarité.*
I took pity on him.	*J'ai eu pitié de lui.*
We have a caring society.	*Nous avons une société humanitaire.*
We gave them all the moral support we could.	*Nous avons fait tout ce que nous pouvions pour les soutenir.*
They need some financial support.	*Ils ont besoin d'aide matérielle.*
He can't support his family.	*Il ne peut pas subvenir aux besoins de sa famille.*
Our parents are very supportive.	*Nos parents sont toujours prêts à nous soutenir moralement et matériellement.*
She was very sympathetic towards us.	*Elle s'est montrée très compatissante à notre égard.*
She was full of understanding.	*Elle était très compréhensive.*
Public spirit seems to develop as poverty increases.	*Le sens de la solidarité semble se développer (au fur et) à mesure que la pauvreté augmente.*

☞ *mots transparents:*
'humble; hu'mility – 'modest; 'modesty – re'serve; re'served

Malice ▲

re'venge • re'vengeful	*vengeance • vindicatif*
spite • 'spiteful	*rancune • rancunier*
unre'lenting	*implacable*
'vicious ▲	*haineux*
'wicked • 'wickedness	*méchant • méchanceté*
wound *vb* • *n* [wu:nd]	*blesser • blessure*
'wounding *adj*	*blessant*

La méchanceté

Avidity

greed • 'greedy	*avidité • âpre au gain*
grudge *vb* • *n* ▲	*rechigner • grief*
mean	*(a) avare (b) mesquin*
'meanness	*(a) avarice (b) mesquinerie*
'miser ['maizə] *n* • 'miserly *adj*	*grippe-sou • avare*
'stinginess • 'stingy ['stindʒi]	*pingrerie • pingre*
stint	*lésiner*

L'avidité

Humility

'diffidence	*manque de confiance en soi*
'diffident	*qui manque de confiance en soi*
gentle ▲ • 'gentleness ▲	*doux • douceur*
'homeliness • 'homely	*simplicité • modeste, simple*
meek • 'meekness	*soumis • douceur de caractère*
mild • 'mildness ['maildnıs]	*doux • douceur de tempérament*
self-'conscious	*timide; qui manque d'assurance*
self-'consciousness	*manque de confiance en soi*
shy • 'shyness	*timide • timidité*
una'ssuming • -ness	*modeste; discret • discrétion*
unob'trusive • -ness	*discret; effacé • discrétion*
with'drawn	*réservé*

L'humilité

He took his revenge on her.	*Il s'est vengé d'elle.*
He's greedy for money.	*Il est âpre au gain.*
Don't be so greedy (at table)!	*Ne mange pas tant!*
Greed is one of the seven deadly sins.	*La gourmandise est un des sept péchés capitaux.*
He's got a grudge against me.	*Il a une dent contre moi.*
I grudge paying that!	*J'hésite à payer autant.*
He gave a grudging consent.	*Il a consenti à contrecœur.*
He's a real miser!	*C'est un vrai grippe-sou!*
He earns a miserly salary.	*Il a un salaire de misère.*
He gave a miserly tip.	*Il a donné un maigre pourboire.*
The concessions are niggardly.	*Les concessions faites sont négligeables.*
She stints on food.	*Elle lésine sur la nourriture.*
He never stints himself.	*Il ne se prive de rien.*
I am always diffident about giving advice.	*J'hésite toujours à donner des conseils.*
She gives in to him too meekly.	*Elle lui cède trop facilement.*
It was a mild reproach.	*C'était un petit reproche.*
She has a gentle voice.	*Elle a la voix douce.*
Handle that vase gently!	*Fais attention en portant ce vase!*
He's very modest/ unassuming about his achievements!	*Sa réussite ne lui a pas tourné la tête.*
I tried to be unobtrusive.	*J'ai essayé de passer inaperçu.*
He lacks self-confidence.	*Il manque de confiance en lui.*
He is self-conscious.	*Il se sent gêné en public.*
He has always been shy with girls.	*Les filles l'ont toujours intimidé.*

C EXPRESSIONS ET LOCUTIONS

He's as meek as a lamb.	*Il ne ferait pas de mal à une mouche.*
I'll drop him a gentle hint.	*Je lui en toucherai un mot.*

☞ *mots transparents:*
'hero; he'roic; 'heroine; 'heroism

Pride   L'orgueil et la fierté

boast *vb* • *n* [bəʊst]	*se vanter* • *vantardise*
brag • **'braggart**	*faire le fier* • *fanfaron*
'cockiness • **'cocky** *(péj)*	*vantardise* • *fat; fiérot*
con'ceit [kən'siːt] • **con'ceited**	*vanité* • *vaniteux; prétentieux*
'confidence ▲ • **'confident** ▲	*assurance* • *assuré, sûr de soi*
con'tempt	*dédain; mépris*
con'temptible • **con'temptuous**	*méprisable* • *méprisant*
de'spicable • **de'spise** [dɪs'paɪz]	*méprisable* • *mépriser*
dis'dain *n* • *vb* • **dis'dainful**	*dédain* • *dédaigner* • *dédaigneux*
'haughtiness • **'haughty** [hɔːti]	*arrogance* • *hautain*
pride • **proud** [praʊd]	*orgueil* • *fier; orgueilleux*
scorn *vb* • *n*	*dédaigner* • *dédain*
'scornful	*dédaigneux; méprisant*
self-'confidence	*assurance*
self-'confident	*sûr de soi, assuré*
self-im'portant	*imbu de sa personne*
self-'righteous	*qui a toujours bonne conscience*
self-'satisfied	*content de soi, suffisant*
snob *n* • **'snobbish** *adj*	*snob*
'snobbery, 'snobbishness	*snobisme*
'snootiness • **'snooty** *(fam)*	*snobisme* • *snob; prétentieux*
super'cilious • **-ness**	*arrogant* • *arrogance*

Courage   Le courage

bold [bəʊld] • **'boldness**	*hardi; audacieux* • *audace*
brave • **'bravery**	*courageux* • *bravoure; courage*
cou'rageous	*courageux*
dare	*oser*
'daredevil *n* • *adj*	*tête brûlée*
'daring *adj* • *n*	*audacieux* • *audace*
determi'nation • **de'termined**	*détermination* • *décidé*
face (up to)	*faire face (à)*
'fearless	*intrépide*

He's always boasting/ bragging about his success in business.	*Il se vante toujours de ses succès en affaires.*
He likes to talk big.	*Il aime faire l'important.*
She takes great pride in her appearance.	*Elle prend grand soin de sa personne.*
She prides herself on having kept her looks.	*Elle s'enorgueillit de paraître encore jeune.*
She's proud of her looks.	*Elle est fière de sa beauté.*
He's as proud as a peacock!	*Il est vaniteux comme un paon! Il est fier comme Artaban!*
She's too self-confident.	*Elle a trop d'assurance.*
She is confident she can do it.	*Elle est convaincue qu'elle pourra le faire.*
I'm a coward about flying.	*Je n'aime pas trop prendre l'avion.*
I'm too cowardly to fly.	*J'ai trop peur pour prendre l'avion.*
I daren't/ don't dare fly.	*Je n'ose pas prendre l'avion.*
He's a daredevil.	*Il n'a peur de rien.*
He's a determined character.	*C'est un garçon très décidé.*
He's full of determination.	*C'est un homme très résolu.*
He's got guts/ pluck.	*Il a du cran.*
He's plucky.	*Il a du cran.*
It needs a lot of guts/ pluck to do that.	*Il faut un sacré cran pour faire cela.*
What a nerve to say that!	*Quel toupet de dire cela!*
He is charged with reckless driving.	*Il est accusé de conduite dangereuse.*
That was a rash decision.	*C'était une décision inconsidérée.*

C EXPRESSIONS ET LOCUTIONS

They had to brave the storm.	*Ils ont dû essuyer l'orage.*
He tried to brave it out.	*Il a essayé de faire front.*

195

Courage

Le courage

guts *(fam)* [gʌts]
nerve
pluck *(fam)* • plucky *(fam)*
'resolute ['rezəlu:t]

cran
sang-froid, audace
courage • *qui a du cran*
résolu

Fear and cowardice

La peur et la lâcheté

a'fraid *(be ~)*
appre'hensive
'coward *n* • 'cowardly *adj*
'cowardice; 'cowardliness
dread *n* • *vb* [dred]
'dreadful
fear *n* • *vb*
'fearful
fore'boding
fright [frait] • 'frighten
'frightful
'nervous ▲ • 'nervousness
'panic *n* • *vb*
'panic-stricken
scare *n* • *vb* [skɛə]
scared

peureux (avoir peur)
inquiet
lâche
lâcheté
crainte • *redouter*
terrible
peur • *avoir peur de*
craintif
pressentiment
frayeur • *effrayer*
effrayant
craintif; inquiet • *appréhension*
panique • *paniquer*
paniqué
effroi • *effrayer*
effrayé

Prudence

La prudence

care [kɛə] • 'careful
'caution ['kɔːʃn] ▲ • 'cautious
'foresight, 'forethought
'fore'sighted
'thoughtful ['θɔːtfəl]
'timid ▲ • ti'midity
'waver ['weivə] • 'wavering

prudence • *prudent*
circonspection • *circonspect*
prévoyance
prévoyant
pensif; réfléchi
timoré • *timidité*
hésiter • *hésitant; indécis*

Imprudence

L'imprudence

fool'hardiness • fool'hardy *adj*
rash • 'rashness
'reckless • 'recklessness

inconscience • *tête brûlée*
irréfléchi • *manque de réflexion*
casse-cou • *insouciance*

I always drive cautiously.	*Je conduis toujours prudemment.*
I have misgivings about his abilities.	*J'ai quelques doutes sur ses capacités.*
We all have forebodings about the future.	*Nous craignons tous pour l'avenir.*
I can't face up to telling her what has happened.	*Je n'ai pas le courage de lui dire ce qui s'est passé.*
She was dead scared of being questioned.	*Elle a eu une peur bleue d'être interrogée.*
I dread the long winter nights.	*Je redoute les longues soirées d'hiver.*
I dread going to the dentist's.	*Je redoute d'aller chez le dentiste.*
You gave me a fright!	*Tu m'as fait sursauter!*
Don't get panic-stricken if you hear the sirens.	*Ne t'affole pas si tu entends les sirènes.*
She gets very nervous before an exam.	*Elle est très tendue avant un examen.*
I'm afraid to cross the street.	*Je n'ose pas traverser la rue.*
I am afraid of being run over.	*J'ai peur de me faire écraser.*
I'm afraid you'll miss your train.	*Je crains que vous ne ratiez le train.*
I'm afraid we are sold out.	*Je regrette, mais nous avons tout vendu.*
Is there going to be a strike tomorrow? I'm afraid so.	*Est-ce qu'il y aura une grève demain? Je crains que oui.*
Is John around? I'm afraid not.	*Est-ce que Jean est là? Désolé. il n'est pas là.*
No fear! he would never dare enter this house.	*N'ayez crainte! Il n'oserait jamais entrer ici.*

C EXPRESSIONS ET LOCUTIONS

Safety first!	*Prudence est mère de sûreté!*
Beware of the dog!	*Attention! chien méchant!*
Better be on the safe side!	*Méfions-nous! Soyons prudents!*

☞ *mots transparents:*
dupe; du'plicity – hy'pocrisy

Honesty	**L'honnêteté**
'candid ▲	*franc; sincère*
'candour ▲ ['kændə] ▲	*franchise; sincérité*
de'pendable	*fiable; sérieux*
'downright; 'down-to-earth	*direct; franc; réaliste*
frank • 'frankness	*franc • franchise*
'guileless • 'guilelessness	*candide • candeur* ▲
in'genuous • in'genuousness	*ingénu; naïf • ingénuité* ▲; *naïveté*
out'spoken	*qui a son franc-parler*
relia'bility *n* **• re'liable** *adj*	*sérieux*
straight • straight'forward	*droit; loyal*
true	*vrai; fidèle; sincère*
trust • 'trustful	*confiance • confiant*
'trustworthy ['trʌstwɜ:ði]	*fiable; digne de confiance*
truth • 'truthful	*vérité • qui dit la vérité*
'upright • 'uprightness	*intègre • intégrité; probité*

Dishonesty	**La malhonnêteté**
be'tray • be'trayal	*trahir • trahison*
cheat *vb* **•** *n*	*tricher • tricheur*
'cheating	*tromperie*
crook • 'crooked ['krʊkɪd]	*escroc; filou • malhonnête*
de'ceit [dɪ'si:t] **• de'ceitful**	*duplicité • trompeur; mensonger.*
de'ceive ▲ **• de'ceiver**	*tromper; duper • imposteur*
de'ception ▲ **• de'ceptive**	*tromperie • trompeur*
decoy *n* ['di:kɔɪ] **•** *vb* [dɪ'kɔɪ]	*leurre • leurrer*
de'lude • de'lusion	*induire en erreur • illusion*
'dubious ['dju:biəs]	*douteux; équivoque*
fake *vb* **•** *n*	*truquer • truquage*
fool *vb* **•** *n*	*berner • dupe*
fox • 'foxiness • 'foxy	*mystifier • roublardise • roublard*
guile [gaɪl]	*double jeu*
'hypocrite *n* **• hypo'critical** *adj*	*hypocrite*

We trusted him.	*Nous lui avions fait confiance.*
He betrayed our trust.	*Il a trahi notre confiance.*
He went back on his word.	*Il a manqué de parole.*
We were greatly disappointed in him.	*Il nous a beaucoup déçus.*
He foxed us all.	*Il nous a tous fait marcher.*
He took us all in.	*Il nous a tous roulés.*
He made a fool of everyone.	*Il a berné tout le monde.*
He played a bad trick on us.	*Il nous a joué un mauvais tour.*
He lied to us.	*Il nous a menti.*
I can't stand lying, and that was a lie.	*Je ne supporte pas le mensonge et c'était un mensonge.*
He pretended to be sincere.	*Il a fait semblant d'être sincère.*
Appearances can be deceptive/ misleading.	*Les apparences sont trompeuses.*
That painting is a fake.	*Ce tableau est un faux.*
Don't fall into the trap!	*Ne tombe pas dans le piège!*

C EXPRESSIONS ET LOCUTIONS

Candidly speaking...	*Pour vous dire la vérité...*
To give you my candid opinion...	*Pour ne rien vous cacher...*
To tell you the truth...	*À vrai dire...*
I told him some home truths.	*Je lui ai dit ses quatre vérités.*
Truth is stranger than fiction.	*Le vrai peut quelquefois n'être pas vraisemblable.*
Tell the truth and shame the devil!	*Il faut dire la vérité envers et contre tout!*
Truth will out.	*La vérité finit toujours par se savoir.*
His dream came true.	*Son rêve s'est réalisé.*
It's a pack of lies.	*C'est un tissu de mensonges.*
That's double talk.	*C'est de la langue de bois/ un discours à double sens.*

☞ *mots transparents:*
dy'namic; 'dynamism – in'trepid; intre'pidity – in'dustrious

Dishonesty | ## La malhonnêteté

'liar *n* [ˈlaɪə]	*menteur*
lie *vb* • *n* [laɪ]	*mentir* • *mensonge*
mis'lead *(misled, misled)*	*induire en erreur*
'phoney *adj* • *n (fam)* [fəʊni]	*faux; truqué* • *fumiste*
pre'tence • pretend ▲	*faux-semblant* • *feindre*
'shady [ˈʃeɪdi]	*louche*
sham *vb* • *adj* • *n*	*feindre* • *truqué* • *imposture*
'treacherous *adj* • 'treachery	*traître* • *trahison; tromperie*
un'trustworthy	*peu fiable; déloyal*
un'truth [ʌnˈtruːθ]	*contre-vérité*
'wiliness • 'wily [ˈwaɪli]	*malice; ruse* • *malin; rusé*

Energy | ## L'énergie

drive [draɪv]	*initiative; dynamisme*
ener'getic ▲	*énergique*
'enterprising	*entreprenant; plein d'initiatives*
'painstaking	*consciencieux*
'pushing *adj*	*(a) dynamique (b) arriviste*
will	*volonté*
'willpower *(I sing)*	*volonté*
worka'holic	*bourreau de travail*

Laziness | ## La paresse

'careless • 'carelessness	*négligent* • *négligence*
'casual [ˈkæʒəl]	*nonchalant; désinvolte*
'casualness	*nonchalance; désinvolture*
idle [aɪdl] • 'idleness	*oisif* • *oisiveté*
lacka'daisical	*apathique, indolent, nonchalant*
'laziness • 'lazy *adj*	*paresse* • *paresseux*
'listless • 'listlessness	*apathique; amorphe* • *apathie*
slack *adj* • 'slackness *n*	*laisser-aller*
unde'pendable; unre'liable	*peu fiable; peu sérieux*

What a hypocrite!	*Quel hypocrite!*
How hypocritical!	*Comme c'est hypocrite!*
What hypocrisy!	*Quelle hypocrisie!*
Aren't people treacherous!	*Que les gens sont traîtres!*
I cant bear such underhand dealings/ such double dealing!	*Je ne supporte pas ces manières sournoises/ ce double jeu!*
I've been double-crossed *(fam)*.	*J'ai été victime d'un double jeu.*
She is busy.	*Elle est occupée.*
The line is busy.	*La ligne est occupée.*
She's busy telephoning.	*Elle est en train de téléphoner.*
She has a very busy life.	*Elle a une vie très active.*
She's overworked.	*Elle est surmenée.*
She works with a will.	*Elle travaille avec ardeur.*
She bosses everybody in the house.	*Elle fait marcher toute la maisonnée à la baguette.*
He is on the go day and night.	*Il n'arrête pas! Ni jour ni nuit!*
We slave away all day here.	*Nous trimons toute la journée ici.*
He is dedicated to his art.	*Il se consacre corps et âme à son art.*
What a little lazibones you are!	*Quel petit paresseux tu es!*
He is tired and lacks drive.	*Il est fatigué et manque d'allant.*
He just idles his time away.	*Il passe ses journées à ne rien faire.*
His work is very careless.	*Son travail est vraiment négligé.*
He just lounges about.	*Il passe ses jours à flâner.*
Sit up straight! don't slouch!	*Tiens-toi droit! ne t'affale pas sur ta chaise!*

C   EXPRESSIONS ET LOCUTIONS

Let's get cracking!	*Allons-y!*
I couldn't care less! *(fam)*	*Je m'en fiche! ça m'est bien égal!*
He takes life easy.	*Il prend la vie du bon côté.*
Take it easy!	*(Allez-y) doucement!*
He's work-shy.	*Le travail lui fait peur.*
He's a good-for-nothing.	*C'est un bon à rien.*

Pleasure

en'joy [ɪn'dʒɔɪ]	*trouver du plaisir à*
en'joyable • en'joyment	*agréable • plaisir*
'relish *n* • *vb*	*saveur • savourer*
se'duce [sɪ'dju:s] • se'ductive	*séduire • séduisant*

Joy

La joie

'beaming	*rayonnant; radieux*
bliss	*bonheur parfait; félicité*
'blissful	*comblé de bonheur; béat*
'buoyancy • 'buoyant [bɔɪ-]	*entrain, allant • optimiste*
'cheerful	*optimiste; joyeux*
cheer up	*a) reprendre courage*
	b) remonter le moral (à qn)
con'tent(ed) (with)	*satisfait (de)*
de'light *vb* • *n* [dɪ'laɪt]	*ravir • ravissement*
de'lighted	*ravi, enchanté*
'ecstasy • ec'static	*extase • extasié*
'happiness • 'happy	*bonheur • heureux*
joy [dʒɔɪ] • 'joyful	*joie • joyeux*
'merriment • 'merry	*gaieté • gai; joyeux*
mirth • 'mirthful	*allégresse • plein d'allégresse*
over'joyed	*transporté de joie*
pleased	*content*
'radiant ['reɪdɪənt]	*radieux*

Enthusiasm

L'enthousiasme

en'thuse [ɪn'θju:z]	*s'enthousiasmer*
enthusi'astic	*enthousiaste*
ex'cite • ex'citement	*passionner • excitation*
ex'citing [ɪk'saɪtɪŋ]	*passionnant*
ex'hilarate • ex'hilarating	*griser • grisant*
'fiery ['faɪəri]	*ardent; fougueux*
fire [faɪə]	*ardeur; fougue*

He is crazy / mad about jazz.	*Il est fou de jazz.*
They enjoy being together.	*Ils se trouvent bien ensemble.*
They enjoy themselves.	*Ils s'amusent.*
They enjoy the cinema.	*Ils aiment bien le cinéma.*
They find enjoyment/ pleasure in being together	*Ils ont du plaisir à être ensemble.*
They are both fond of sport.	*Tous deux aiment le sport.*
Sport doesn't appeal to me.	*Le sport ne me dit rien.*
The weather was blissful.	*Il faisait un temps de rêve.*
She was beaming with joy.	*Elle était radieuse.*
She delights in entertaining.	*Elle adore recevoir des amis.*
I am delighted to meet you.	*Enchanté de vous connaître.*
I'm delighted at the news.	*Je suis ravi d'apprendre la nouvelle.*
She is overjoyed at the news.	*Elle est on ne peut plus contente d'apprendre la nouvelle.*
How happy I am to see you!	*Que je suis content de te voir!*
A wedding is a happy occasion for friends and family.	*Un mariage est une occasion de se réjouir en famille et avec des amis.*
There's a lot of merry-making.	*Il y a beaucoup de réjouissances.*
It would give us great pleasure if you could attend.	*Cela nous ferait un grand plaisir si vous pouviez y assister.*
We shall be very pleased to attend.	*Nous y assisterons avec le plus grand plaisir.*
We shall be overjoyed to come.	*Nous serons ravis de venir.*
We are sure the bride will be radiant.	*Nous sommes certains que la mariée sera radieuse.*

C EXPRESSIONS ET LOCUTIONS

She is very happy-go-lucky.	*Elle est l'insouciance même.*
The more we are the merrier.	*Plus on est de fous, plus on rit.*
He was as pleased as Punch.	*Il était aux anges.*

Hope | L'espoir

'confident — *confiant*

ex'pect • expec'tation — *espérer; s'attendre à • attente; espoir*

hope *n* • *vb* — *espoir • espérer*
'hopeful *adj* — *optimiste*
'optimism — *optimisme*
'optimist *n* • opti'mistic *adj* — *optimiste*

Desire | Le désir

'covet [ˈkʌvɪt] — *convoiter*
'covetous • 'covetousness — *envieux • convoitise*
crave [kreɪv] • 'craving — *désirer violemment • désir insurmontable*

'eager • 'eagerness — *impatient • désir impétueux*
'envious • 'envy *vb* • *n* — *envieux • envier • envie*
feel like — *avoir envie de*
long • 'longing — *mourir d'envie • envie; nostalgie*

look 'forward to — *attendre avec impatience*
whim — *caprice; fantaisie*

Indifference | L'indifférence

cold • 'coldness — *froid • froideur*
hard • 'hardness — *dur • dureté*
ig'nore [ɪɡˈnɔː] ▲ — *feindre d'ignorer; passer sous silence*

in'sensitive • in'sensitiveness — *insensible • insensibilité*
'pitiless *adj* — *sans pitié*
'ruthless • 'ruthlessness — *sans scrupule • manque de scrupules*

'tactless • 'tactlessness — *sans tact • manque de tact*
uncon'cern — *indifférence*
un'feeling *adj* — *froid*
un'scrupulous • -ness — *sans scrupule • manque de scrupules*

We are pleased to inform you / have pleasure in informing you that you are the lucky winner of the first prize.	*Nous avons le plaisir de vous annoncer que vous êtes l'heureux gagnant du grand prix.*
You must be anxious / eager to know what you have won.	*Il doit vous tarder de savoir ce que vous avez gagné.*
We are sure that you and your friends will enthuse over it / will be enthusiastic about it.	*Nous sommes sûrs que vos amis et vous allez être enthousiasmés.*
There's something exhilarating about downhill skiing.	*Le ski de descente a quelque chose de grisant.*
I was hoping for a good summer.	*J'espérais que nous aurions un bel été.*
I'm not so hopeful now.	*Je suis moins optimiste maintenant.*
I never give up hope.	*Je ne perds jamais espoir.*
He craves / has a craving for power.	*Il est assoiffé de pouvoir.*
We're longing for a holiday.	*Il nous tarde d'être en congé.*
We're longing to be off.	*Il nous tarde de partir.*
We're looking forward to relaxing in the sun.	*Il nous tarde de nous détendre au soleil.*

C EXPRESSIONS ET LOCUTIONS

I could do with a drink.	*Je boirais bien quelque chose.*
I feel like a good cup of tea.	*Je prendrais volontiers une bonne tasse de thé.*
I wouldn't mind (having) a drink.	*Je boirais volontiers quelque chose.*
That is no concern of mine.	*Cela ne me regarde pas.*
I don't mind.	*Cela m'est égal. Je veux bien.*
It's all the same to me.	*Cela m'est égal/ indifférent.*
It doesn't matter.	*Cela n'a pas d'importance.*
I don't care / give a damn!	*Je m'en moque.*
I couldn't care less! *(fam)*	*Je m'en contrefiche!*

Dissatisfaction

de'jected • de'jection
de'pressed • de'pressing
disa'ppoint
  • disa'ppointment
dis'hearten
di'spirited
dis'pleased [dɪs'pliːzd]
dis'pleasure [dɪs'pleʒə]
dis'satisfied
glum [glʌm] • 'glumness
grumble [grʌmbl]
'pessimist *n* • pessi'mistic *adj*
'sulkiness • 'sulky ['sʌlki]
'sullen ['sʌlən]
un'easiness • un'easy
'wistful

Frustration

an'xiety [æŋg'zaɪəti]
'anxious ['æŋkʃəs] ▲
'bitter • 'bitterness
bore *n* • *vb*
'boredom *(I sing)* • 'boring
dull
half-'hearted
grudge [grʌdʒ] *n* • *vb* ▲
miss
'nuisance ['njuːsəns] ▲
o'ffend • o'ffensive ▲
re'sent ▲ • re'sentful
spite *n* • *vb* [spaɪt]
'spiteful
strain [streɪn]
'tedious ['tiːdjəs]

L'insatisfaction

déprimé • découragement
déprimé • déprimant
décevoir
  • déception
décourager
abattu; démoralisé
mécontent
mécontentement
insatisfait
morose; cafardeux • morosité
se plaindre; grommeler
pessimiste
tendance à bouder • boudeur
renfrogné
inquiétude • mal à l'aise
songeur, mélancolique

La frustration

anxiété; inquiétude
(a) désireux (b) inquiet
amer • amertume
ennui; raseur • ennuyer
corvée • ennuyeux
ennuyeux; terne
peu enthousiaste; réticent
rancune • donner à regret
regretter
source d'agacement
offenser • injurieux, offensant
s'offusquer de • rancunier
rancune • se venger de
rancunier, malveillant
stress, tension
fastidieux ▲

I have mixed feelings about this.	J'ai des sentiments mitigés à ce propos.
He was indignant at the indifference of the public.	Il s'indignait de l'indifférence du public.
He's never content with anything.	Il n'est jamais content de rien.
I'm disappointed with her.	Elle me déçoit.
Don't be disheartened!	Ne te décourage pas!
He gave a groan.	Il poussa un grognement.
He grumbles at everything.	Il n'est jamais satisfait de rien.
He's always lamenting.	Il ne cesse de se lamenter.
He's always moaning.	Il se plaint toujours.
He's a born pessimist.	Il est d'un pessimisme invétéré.
Don't be so pessimistic!	Ne sois pas si pessimiste!
He gave a scowl.	Il prit un air renfrogné.
I feel uneasy about the future.	Je suis inquiet pour l'avenir.
What a bore he is!	Quel raseur!
I nearly died of boredom.	J'ai failli mourir d'ennui.
I was bored stiff / to death.	Je m'ennuyais à mourir.
I grudge paying that!	Je répugne à payer si cher!
He gave a half-hearted/ grudging "yes".	Il a donné son accord du bout des lèvres / à contrecœur.
I'm worried about my work.	Je suis inquiet pour mon travail.
I'm worried to death.	Je suis inquiet au possible.
Don't worry!	Ne t'en fais pas!
He won't drop a friend.	Il ne laissera jamais tomber un ami.
He wishes you well.	Il vous veut du bien.
He wishes you no harm.	Il ne vous veut pas de mal.
Have a heart! *(fam)*	Pitié! ça suffit comme ça!
He only did it to spite me	Il l'a fait pour se venger de moi.
I resent being tricked.	Je supporte mal d'être trompé.

Anger

La colère

a'buse *vb* [ə'bju:z] ▲ — injurier
a'buse *n* (*I sing*) [ə'bju:s] ▲ — injure(s)
'angry — en colère
flare up — s'emporter
'fuming ['fju:mɪŋ] — furibond
'furious • 'fury [fjʊəri] — furieux • fureur
'irritate — irriter
'mad — furieux
'petulant ['petjələnt] ▲ — irascible
rage *n* • *vb* — rage • (en)rager
'temper — humeur; colère

Laughter and mockery

Le rire et la moquerie

chuckle *vb* • *n* [tʃʌkl] — glousser • gloussement
de'ride [dɪ'rəɪd] ▲ • derisive — tourner en dérision
  • railleur
'giggle *n* • *vb* — rire nerveux; fou rire
  • attraper le fou rire
grin *n* • *vb* — large sourire • faire un ~
gu'ffaw *n* • *vb* [gə'fɔ:] — gros rire • pouffer de rire
jeer (at) *vb* • *n* [dʒɪə] — railler; conspuer • raillerie
joke (at) *vb* • *n* — plaisanter • plaisanterie
laugh *vb* • *n* [lɑ:f] — rire
'laughable — risible
'laughter (*I sing*) — rire
mock • 'mockery — se moquer de • moquerie
'mocking *adj* — moqueur
'ridicule *n* • *vb* ['rɪdɪkju:l] — ridicule • tourner en ridicule
scoff at — tourner en dérision
smile *vb* • *n* — sourire
sneer *vb* • *n* — ricaner • ricanement
'snigger *vb* • *n* — ricaner • petit rire moqueur
tease *vb* • 'teasing *adj* — taquiner • taquin
'titter *vb* • *n* — rire sottement • petit rire sot

You get on my nerves!	*Tu m'énerves!*
My nerves are on edge.	*J'ai les nerfs à vif.*
She gets very worked up.	*Un rien la met dans tous ses états.*
She's a bag / bundle of nerves.	*C'est un paquet de nerfs.*
He kicked up a row! *(fam)*	*Il a fait un de ces foins!*
They've just had a dust-up. *(fam)*	*Ils viennent de se chamailler.*
He is bad-tempered.	*Il est de mauvaise humeur.*
I kept my temper.	*J'ai gardé mon calme.*
He lost his temper.	*Il s'est mis en colère.*
He is in a flaming temper.	*Il est dans une colère noire.*
He has fits of anger / rage.	*Il a des accès de colère.*
He is in a towering rage.	*Il est fou de rage.*
He is beside himself.	*Il est hors de lui.*
I was cross with you.	*J'étais fâché contre toi.*
You drive me mad!	*Tu me mets en fureur!*
Leave me in peace!	*Laisse-moi tranquille!*
I am mad at / with him.	*Je suis furieux contre lui.*
He gave a roar of laughter.	*Il a ri aux éclats.*
He roared with laughter.	*Il a ri à gorge déployée.*
He burst out laughing.	*Il a éclaté de rire.*
Everybody scoffed at my idea.	*Personne n'a pris mon idée au sérieux.*
He gave a guffaw.	*Il a pouffé de rire.*
He gave a chuckle.	*Il a gloussé dans sa barbe.*

C EXPRESSIONS ET LOCUTIONS

He can't take a joke!	*Il ne comprend pas la plaisanterie!*
He who laughs last laughs longest!	*Rira bien qui rira le dernier!*
He was laughing up his sleeve.	*Il riait sous cape.*
You'll be a laughing stock.	*Tu seras la risée de la ville.*
We'll have the last laugh.	*Nous rirons les derniers.*

☞ *mots transparents:*
ab'hor – a'ggressive – ani'mosity – antipa'thetic; an'tipathy –
a'version – de'rision – de'test; de'testable – dis'credit –
in'timidate; intimi'dation – 'menace; 'menacing – 'odious –
'rancour – 'sarcasm; sar'castic

Grief ▲	Le chagrin
'cheerless	*morne, sombre*
de'spair *n* • *vb*	*désespoir* • *désespérer*
'desperate ['desprɪt]	*désespéré; acharné*
despe'ration [despə'reɪʃn]	*désespoir; acharnement*
dis'tress • dis'tressed	*détresse* • *en détresse*
'downcast	*découragé, mélancolique*
gloom • 'gloomy	*mélancolie* • *lugubre*
'hopeless	*sans espoir, désespéré*
'melancholy *adj* • *n* ['melənkəli]	*mélancolique* • *mélancolie*
sigh *n* • *vb* [saɪ]	*soupir* • *soupirer*
sob *n* • *vb*	*sanglot* • *sangloter*
'sorrow • 'sorry	*chagrin* • *chagriné; désolé*
weep *(wept, wept)*	*pleurer*

Aggressivity	L'agressivité
de'fiance ▲ • de'fy [dɪ'faɪ]	*défi* • *défier*
de'ter • de'terrent	*dissuader* • *dissuasion*
for'bidding	*redoutable*
over'awe [əuvə'rɔː]	*intimider*
threat [θret] • 'threaten	*menace* • *menacer*
warn [wɔːn] • 'warning	*avertir* • *avertissement*

Discredit	Le discrédit
base [beɪs]	*vil, bas*
be'little	*dénigrer*
dis'grace *n* • *vb* [dɪs'greɪs]	*disgrâce* • *couvrir de honte*
dis'graceful	*honteux; scandaleux*
'libel ['laɪbl] • 'libellous	*diffamation* • *diffamatoire*
'slander *vb* • *n (I sing)*	*calomnier* • *calomnie*

B ... DANS LEUR CONTEXTE

For pity's sake, stop!	*Par pitié, arrête!*
Have/ Take pity on us!	*Aie pitié de nous!*
More's the pity!	*C'est d'autant plus regrettable!*
It greatly vexed me.	*Cela m'a beaucoup contrarié.*
He's desperate for a job.	*Il ferait n'importe quoi pour trouver du travail*
He is in despair.	*Il est au désespoir.*
The situation is desperate.	*La situation est désespérée.*
She had a nervous breakdown.	*Elle a fait une dépression nerveuse.*
Try to cheer her up!	*Essaie de lui remonter le moral!*
Cheer up!	*Courage!*
I'm in a melancholy mood.	*Je suis d'humeur mélancolique.*
I feel sorry for you.	*Je vous plains.*
She burst into tears.	*Elle a fondu en larmes.*
She gave/ heaved a sigh.	*Elle poussa un soupir.*
She gave a sob.	*Elle eut un sanglot dans la voix.*
I'm concerned about her.	*Je me fais du souci pour elle.*
Her behaviour was shameful.	*Sa conduite était une honte.*
Her behaviour was shameless.	*Elle se comportait de façon éhontée.*
He called me names.	*Il m'a traité de tous les noms.*
He's a disgrace to the Navy.	*Il déshonore la Marine.*

C EXPRESSIONS ET LOCUTIONS

She wept her heart out.	*Elle a pleuré toutes les larmes de son corps.*
I sympathize with all my heart and soul/ from the bottom of my heart.	*Je compatis de tout mon cœur.*
We'll make him laugh on the other side of his face/ mouth.	*On le fera rire jaune.*
It's no laughing matter!	*Il n'y a pas de quoi rire!*
Don't laugh at/ make fun of me!	*Ne te moque pas de moi!*

☞ *mots transparents:*
ac'cept – ad'mit – a'pprove – 'compromise – 'differ

Hatred	**La haine**
ab'horrence • ab'horrent	*exécration • exécrable*
dis'gust *n* • *vb*	*dégoût • dégoûter*
dis'like *vb* • *n*	*détester • antipathie*
dis'taste • dis'tasteful	*répugnance • répugnant*
hate *vb* • *n*	*détester; haïr • haine*
loathe • 'loathsome	*avoir en horreur • répugnant*
'loathing	*répugnance; horreur*
'malice ▲ • ma'licious ▲	*malveillance • malveillant*
ob'noxious	*répugnant*
re'pel • re'pulsive [rɪ'pʌlsɪv]	*repousser • repoussant*
un'bearable	*insupportable; insoutenable*
un'palatable	*amer; dur à accepter*

Agreement ▲	**L'accord**
ac'cept • ac'ceptance	*accepter • acceptation* ▲
ack'nowledge • -ment	*reconnaître • reconnaissance*
ad'mit • ad'mission	*admettre • aveu*
a'gree ▲	*être d'accord; accepter*
a'pproval • a'pprove [ə'pruːv]	*approbation • approuver*
'compromise *n* • *vb*	*compromis • arriver à un compromis*
con'fess • con'fession	*avouer • aveu*
con'sent *vb* • *n* [kən'sɛnt]	*consentir • consentement*

Disagreement	**Le désaccord**
'argue • 'argument ▲	*discuter • discussion*
contra'dict • contra'diction	*contredire • contradiction*
de'nial [dɪ'naɪəl] • de'ny [dɪ'naɪ]	*démenti • démentir; nier*
'difference ▲	*différend*
disa'gree • disa'greement ▲	*être en désaccord • désaccord*
disa'pproval • disa'pprove (of)	*désapprobation • désapprouver*
misunder'stand *(-stood, -stood)*	*mal comprendre*
misunder'standing	*malentendu; mésentente*

23 LE COMPORTEMENT

B ... DANS LEUR CONTEXTE

Shame on you!	*Honte à vous!*
It's a shame!	*C'est une honte!*
I'm sick and tired of you!	*J'en ai assez de toi!*
He couldn't bear her any longer.	*Il ne pouvait plus la supporter.*
How dare you say that!	*Comment oses-tu dire cela!*
We were disgusted at him.	*Il nous a écœurés.*
What a malicious creature!	*Quel individu malveillant!*
He repels me, he's so repulsive!	*Il me dégoûte, il est si répugnant!*
How can you stand him?	*Comment peux-tu le supporter?*
They agreed to go on holiday together.	*Ils se sont mis d'accord pour partir en vacances ensemble.*
I agree with you.	*Je suis d'accord avec vous.*
Agreed!	*D'accord!/ Entendu!*
We hope you will agree with us.	*Nous espérons que vous serez d'accord avec nous.*
We are in agreement.	*Nous sommes d'accord.*
We came to an agreement.	*Nous avons conclu un accord.*
We agreed to differ.	*Chacun est resté sur ses positions.*
A solution was arrived at by common consent.	*On est arrivé à une solution d'un commun accord.*
We came to an understanding.	*Nous en sommes arrivés à un arrangement.*

C EXPRESSIONS ET LOCUTIONS

I hate the sight of him!	*Je ne peux pas le voir!*
I hate his guts! *(fam)*	*Je ne peux pas le voir en peinture!*
He hates her like poison.	*Il la déteste comme la peste.*
They are at daggers drawn.	*Ils sont à couteaux tirés.*
She looked daggers at him.	*Elle l'a foudroyé du regard.*

Disagreement ▲	Le désaccord
ob'ject to	*contester; désapprouver*
ob'jection • ob'jectionable	*objection • contestable*
re'fusal • re'fuse [rɪ'fjuːz]	*refus • refuser*
re'ject • re'jection	*rejeter • rejet*
turn down	*refuser; rejeter*

Quarrelling	Les disputes
'bicker	*se chamailler*
'cavil ['kævɪl]	*chicaner*
'dust-up *(fam)*	*bagarre*
hurt *(hurt, hurt)*	*blesser*
in'sult *vb* • 'insult *n*	*insulter • insulte*
in'sulting	*injurieux*
o'ffence • o'ffend	*offense • offenser*
o'ffensive ▲	*discourtois; impoli; vexant*
'quarrel *vb* • *n* ['kwɔrəl]	*se disputer • dispute*
'quarrelsome	*querelleur*
'quibble *vb* • *n*	*(se) chicaner; ergoter • chicane*
'quibbler	*chicaneur; ergoteur*
re'venge *vb* • *n*	*venger • vengeance*
re'vengeful	*rancunier*
row *(fam)* [rau]	*prise de bec*
rude [ruːd]	*grossier; mal embouché*
squabble *vb* • *n* [skwɒbl]	*se chamailler • chamaillerie*
wound *vb* • *n* [wuːnd]	*blesser • blessure*

□

a'nnoy [ə'nɔɪ]	*agacer*
a'nnoyance	*agacement*
a'nnoying	*agaçant*
an'tagonize	*braquer; contrarier*
blame *vb* • *n*	*reprocher • reproche*
cross *adj* • *vb*	*fâché • contrecarrer*
fall out *(fell, fallen)*	*se brouiller*
falling out	*la brouille*

The couple are a good match.	*Ils font un couple bien assorti.*
She made a good match.	*Elle s'est bien mariée.*
She has found her match.	*Elle a trouvé à qui parler.*
You are prejudiced against me.	*Tu as un parti pris contre moi.*
You have a grudge against me.	*Tu as une dent contre moi.*
You bear me a grudge.	*Tu m'en veux.*
He reproached her for her untidiness.	*Il lui reprochait son désordre.*
He reproached her for being too slack with the children.	*Il lui reprochait d'être trop indulgente avec les enfants.*
Her behaviour was above reproach.	*Sa conduite était irréprochable.*
He took my remark amiss.	*Il a mal pris ma remarque.*
We are speaking at cross-purposes.	*Nous ne sommes pas sur la même longueur d'ondes.*
They are at odds on the matter.	*Ils ne voient pas les choses de la même façon.*
They are at loggerheads.	*Ils sont en désaccord total.*
They disagree about everything.	*Ils ne s'entendent sur rien.*
I can't take any more of you!	*Je ne te supporte plus!*
You ought to be ashamed.	*Tu devrais avoir honte.*
What nonsense!	*Quelles balivernes!*
You're talking rubbish!	*Tu dis n'importe quoi!*
We cannot approve of such behaviour.	*Nous ne pouvons pas approuver un tel comportement.*
We cannot approve the treaty as it stands.	*Nous ne pouvons pas accepter le traité tel quel.*
We object to his nasty remarks.	*Nous ne supportons pas ses remarques désobligeantes.*
I object to him/ his being invited.	*Je m'oppose à ce qu'on l'invite.*
He objected that the plan was unrealistic.	*Il a fait remarquer que le projet paraissait irréalisable.*
Does this meet your objection?	*Est-ce que cela répond à votre objection?*
She's a most objectionable person.	*C'est une personne peu recommandable.*

☞ *mots transparents:*
con'cede; con'cession – con'ciliate – con'viction – dis'suade;
dis'suasion – per'suade; per'suasion – 'reason; 'reasonable –
reco'mmend; recommen'dation

Quarrelling   ## Les disputes

in'dignant • indig'nation   *indigné • indignation*
re'proach *vb* • *n*   *reprocher • reproche*
up'set *(upset, upset)* • 'upset   *contrarier • contrariété*
vex ▲ • ve'xacious   *contrarier; fâcher*
                                   • contrariant

Making it up   ## La réconciliation

apolo'getic ▲   *qui demande pardon;*
                                   qui exprime le regret
a'pologize   *présenter des excuses*
a'pology *(plur* apologies) ▲   *excuses; regrets*
a'shamed   *honteux*
calm down   *(se) calmer*
con'trol oneself   *se maîtriser*
cool down   *(se) calmer*
for'give *(forgave, forgiven)*   *pardonner*
for'giveness   *pardon*
soothe   *apaiser*

Persuasion   ## La persuasion

ad'vice *(I sing)* [əd'vaɪs] ▲   *conseil(s)*
ad'visable [əd'vaɪzɪbl]   *à conseiller; prudent*
ad'vise [əd'vaɪz] ▲   *conseiller*
'advocate ['ædvəkeɪt]   *recommander*
con'vince • con'viction   *convaincre • conviction*
in'duce • in'ducement   *inciter • incitation*
pre'scribe [prə'skraɪb]   *préconiser*
sug'gest • sug'gestion   *suggérer • suggestion*

216

People blame the government for not taking steps.	*On accuse le gouvernement de ne pas avoir pris des mesures.*
Don't put the blame on me!	*Ce n'est pas de ma faute!*
We're not on speaking terms.	*Nous ne nous parlons plus.*
It was just a lovers' tiff.	*C'était juste une querelle d'amoureux.*
They made (it) up.	*Ils se sont réconciliés.*
They made amends.	*Ils ont fait amende honorable.*
Please forgive me for losing my temper.	*Pardonne-moi de m'être mis en colère.*
Let's make friends/ peace!	*Faisons la paix!*
No hard feelings!	*Sans rancune!*
You were right/ wrong.	*Tu avais raison/ tort.*
I'm sorry.	*Je suis désolé.*
I regret saying that.	*Je regrette d'avoir dit cela.*
I regret to say this.	*Je regrette d'avoir à dire ceci.*
I apologize.	*Je te prie de m'excuser.*
I am ashamed of myself.	*J'ai honte de moi.*
Both parties rejected/ turned down the peace proposals.	*Les deux parties en présence ont rejeté les propositions de paix.*
They turned down our invitation.	*Ils ont décliné notre invitation.*
We've misunderstood each other.	*Nous nous sommes mal compris.*
There's been a slight misunderstanding about this.	*Il y a eu un petit malentendu à ce propos.*
I need some advice.	*J'ai besoin de conseils/ d'un conseil.*
I can give you two pieces of advice.	*Je peux te donner deux conseils.*
He is my legal adviser.	*C'est mon conseiller juridique.*
He advised me to see a doctor.	*Il m'a conseillé de voir un médecin.*
It would be advisable to see a doctor.	*Il serait sage de voir un médecin.*
He advised/ warned me against seeing a healer.	*Il m'a déconseillé de voir un guérisseur.*

Dissuasion

ban *vb* • *n* ▲

bar *vb* • *n* [bɑ:]
de'ter • de'terrent
dis'courage • dis'couragement
for'bid *(forbade, forbidden)*
'hinder • 'hindrance
hitch [hɪtʃ]
pre'vent ▲ • pre'vention ▲
'veto *n* • *vb* [vi:təʊ]

Belief

a'ssume [ə'sju:m] ▲
be'lief *(plur* beliefs) • believe
con'fiding [kən'faɪdɪŋ]
'credible • credi'bility
cre'dulity • 'credulous
'gullible • gulli'bility
trust *vb* • *n*
'trustful
un'questionable

Disbelief

dis'trust *vb* • *n*
dis'trustful
doubt *vb* • *n* [daʊt]
'doubtful
incre'dulity • in'credulous
mis'trust *vb* • *n*
mis'trustful
'question ['kwestʃən]
'sceptic *(GB);* 'skeptic *(US)*
'sceptical *(GB);* 'skeptical *(US)*
su'spect *vb* • 'suspect *adj* • *n*
su'spicion • su'spicious
'wariness • 'wary [wɛəri]

La dissuasion

interdire officiellement
 • interdiction
interdire • interdiction
dissuader • dissuasion
décourager • découragement
interdire
empêcher • empêchement
hic
empêcher • empêchement
veto • mettre son veto à

La confiance

présumer; supposer
croyance • croire
confiant
crédible; croyable • crédibilité
crédulité • crédule
crédule • crédulité
se fier à • confiance
confiant
indiscutable; incontestable

L'incrédulité

se défier • défiance ▲
défiant ▲
douter • doute
circonspect
incrédulité • incrédule
se méfier • méfiance
méfiant
mettre en doute; contester
sceptique n
sceptique adj
soupçonner • suspect
soupçon • soupçonneux; suspect
circonspection • circonspect

I would not advocate taking such a drastic step.	Je ne recommanderais pas de prendre une mesure aussi draconienne.
You ought to / should fly.	Tu devrais prendre l'avion.
The best would be to fly.	Le mieux serait de prendre l'avion.
You had better fly.	Tu ferais mieux de prendre l'avion.
You had better not drive in this weather.	Tu ferais mieux de ne pas conduire par ce temps.
It might be a good idea to fly.	Ce serait peut-être une bonne idée de prendre l'avion.
I believe so / not.	Je crois que oui / que non.
It's hard to believe.	C'est difficile à croire.
She would believe anything.	Elle croirait n'importe quoi.
Does she still believe in Santa Claus?	Est-ce qu'elle croit toujours au Père Noël?
I couldn't believe my eyes.	Je n'en croyais pas mes yeux.
It's my belief that he is lying.	J'ai l'impression qu'il ment.
I'm a great believer in fresh air.	Je crois beaucoup aux bienfaits du grand air.
I have no confidence in him.	Je n'ai aucune confiance en lui.
I am convinced that the elections were rigged.	Je suis persuadé que les élections ont été truquées.
She was given the credit for winning the elections.	On a dit que les élections avaient été gagnées grâce à elle.
You can't go by what he says.	Tu ne peux pas te fier à ce qu'il dit.
You can't trust him.	On ne peut pas lui faire confiance.
She's a very trustful child.	C'est une enfant très confiante.
She has faith in healers.	Elle croit aux guérisseurs.
You're kidding!	C'est une blague!
I'm not taken in.	Je n'en suis pas dupe.
Did she phone yesterday? I doubt it very much.	Est-ce qu'elle a téléphoné hier? J'en doute fort.
I don't question her integrity.	Je ne doute pas de son intégrité.

219

A   LES MOTS...

☞ *mots transparents:*
de'spotic – im'pose; im'posing – ob'sequious – per'mission; per'mit – pro'hibit; prohi'bition

Promises	Les promesses
bind [baɪnd] *(bound, bound)*	*lier*
co'mmit oneself • **co'mmitment**	*s'engager* • *engagement*
oath [əʊθ]	*serment*
pledge *vb* • *n*	*jurer* • *promesse solennelle*
'promise *vb* • *n*	*promettre* • *promesse*
swear [swɛə] *(swore, sworn)*	*jurer*
'undertake *(-took, -taken)*	*s'engager*
vow *n* • *vb* [vaʊ]	*vœu (solennel)* • *jurer*

Authority	L'autorité
a'llow [ə'laʊ]	*permettre*
claim *vb* • *n*	*revendiquer* • *revendication*
co'mmand *vb* • *n*	*ordonner* • *commandement*
co'mmanding	*impérieux; imposant*
de'mand *vb* • *n*	*exiger* • *exigence; réclamation*
de'manding	*exigeant*
domi'neer • **domi'neering** *adj*	*dominer; régenter* • *autoritaire; dominateur*
'order *vb* • *n*	*ordonner* • *ordre*
per'mit *vb* • **'permit** *n*	*permettre* • *permis; permission*
re'quire • **re'quirement**	*exiger* • *exigence*
rule *vb* • *n*	*diriger* • *règle*
'summon	*convoquer; mander*
'summons *(plur* **'summonses)**	*convocation*
will • **'willpower** *(I sing)*	*volonté*

Submission	La soumission
beg	*prier*
com'pliance • **com'pliant**	*docilité* • *docile; accommodant*
com'ply with	*se plier à*
heed *n* • *vb*	*attention* • *faire attention à*
o'bedience ▲ • **o'bey**	*obéissance* • *obéir (à)*

This document is binding.	*Nous sommes liés par ce document.*
They promised to buy the house.	*Ils ont promis d'acheter la maison.*
We have committed ourselves to selling the house.	*Nous nous sommes engagés à vendre la maison.*
There is a commitment to sell.	*Il y a promesse de vente.*
He's a committed journalist.	*C'est un journaliste engagé.*
The government has refused to commit itself on income tax cuts.	*Le gouvernement a refusé de s'engager à diminuer les impôts.*
He swore not to do it again.	*Il a juré de ne pas recommencer.*
He was as good as his word.	*Il a tenu parole.*
He can't break his word now.	*Il ne peut pas ne pas tenir parole maintenant.*
He pledged his honour.	*Il a promis sur son honneur.*
He honoured his pledge.	*Il a tenu sa promesse.*
They went back on their word.	*Ils se sont dédits (de leur promesse).*
He likes to have his own way.	*Il n'en fait qu'à sa tête.*
You can't impose such conditions on me!	*Vous ne pouvez m'imposer de telles conditions.*
I refuse to lie down to him.	*Je refuse de m'incliner devant lui.*
I won't be at his beck and call.	*Je refuse d'être taillable et corvéable à merci.*
He lays down the law everywhere.	*Il fait partout la pluie et le beau temps.*
You submitted too easily.	*Tu as cédé trop facilement.*

C EXPRESSIONS ET LOCUTIONS

She had to resign herself to playing second fiddle.	*Elle a dû se résigner à ne jouer qu'un rôle subalterne.*
Keep a stiff upper lip!	*Essaie de garder le sourire!*

☞ *mots transparents:*

calm – determi'nation; de'termine(d) – imper'turbable – inde'cision – 'placid; pla'cidity – reso'lution – se'rene; se'renity – 'temperance; 'temperate – 'tranquil; tran'quillity

Submission	La soumission
ob'sequious • ob'sequiousness	*obséquieux • obséquiosité*
plea • plead	*supplication • supplier*
re'quest *vb* • *n*	*demander • demande (courtoise)*
re'sign oneself [rɪ'zaɪn]	*se résigner*
resig'nation [rezɪg'neɪʃn]	*résignation*
sub'missive • sub'missiveness	*docile; soumis • docilité*
sub'mit • sub'mission	*(se) soumettre • soumission*
yield [jiːld]	*céder*

Decision	La décision
choose *(chose, chosen)*	*choisir*
eager • 'eagerness	*désireux • désir ardent*
firm • 'firmness	*ferme • fermeté*
'obstinacy • 'obstinate	*obstination • obstiné*
'resolute • re'solve	*décidé • se résoudre*
settle • 'settlement	*régler; trancher • règlement*
'stubborn • 'stubbornness	*opiniâtre • opiniâtreté*

Indecision	L'indécision
doubt *n* • *vb* [daʊt]	*doute • douter*
'falter [fɒltə]	*faiblir*
'hesitate	*hésiter*
stall [stɔːl]	*atermoyer*
unde'cided	*indécis*
'waver ['weɪvə]	*hésiter; vaciller*

Self-control	La maîtrise de soi
com'posure [kəm'pəʊzə]	*maîtrise de soi*
im'passive	*impassible*
poise [pɔɪz]	*assurance; calme*
self-re'straint	*retenue; modération*

I'll soon put a stop to that!	*J'y mettrai bientôt bon ordre.*
The government has banned the demonstration.	*Le gouvernement a interdit la manifestation.*
He was barred from taking part in the Games.	*Il lui a été interdit de participer aux Jeux.*
That settles that!	*La question est réglée!*
I couldn't bring myself to speak to him about it.	*Je n'ai pas pu me résoudre à lui en parler.*
He's playing for time.	*Il essaie de gagner du temps.*
I'm at a loss to know what to do!	*Je ne sais que faire!*
I was loath/ loth to leave.	*Je n'avais aucune envie de partir.*
I'm reluctant to move.	*Je n'ai pas envie de bouger.*

C   EXPRESSIONS ET LOCUTIONS

No trespassing!	*Défense d'entrer!*
Keep off the grass.	*Défense de marcher sur l'herbe.*
God forbid!	*Dieu nous en garde!*
God forbid that I should ever find myself in such a situation!	*Que Dieu me garde de me trouver dans une telle situation!*
Never put off till tomorrow what you can do today.	*Ne remets pas au lendemain ce que tu peux faire le jour même.*
Better safe than sorry.	*Prudence est mère de sûreté.*
Wait to see how the wind blows.	*Attends de voir d'où vient le vent.*
Let's first see how the land lies!	*Tâtons le terrain d'abord!*
Cool down!	*Calme-toi!*
Keep cool!	*Garde ton sang-froid!*
Play it cool. *(fam)*	*Pas de panique!*
Keep your head!	*Garde la tête froide!*
Keep your hair on! *(fam)*	*Du calme!*
He was as cool as a cucumber.	*Il était on ne peut plus calme.*

Inarticulate sounds	**Les sons inarticulés**
bawl (out)	*brailler*
'bellow *vb* • *n*	*rugir* • *rugissement*
cheer *vb* • *n* [tʃɪə]	*acclamer* • *acclamation*
chuckle [tʃʌkl]	*glousser*
cry *vb* • *n*	*crier; pleurer* • *cri; crise de larmes*
giggle *n* • *vb*	*fou rire* • *avoir le fou rire*
growl *vb* • *n* [graʊl]	*grogner* • *grognement*
grunt *vb* • *n* [grʌnt]	*grogner* • *grognement (bref)*
howl *vb* • *n* [haʊl]	*hurler* • *hurlement*
roar *vb* • *n* [rɔ:]	*rugir* • *rugissement*
scream *n* • *vb*	*cri perçant* • *(pousser un ~)*
screech *n* • *vb* [skri:tʃ]	*cri strident* • *(pousser un ~)*
shout *vb* • *n* [ʃaʊt]	*crier* • *cri*
shriek *n* • *vb*	*cri aigu* • *(pousser un ~)*
squeal *n* • *vb* [skwi:l]	*cri perçant* • *couiner*
'whisper *vb* • *n*	*chuchoter; murmurer* • *chuchotement; murmure*
yell *vb* • *n*	*hurler* • *hurlement*

The voice of discontent	**La voix du mécontentement**
'blubber ['blʌbə]	*pleurer comme un veau*
groan *vb* • *n* [grəʊn]	*gémir* • *gémissement*
'grumble ['grʌmbəl]	*ronchonner*
la'ment *vb* • *n*	*se lamenter* • *lamentation*
moan *vb* • *n*	*gémir* • *gémissement; plainte*
sigh *vb* • *n* [sai]	*soupirer* • *soupir*
'snivel *vb* • *n* ['snɪvl]	*pleurnicher* • *plainte*
sob *vb* • *n*	*sangloter* • *sanglot*
wail *vb* • *n* [weɪl]	*vagir; se lamenter* • *vagissement; lamentation*
weep (*wept, wept*)	*pleurer*
'whimper *vb* • *n*	*geindre* • *cri plaintif*
whine *vb* • *n* [waɪn]	*gémir* • *gémissement*

B ... DANS LEUR CONTEXTE

the English-speaking countries	*les pays anglophones*
the gift of speech	*le don de la parole*
I was speechless.	*J'en suis resté sans voix.*
the deaf-and-dumb	*les sourds-muets*
He has lost his voice.	*Il est aphone.*
His voice is just a croak.	*Il n'a presque plus de voix.*
She uttered a cry.	*Elle a poussé un cri.*
Have a good cry!	*Pleure un bon coup!*
I had a good chuckle!	*J'en ai bien ri (dans ma barbe)!*
She cried out with pain.	*Elle criait de douleur.*
He grumbles at everything.	*Il ronchonne contre tout.*
He let out a grunt.	*Il a émis un grognement.*
She had a fit of (the) giggles.	*Elle a eu le fou rire.*
It's the giggling age.	*C'est l'âge des fous rires.*
They gave a howl/ a scream, etc.	*Ils ont poussé un hurlement/ un cri perçant, etc.*
They are always shouting for money.	*Ils réclament toujours de l'argent.*
He was quickly shouted down.	*Il a dû se taire sous les huées.*
He keeps shouting at me.	*Il ne cesse de crier contre moi.*
She shouted for joy.	*Elle criait de joie.*
He shouted at the top of his voice.	*Il a crié de toutes ses forces.*

C EXPRESSIONS ET LOCUTIONS

He ground his teeth.	*Il grinça des dents.*
He howled blue murder.	*Il hurlait comme si on l'égorgeait.*
I feel I'm just a voice crying in the wilderness.	*J'ai l'impression de prêcher dans le désert.*
His mother tongue is English.	*Sa langue maternelle est l'anglais.*

The tone of voice	Le timbre de la voix
'booming	*tonitruant; tonnant*
deep	*grave*
'high-pitched	*aigu*
'hissing	*sifflant*
hoarse [hɔːs]	*rauque* ▲
'husky ['hʌski]	*voilé*
'grating ['greitɪŋ]	*grinçant*
loud [laʊd]	*fort*
'low-pitched	*grave*
'piping ['paɪpɪŋ]	*flûté*
'quavering ['kweivrɪŋ]	*chevrotant*
'rasping	*grinçant*
'raucous ['rɔːkəs] ▲	*éraillé*
shrill	*strident*
'singsong *adj (péj)*	*monotone*
'snarling	*hargneux*
soft	*doux*

The enunciation	L'énonciation
babble *vb • n*	*(a) gazouiller (b) bredouiller (c) jacasser • (a) gazouillis (b) brouhaha*
drawl *n • vb* [drɔːl]	*voix traînante • parler d'une voix traînante*
gabble	*jacasser; bafouiller*
lisp *vb • n*	*zézayer • zézaiement*
mumble *vb • n* [mʌmbl]	*marmonner • marmonnement*
'mutter *vb • n* ['mʌtə]	*grommeler • grommellement*
'nasal ['neɪzl]	*nasillard*
prattle *vb • n*	*babiller • babil*
'stammer *vb • n*	*bégayer • bégaiement*
'stutter *vb • n* ['stʌtə]	*bégayer • bégaiement*
twangy ['twæŋi]	*nasillard*

Baby-talk can be charming.	*Le langage enfantin peut être charmant.*
The baby's at the babbling/ prattling stage.	*Le bébé commence à gazouiller.*
He talked himself hoarse.	*Il s'est enroué à force de parler.*
Hold your tongue!	*Tais-toi!*
She has a grating voice that grates on my nerves.	*Elle a une voix de crécelle qui me tape sur les nerfs.*
He hems and haws all the time.	*Il ne cesse de bafouiller.*
He rapped out his orders.	*Il aboyait ses ordres.*
Don't slur your words!	*Ne mâchonne pas tes mots!*
Speak up! I can't hear you.	*Parle plus fort! je ne t'entends pas.*
Don't mumble like that!	*Ne parle pas entre tes dents!*
He muttered a few words under his breath and left the room.	*Il a grommelé quelques mots dans sa barbe, puis il est sorti.*
Don't speak so loud!	*Ne parle pas si fort!*
He has rather a singsong voice.	*Il a une voix plutôt monocorde.*
She is very quiet.	*Elle ne parle pas beaucoup.*
She has a very soft voice.	*Elle a la voix très douce.*
She speaks very softly.	*Elle parle très doucement.*
Speak to her gently!	*Ne la brusque pas!*
He clips his words.	*Il hache ses mots.*
He has a Texan drawl.	*Il a l'accent traînant du Texas.*
She has a New York twang.	*Elle a l'accent nasillard de New York.*
He has a very bad stammer.	*Il bégaie terriblement.*
He has a slight lisp.	*Il a un léger zézaiement.*
She has a lilt/ a lilting voice.	*Elle a un joli accent chantant.*
He was so nervous he could only stammer out a few words.	*Il se trouvait si intimidé qu'il ne pouvait que bégayer quelques mots.*
He was stuttering with rage.	*Il bégayait de colère.*

☞ *mots transparents:*
conver'sation; con'verse –'discourse – ex'claim; excla'mation –
ha'rangue – 'murmur – re'served – 'rhetoric; rhe'torical –
'silence; 'silent – 'taciturn; taci'turnity

Loquacity

chat *vb* • *n*
'chatter *(péj)* *vb* • *n* *(I sing)*
'chatterbox
'gibber ['dʒibə] • 'gibberish
'gossip *vb* • *n*

'jabber [dʒæbə]
'lecture *n* • *vb* ['lektʃə]

preach *(fig)*
'rambling
rant *(péj)*
rave [reiv]
'silent ['sailənt]
'speechify *(péj)*
spout *(fam)*
'talkative

La loquacité

bavarder • *conversation*
bavarder • *bavardage*
moulin à paroles
baragouiner • *charabia*
cancaner • (a) *commère*
  (b) *ragot*
bavarder; *jacasser*
sermon *(fig)* • *chapitrer;*
  sermonner
prêcher
décousu; *filandreux*
déclamer
délirer
silencieux
pérorer
faire un topo
bavard

The language of discussion

a'ccount • a'ccount for
a'llude to • a'llusion
con'clude • con'clusion
de'duce • de'duction
'emphasis • 'emphasize
ex'plain • expla'nation
ex'pound [eks'paund]
ex'press • ex'pression
hint *n* • *vb* (~ at)
mean • 'meaning
'meaningless
point *n* • *vb* (~ to)

Le langage de la discussion

compte rendu • *expliquer*
faire allusion à • *allusion*
conclure • *conclusion*
déduire • *déduction*
emphase; insistance • *souligner*
expliquer • *explication*
exposer ▲
exprimer • *expression*
allusion • *faire allusion* (~ à)
signifier • *signification*
sans signification
point; sujet • *indiquer*

B ... DANS LEUR CONTEXTE

Let's have a chat about things!	*Si on en discutait ensemble!*
We've had a nice, long chat.	*Nous avons bien bavardé.*
She gushes over everything.	*Elle s'extasie sur tout.*
She's a real gossip!	*C'est une vraie concierge!*
She loves a good piece of gossip.	*Elle adore les commérages.*
She's a scandalmonger.	*C'est une mauvaise langue.*
He's always holding forth on something.	*Il est toujours à pérorer sur quelque chose.*
I wish he would stop maundering!	*Ce qu'il peut être filandreux!*
I want to have my say.	*J'ai mon mot à dire.*
I want to voice my opinion.	*Je veux faire entendre mon opinion.*
Don't be afraid to speak out.	*N'aie pas peur de dire ce que tu as sur le cœur!*
Speak your mind!	*Dis franchement ce que tu en penses!*
He is very outspoken.	*Il a son franc-parler.*
He blurted out the news.	*Il a lâché l'information sans le vouloir.*
Try to hush him.	*Essaie de le faire taire.*
He has a glib tongue.	*Il a la langue bien pendue.*
He's got a ready tongue.	*Il a la parole facile.*
He is very articulate.	*Il s'exprime très clairement.*
It's just a lot of talk!	*Ce ne sont que des racontars!*
You're talking a lot of nonsense!	*Tu parles pour ne rien dire!*
Let's talk it over.	*On peut en discuter.*
She did all the talking.	*On n'entendait qu'elle.*
Now you're talking!	*Voilà qui est parler!*

C EXPRESSIONS ET LOCUTIONS

They are not on speaking terms.	*Ils ne s'adressent plus la parole.*
We made small talk.	*Nous avons papoté/ parlé de tout et de rien.*
It was the talk of the town.	*Toute la ville en parlait.*

☞ *mots transparents:*
'dialect; dia'lectic – 'linguist; lin'guistic; lin'guistics

The language of discussion

	Le langage de la discussion
re'fer to	*faire allusion à*
re'peat	*répéter*
'standpoint	*point de vue*
stance [stæns]	*position*
stress *vb • n*	*insister sur • insistance*
'underline	*souligner*

The level of language

	Le niveau de langue
co'lloquial; fa'miliar	*familier*
'formal	*officiel; littéraire; soutenu*
'lingo *(fam)* ['lɪŋgəʊ]	*jargon; langue du pays*
slang • 'slangy	*argot • argotique*
backslang	*verlan*
the ver'nacular	*la langue du pays*

Linking phrases

	Les liens du discours
all in all	*tout compte fait*
all the more so as	*d'autant plus que*
al'though [ɒl'ðəʊ]	*bien que*
'certainly	*très certainement*
de'spite; in spite of	*malgré; en dépit de*
'doubtless ['daʊtlɪs]	*sans doute; probablement*
no doubt [daʊt]	*sans doute; probablement*
without doubt	*sans nul doute*
'owing to	*à cause de*
thanks to	*grâce à*
that's why	*c'est pourquoi*
'therefore ['ðeəfɔː]	*par conséquent*
though [ðəʊ]	*quoique*
to my mind } in my opinion } in my view }	*à mon avis*

He gave an exhaustive account of the situation.	*Il a fait un rapport complet de la situation.*
We are at a loss to account for his disappearance.	*Nous sommes dans l'impossibilité d'expliquer sa disparition.*
We must take his age into account.	*Nous devons tenir compte de son âge.*
We must consider the issue from all angles.	*Nous devons examiner le problème sous tous ses angles.*
The point at issue is this.	*Voici ce dont il s'agit.*
I want to stress this point.	*Je dois insister là-dessus.*
I must point out that nothing has been done so far.	*Je dois faire remarquer que rien n'a été fait jusqu'ici.*
I must stress that the economic situation is bad.	*Je dois souligner que la situation économique est mauvaise.*
Everything points to someone having been given inside information.	*Tout indique qu'il y a eu des complices à l'intérieur.*
I'm not referring to anyone in particular.	*Je ne fais allusion à personne en particulier.*
He dropped me a hint about it.	*Il me l'a laissé entendre.*
I took the hint.	*J'ai compris à demi-mot.*
He hinted at the possibility of a war.	*Il a évoqué la possibilité d'une guerre.*
We lay/ put great emphasis on loyalty.	*Nous accordons une importance particulière à la loyauté.*
That is beside the point.	*Ceci est en dehors du sujet.*
We have practically exhausted the subject now.	*Nous avons pratiquement épuisé le sujet maintenant.*
I must refer this question to my superior.	*Il faut que j'en réfère à mon supérieur.*
His English is very formal.	*Il parle un anglais très châtié.*

Types of school	Types d'établissement
'playgroup; playschool	*crèche; halte-garderie*
'kindergarten	*jardin d'enfants*
'infant/ nursery school	*école maternelle*
ele'mentary/ 'primary school *(GB)*	*école primaire*
grade school *(US)*	*école primaire*
'secondary school	*école secondaire*
'secondary 'modern school	*lycée moderne*
'grammar school *(GB)*; high school *(US)*	*lycée*
junior secondary *(GB)*; junior high school *(US)*	*C.E.S.*
compre'hensive school	*lycée polyvalent*
'coed (= coedu'cational) school	*école/ lycée/ collège mixte*
'technical school/ 'college	*lycée technique*
poly'technic (school) ▲	*I.U.T.*
denomi'national school	*école confessionnelle*
non-denomi'national school	*école laïque*
'boarding school	*école avec internat*
'day school	*externat*
'private school	*école privée*
pre'paratory school *(GB)*	*école primaire privée*
'public school	*école secondaire privée (GB); école publique (US)*
'fee-paying school	*établissement payant*

Pupils

Les élèves

'schoolboy	*écolier; lycéen*
'schoolgirl	*écolière; lycéenne*
'scholar [ˈskɒlə]	*(a) écolier (b) boursier*
'boarder	*interne*
'day pupil	*externe*
'bursar • 'bursary; 'scholarship	*boursier • bourse d'études*
grant	*bourse (d'État)*

She goes to playschool.	*Elle va à la crèche.*
She's at school now.	*Elle est à l'école en ce moment.*
She goes to a private school.	*Elle est inscrite dans un établissement privé.*
He is being educated at a state school.	*Il va à une école d'État.*
She attends a kindergarten.	*Elle est au jardin d'enfants.*
The infant/ nursery school opens up children's minds.	*L'école maternelle ouvre l'esprit des enfants.*
The elementary or primary school begins to fill their minds.	*L'école primaire commence à leur remplir l'esprit.*
They learn the 3 R's (= Reading, wRiting and aRithmetic).	*Ils apprennent les trois matières de base (la lecture, l'écriture et le calcul).*
He will go to public school now.	*Il ira faire ses études secondaires dans un établissement privé et indépendant – et très cher!*
All public schools are fee-paying in Britain.	*Toutes les "public schools" sont payantes en Grande-Bretagne.*
He is in the first form *(GB)*/ sixth grade *(US)*.	*Il est en sixième.*
He is in the first grade *(US)*.	*Il est en cours préparatoire.*
She is in the sixth form *(GB)*/ 12th grade *(US)*.	*Elle est en terminale.*

D SO THEY SAY...

"Education makes a people easy to lead, but difficult to drive; easy to govern but impossible to enslave." *(Lord Brougham)*	*"L'instruction fait qu'un peuple est facile à mener, mais difficile à contraindre; facile à gouverner mais impossible à réduire en esclavage."*

The staff

'archivist ['ɑːkɪvɪst]
'bursar ['bɜːsə] ▲
'headmaster; 'principal
'headmistress
li'brarian ▲
'primary school 'teacher
'secondary school 'teacher

Le personnel enseignant

documentaliste
intendant; économe
directeur; proviseur
directrice
bibliothécaire
instituteur; institutrice
professeur du secondaire

Teaching and learning

co'rrect *adj* • *vb*
cram
'impo *(abrév* impo'sition*)*
learn
mark *n* • *vb*
re'port
'study *vb* • *n*
teach *(taught, taught)*
train • 'training

Enseigner et apprendre

juste • *corriger*
bûcher
devoir supplémentaire
apprendre
note • *noter*
bulletin trimestriel
étudier • *étude*
enseigner
former • *formation*

Organization

class
form *(GB);* grade *(US)*
'lesson
'period [piːrɪəd]

L'organisation

(a) classe (b) cours
classe; division
(a) leçon (b) cours
"heure" de cours

School stationery

'ball-point (pen)
'blotting paper
e'rase • ink e'raser
'felt-tip (pen)
'fountain pen
pen case

Les fournitures scolaires

stylo à bille
buvard
effacer • *effaceur d'encre*
feutre
stylo (à plume)
trousse

In our educational system, school attendance is compulsory.	Dans notre système éducatif l'école est obligatoire.
State schools are free.	L'école publique est gratuite.
School-leaving age is decided by the Ministry.	C'est le ministère qui décide de l'âge de fin de scolarité.
Take the sponge and wipe the blackboard!	Prenez l'éponge et effacez le tableau!
Have you many schoolfriends?	As-tu beaucoup de copains à l'école?
They are schoolmates/ schoolfellows of his, but they are not all real chums.	Ce sont des garçons qu'il connaît à l'école, mais tous ne sont pas des copains.
He is having remedial classes.	Il a des cours de rattrapage.
He doesn't want to be the dunce of the class.	Il ne veut pas être le cancre de la classe.
The schoowl year is divided into three terms.	L'année scolaire se divise en trois trimestres.
I was not often kept in.	Je n'ai pas souvent été en retenue.
I have a good time-table.	J'ai un bon emploi du temps.
We have too many subjects on the curriculum/ syllabus.	Nous avons trop de matières au programme.
My parents won't be pleased when they see my term report!	Mes parents ne seront pas contents quand ils verront mon bulletin trimestriel!
They say they were taught how to spell better!	Ils prétendent qu'on leur avait mieux enseigné l'orthographe!
They want me to take private lessons to improve my level.	Ils veulent que je prenne des leçons particulières pour améliorer mon niveau.
We have our break at 11 o'clock.	Nous avons la récréation à 11 heures.
School will break up on 8 July.	Les cours seront terminés le 8 juillet.
Then it will be the summer holidays (GB)/ vacations (US)!	Puis ce sera les grandes vacances!

School stationery	**Les fournitures scolaires**
'pencil	*crayon*
'pencil 'sharpener	*taille-crayon*
'rubber ['rʌbə]	*gomme*
'ruler ['ru:lə]	*règle*

card-'index *n* • *vb*	*fichier* • *ficher*
'copybook; 'exercise-book	*cahier*
'diary ['daɪəri]	*agenda*
'dictionary ['dɪkʃənri]	*dictionnaire*
'textbook	*manuel*

file *vb* • *n* [faɪl]	*classer* • *classeur; dossier*
'folder	*chemise*
glue; paste *n* • *vb*	*colle* • *coller*
'label *n* • *vb* ['leɪbl]	*étiquette* • *étiqueter*
'loose-leaf 'binder	*classeur à feuilles mobiles*
'notebook	*carnet*
'paper	*(a) papier (b) copie; devoir*
sheet of 'paper	*feuille de papier*
'tracing paper	*papier à décalquer*
'writing pad	*bloc-notes*

'paintbox	*boîte de couleurs*
'paintbrush	*pinceau*

'pocket 'calculator	*calculette*
'paper clip	*trombone*
(pair of) 'compasses *(I plur)*	*compas*
pro'tractor	*rapporteur*
square [skwɛə]	*équerre*
staple *n* • *vb* [steɪpl]	*agrafe* • *agrafer*
'stapler	*agrafeuse*

School furniture	**Le mobilier scolaire**
desk	*table; pupitre; bureau*
seat	*chaise; place*

The premises	**Les locaux**
'classroom	*salle de classe*
'cloakroom	*vestiaire*
'dining hall	*réfectoire*
'dormitory	*dortoir*
gym'nasium	*gymnase*
'library ['laɪbrəri] ▲	*bibliothèque*
'multipurpose room	*salle polyvalente*
'playground	*cour de récréation*
'prep room; study	*salle d'étude*
'staff room	*salle des professeurs*
'sports grounds *(I plur)*	*terrain(s) de sports*
'workshop	*atelier*

Equipment	**L'équipement**
'blackboard	*tableau noir*
'paperboard; 'flipboard	*tableau à feuilles mobiles*
'platform	*estrade*
'overhead pro'jector	*rétroprojecteur*
❏	
chalk *(I sing)*	*craie*
'duster	*chiffon*
sponge [spʌndʒ]	*éponge*
❏	
'bookcase	*bibliothèque (meuble)*
com'puter	*ordinateur*
map	*carte géographique*
pro'jector	*projecteur*
slide	*diapositive*
'tape re'corder	*magnétophone*
'video re'corder	*magnétoscope*

25 EDUCATION

A LES MOTS...

☞ *mots transparents:*

'algebra – a'rithmetic – bi'ology – 'decimal– 'discipline – 'fraction – ge'ography – ge'ology– ge'ometry – 'grammar – gym'nasium – 'history – in'firmery – la'boratory – 'literature – 'logic – maths (= mathe'matics) *(I plur)* – meta'physics *(I plur)* – multipli'cation; 'multiply – phi'losophy – psy'chology – 'science – soci'ology – tech'nology – trigo'nometry – zo'ology

Schoolwork	**Le travail scolaire**
'botany	*botanique*
'chemist ['kemist] • 'chemistry	*chimiste • chimie*
'civics *(I plur)* ['sıvıks]	*instruction civique*
the 'classics	*latin et grec*
count • 'counting	*calculer • calcul*
dic'tate • dic'tation	*dicter • dictée*
draw *(drew, drawn)* • 'drawing	*dessiner • dessin*
eco'nomics *(I plur)*	*économie*
gym *(abrév* **gymnastics)** [dʒɪm]	*gymnastique*
'handicrafts *(I plur)*	*travail manuel*
'homework *(I sing)*	*devoirs à la maison*
'modern/ 'classical 'languages	*langues vivantes/ mortes*
'physicist • 'physics *(I plur)*	*physicien ▲ • physique*
prep (= prepa'ration)	*travail fait en étude*
PT / PE *(abrév* **'Physical 'Training/ Edu'cation)**	*éducation physique*
spell • 'spelling	*orthographier • orthographe*
❐	
add • a'ddition	*additionner • addition*
sub'tract • sub'traction	*soustraire • soustraction*
di'vide • di'vision	*diviser • division*
'decimal point	*virgule décimale*
ex'ponent	*exposant*
square root	*racine carrée*
graph	*graphique*
curve [kɜːv]	*courbe*
❐	
exam (= exami'nation)	*examen; composition*

Behaviour

be'have oneself
crib
late • 'lateness
'restless • 'restlessness
talk • 'talkative • 'talking
'truancy [truənsi]
◻

belt *n* • *vb*

cane
ex'pel • expulsion
keep in *(kept, kept)*
'punish • 'punishment

Higher education

'college

'art 'college
'military 'college
'teachers' 'training 'college
the Arts/ Law/ 'Science/
 'Medical 'faculty
uni'versity
uni'versity de'partment

The academics

dean
head of a de'partment
'lecturer
a'ssistant 'lecturer
pro'fessor
'tutor

La conduite

bien se conduire
copier; communiquer
en retard • retard
agité • agitation
bavarder • bavard • bavardage
l'absentéisme injustifié

*courroie • corriger avec une
 courroie*
canne • corriger avec une canne
renvoyer • renvoi
mettre en retenue
punir • punition; châtiment

L'enseignement supérieur

*(a) école spécialisée
 (b) maison d'étudiants (Oxford
 et Cambridge)*
les Beaux-Arts
école militaire
école normale
*la faculté des lettres/ de
 droit/ des sciences/ de médecine*
l'université
*U.F.R. (abrév unité de
 formation et de recherche)*

Les universitaires

doyen
directeur d'une U.F.R.
maître de conférences
assistant
professeur titulaire d'une chaire
*(a) directeur d'études (GB)
 (b) assistant (US)*

Students	**Les étudiants**
'fresher • 'freshman/-woman	*étudiant(e) de première année*
'sophomore *(US)*	*étudiant(e) de deuxième année*
'graduate ['grædjuɪt]	*diplômé; licencié*
under'graduate	*étudiant non encore diplômé*
post'graduate	*étudiant de troisième cycle*
❑	
fra'ternity *(US)*	*confrérie d'étudiants*
so'rority *(US)*	*cercle d'étudiantes*
❑	
'lecture hall	*amphithéâtre*
'reading-room	*salle de lecture*
hall of 'residence	*cité/ foyer universitaire*
❑	
'lecture *n • vb*	*conférence; cours • faire une conférence/ cours*
'tutorial	*cours de travaux pratiques*
❑	
fees	*droits d'inscription*
de'gree	*diplôme universitaire*
'graduate ['grædjuəɪt]	*obtenir son diplôme*
gradu'ation	*remise des diplômes*
BA *(abrév* 'Bachelor of Arts)	*licencié ès lettres*
BSc *(abrév* 'Bachelor of Science)	*licencié ès sciences*
a 'Master's de'gree	*une maîtrise*
Ph D; D Phil *(abrév* 'Doctor of Philosophy)	*docteur en droit/ lettres*

They go up to University next year.	Ils iront à l'université/ à la faculté l'an prochain.
They will then be former pupils/ old boys *(fam)*/ girls.	Ils figureront alors parmi les anciens élèves.
They can play truant now.	Ils peuvent faire l'école buissonnière maintenant.
They don't call the roll there.	On n'y fait pas l'appel.
They mark very hard.	On note très sec.
He has average marks.	Ses notes sont moyennes.
He is reading/ studying law, etc.	Il fait des études de droit, etc.
She is a bright student.	C'est une étudiante brillante.
She is sure to pass.	Elle est sûre d'être reçue.
He got a bare pass.	Il a été reçu de justesse.
She is going to major in maths.	Elle va se spécialiser en maths.
She graduated with Ist class honours.	Elle a été reçue avec mention très bien.
It's graduation day today.	C'est le jour de la remise des diplômes.
She will sit for a competitive examination.	Elle va passer un concours.
further education	enseignement post-scolaire
distance teaching	télé-enseignement
the Open University *(GB)*	l'Université pour tous
You can brush up any subject.	Tu peux réactualiser tes connaissances dans n'importe quelle matière.
You can attend night classes.	Tu peux suivre des cours du soir.
They have careers advisers.	Ils disposent d'orienteurs.
You can go on a retraining/ sandwich course.	Tu peux suivre un cours de recyclage professionnel/ une formation en alternance.

D   SO THEY SAY...

"I count religion but a childish toy, and hold there is no sin but ignorance." (Christopher Marlowe)	"Je considère la religion comme un simple enfantillage et je maintiens que seule l'ignorance est un péché."

☞ *mots transparents:*
bronze – li'thography – sculpt; 'sculptor; 'sculpture

Arts and crafts	**L'artisanat d'art**
'craftsman	*artisan*
'china [tʃaɪnə]	*porcelaine*
'crockery; 'earthenware *(I sing)*	*faïence*
glaze *n* • *vb* [gleɪz]	*vernis • vernisser; vernir*
'oven ['ʌvən]	*four*
'potter • 'pottery	*potier • poterie*
potter's wheel	*tour de potier*
❐	
'basketmaker • 'basketmaking	*vannier • la vannerie*
lace *(I sing)* • 'lacemaker	*dentelle • dentellière*
loom • 'handloom	*métier à tisser • métier à bras*
spin *(spun, spun)*	*filer*
'spinning wheel	*rouet*
'tapestry • 'tapestry maker	*tapisserie • tapissier*
weave *(wove, woven)* • 'weaving	*tisser • tissage*
'wicker	*osier*
❐	
cast *(cast, cast)* vb • *n*	*mouler • moule*
'chisel [tʃɪzl]	*ciseau*
clay [kleɪ]	*argile; terre glaise*
marble	*marbre*
stone	*pierre*
'wood-carver • 'wood-carving	*sculpteur sur bois • sculpture sur bois*
❐	
'coppersmith	*chaudronnier*
'wrought iron • 'craftsman in ~	*fer forgé • ferronnier*
❐	
an'tique 'dealer	*antiquaire*
'period 'furniture *(I sing)*	*mobilier de style*

There is an arts and crafts shop in the village.	Il y a un magasin d'artisanat d'art dans le village.
The owner is not too arty-crafty/ artsy-craftsy.	Le propriétaire ne donne pas trop dans le genre artiste bohème.
There are some clay figures.	Il y a des figurines en terre.
There are all sorts of crockery, such as hand-painted earthenware dishes.	Il y a toutes sortes d'objets en céramique, comme des plats en terre cuite peints à la main.
He does his own glazing.	Il vernit tout lui-même.
He throws his own vases.	Il tourne ses propres vases.
Nothing is just moulded.	Rien n'y est simplement moulé.
There's also a handloom weaver in the village.	Il existe aussi dans le village un tisserand qui travaille sur un métier à bras.
His wife does all the spinning by hand.	Sa femme file toute la laine à la main.
Someone does tapestry and I bought one of her tapestries.	Quelqu'un fait de la tapisserie et j'ai acheté une de ses tapisseries.
A sculptor does things in stone, especially in white marble.	Un sculpteur fait des objets en pierre, surtout en marbre blanc.
He has cast some of his work in bronze.	Il a fait des moulures en bronze de certaines œuvres.
It's easier than hewing out the original statuette.	C'est plus facile que de tailler la statuette d'origine dans le bloc.
In some wood carvings you can see the tiny marks left by the chisel.	Dans certaines sculptures en bois on voit encore les minuscules traces laissées par le ciseau.
That man is a real craftsman in wrought iron!	Ce ferronnier est un vrai artiste!
That other man deals in antiques.	Cet autre est antiquaire.

☞ *mots transparents:*
¹abstract – art; ¹artist – ¹figurative – gou¹ache – ¹model –
¹palette – ¹pastel – ¹portrait; ¹portraitist

Fine arts	Les beaux-arts
¹studio [¹stjʊdjəʊ] ▲	*atelier*
brush	*brosse; pinceau*
¹canvas	*toile*
¹charcoal	*fusain*
¹China ink	*encre de Chine*
¹easel	*chevalet*
frame *n* • *vb*	*cadre* • *encadrer*
paint *vb* • *n*	*peindre* • *peinture (matière)*
pencil	*crayon*
red chalk	*sanguine*
¹varnish *n* • *vb*	*vernis* • *vernir*
□	
¹painter • ¹painting	*peintre* • *peinture (art; tableau)*
¹landscape ¹painter	*paysagiste*
car¹toon	*dessin humoristique*
daub	*croûte*
draw *(drew, drawn)* • ¹drawing	*dessiner* • *dessin*
en¹grave • en¹graver • en¹graving	*graver* • *graveur* • *gravure*
etch • ¹etching	*graver à l'eau-forte* • *eau-forte*
¹fresco	*fresque*
¹masterpiece	*chef-d'œuvre*
¹oil (painting)	*peinture à l'huile*
¹outline *n* • *vb* [¹aʊtlaɪn]	*contour* • *esquisser les contours de*
¹picture	*tableau*
print	*estampe*
sketch *n* • *vb*	*esquisse* • *esquisser; faire des esquisses*
¹still life *(plur* ¹still lifes*)*	*nature morte*
¹watercolour • ~ ¹painter	*aquarelle* • *aquarelliste*

He decided quite young to go in for painting.	*Il a décidé tout jeune encore de faire de la peinture.*
He's still practically unknown to the general public.	*Il reste quasiment inconnu du grand public.*
His studio faces north.	*Son atelier est situé face au nord.*
There are various canvases all over the place.	*Il y a des toiles un peu partout.*
Some of his pictures sell well.	*Certains de ses tableaux se vendent bien.*
His watercolours are more popular.	*Ses aquarelles ont plus de succès.*
He does still lifes in gouache.	*Il fait des natures mortes à la gouache.*
He prefers watercolour for landscapes.	*Il préfère l'aquarelle pour les paysages.*
His oils are less figurative, though not purely abstract.	*Ses peintures à l'huile sont moins figuratives, bien que pas vraiment abstraites.*
He is often seen as a post-impressionist painter.	*On le considère souvent comme un peintre postimpressionniste.*
He generally does his nudes in oils.	*Ses nus sont généralement peints à l'huile.*
He has various models who know how to strike and keep up a pose.	*Il a différents modèles qui savent prendre et tenir la pose.*
He has had a few private sitters for portraits.	*Quelques particuliers sont venus pour des portraits.*
The sittings are not long enough for him.	*Les séances de pose ne sont pas assez longues à son goût.*
I wouldn't like to sit for him.	*Je n'aimerais pas poser pour lui.*
He starts off by roughing out the general idea.	*Il commence par esquisser les lignes générales.*

☞ *mots transparents:*

act; 'actor; 'actress – 'camera; 'cameraman – 'comedy –
docu'mentary – 'drama; dra'matic – flash – 'matinee – 'model –
'peplum – 'project; pro'jector – 'sponsor – zoom

Fine arts

'background	*arrière-plan; fond*
'foreground	*avant-plan*
'middle 'distance	*second plan*

❑

art 'gallery	*musée; galerie*
ex'hibit • exhi'bition ▲	*exposer ▲ • exposition*
'patron; 'sponsor	*mécène*
'patronage; 'sponsorship	*mécénat*
'preview ['priːvjuː]	*vernissage*

Photography

'camera ▲	*appareil (photo)*
'cine'camera	*caméra* ▲
en'large • en'largement	*agrandir • agrandissement*
ex'posure/ 'light meter	*posemètre*
'focus	*mettre au point*
lens *(plur* lenses)	*objectif*
'photograph *vb* • *n* ['fəʊtəɡrɑːf]	*photographier • photographie*
pho'tographer [fə'tɒɡrəfə]	*photographe* ▲
shot	*cliché*
'telelens *(plur* 'telelenses)	*téléobjectif*
time ex'posure	*pose*
'viewfinder	*viseur*
'wide-angle lens *(plur* lenses)	*(objectif) grand-angle*

Les beaux-arts

La photographie

The cinema

'box-office	*guichet*
'drive-in	*cinéma de plein air*
'picture house	*salle de cinéma*
screen *n* • *vb*	*écran • porter à l'écran*
show	*séance*

Le cinéma

In the background; in the foreground; in the middle distance.	*À l'arrière-plan; à l'avant-plan; au second plan.*
I like going round art galleries, both public and private.	*J'aime faire le tour des musées et galeries d'art.*
The exhibition is being held thanks to and under the patronage/ sponsorship of Lord X, the soap magnate.	*Cette exposition a été rendue possible grâce à Lord X, magnat du savon et grand mécène.*
He will unveil a plaque.	*Il inaugurera une plaque.*
My nephew has no patron/ sponsor.	*Mon neveu n'a pas de mécène.*
He has invited us to a preview of his latest works.	*Il nous a invités au vernissage de ses œuvres les plus récentes.*
A young art photographer has great difficulty in making contacts.	*Un jeune photographe d'art a du mal à se faire des relations.*
I've always been interested in photography.	*La photographie m'a toujours intéressé.*
A good photograph can be good art.	*Une bonne photographie peut être une œuvre d'art.*
Some old Leica cameras are still in good working order.	*Certains vieux appareils Leica sont encore en bon état de marche.*
Some have no built-in light meters.	*Certains n'ont pas de posemètre incorporé.*
It's easier to focus with a wide-angle lens than with a telelens.	*La mise au point est plus facile avec un grand-angle qu'avec un téléobjectif.*
I do all my own enlarging.	*Je fais tous mes agrandissements moi-même.*
I took a few snaps of my children.	*J'ai pris quelques clichés de mes enfants.*
This photo/ picture is very true to life.	*Cette photo-ci est très ressemblante.*

☞ *mots transparents:*
'acrobat; acro'batic – clown – docu'mentary – film – pro'ject;
pro'jection – rush – sce'nario – 'script – star

The cinema	*Le cinéma*
car'toon • car'toonist	*dessin animé • dessinateur; animateur*
di'rect • di'rection	*mettre en scène • mise en scène*
di'rector	*metteur en scène*
pro'duce • pro'ducer	*produire • producteur*
'screenplay	*scénario*
'scriptwriter	*scénariste*
❏	
clip	*extrait*
'close-up	*gros plan*
dub • 'dubbing	*doubler • doublage*
'edit • 'editing • 'editor ▲	*monter • montage • monteur*
rush [rʌʃ]	*projection d'essai*
shoot *(shot, shot)* • 'shooting	*tourner • tournage*
shot	*prise de vue*
'sub-title *n* • *vb*	*sous-titre • sous-titrer*
❏	
'extra	*figurant*
'stand-in; understudy	*doublure*
star *n* • *vb*	*être en vedette/ tenir le premier rôle*
stunt • 'stuntman; 'stuntgirl	*cascade • cascadeur; cascadeuse*

The circus	*Le cirque*
'acrobat • acro'batics *(I plur)*	*acrobate • acrobatie*
big top	*chapiteau*
'conjurer	*prestidigitateur*
'juggle • 'juggler	*jongler • jongleur*
ring	*piste*
'tightrope ar'tiste/ 'walker	*(artiste) funambule*
tra'peze ar'tiste	*trapéziste*

I'm a great cinema/ film/ movie fan.	*Je suis très cinéphile.*
I go to the cinema/ movies/ pictures at least twice a week.	*Je vais au cinéma au moins deux fois par semaine.*
I belong to a film club.	*Je fais partie d'un ciné-club.*
What's on tonight?	*Qu'est-ce qu'on passe ce soir?*
We could be in time for the last performance.	*On pourrait arriver à temps pour la dernière séance.*
I get in free, because I know the usherette.	*J'entre gratuitement parce que je connais l'ouvreuse.*
I wish I could be in films.	*J'aimerais faire du cinéma.*
I was given a film test.	*On m'a fait faire un bout d'essai.*
I would have to begin by standing in for someone.	*Il me faudrait doubler quelqu'un au début.*
I might find bit-parts.	*Je pourrais trouver de petits rôles de figurant.*
My girlfriend doesn't think much of my chances of being cast in a leading part.	*Ma copine ne donne pas cher de mes chances de décrocher un rôle principal.*
Do you think that scene was shot on location or in the studio?	*Penses-tu que cette scène a été tournée en extérieur ou en studio?*
The sound track was bad.	*La bande sonore était mauvaise.*
The sound and the picture were badly synchronized.	*On a mal synchronisé le son et l'image.*
It must have been badly edited.	*Le montage a dû être mal fait.*
When was it first shown?	*Il est sorti quand?*
It was really third-rate.	*C'était un vrai navet.*
It will never make a great hit/ be a box-office success.	*Il ne fera jamais un tabac auprès du public.*
I hate dubbed films.	*Je déteste les films doublés.*
Sub-titling can be poor, too.	*Le sous-titrage peut être mauvais aussi.*
This film stars Howard X.	*Howard X tient le rôle principal dans ce film.*
Leslie Y also features in it.	*Leslie Y y figure aussi.*
That's a close-up of him.	*Le voilà en gros plan.*

☞ *mots transparents:*
act; 'actor; 'actress – 'comedy – 'drama; dra'matic – 'hero; – 'heroine – scene – 'tragic; 'tragedy

The theater/ theatre	*Le théâtre*
'cloakroom	*vestiaire*
'curtain	*rideau*
'footlights *(I plur)*	*rampe*
lounge [laʊndʒ]	*foyer*
props *(plur)*	*accessoires*
'spotlight	*projecteur*
stage [steɪdʒ] ▲	*scène; les planches*
the'atrical	*théâtral*
wings *(plur)*	*coulisses*
❑	
'company	*troupe*
pro'duce [prə'djuːs] • pro'ducer	*mettre en scène* • *metteur en scène*
pro'duction [prə'dʌkʃən]	*mise en scène*
stage 'manager	*régisseur*
tour *n* • *vb* [tʊə]	*tournée* • *être en tournée*
❑	
act *n* • *vb*	*acte* • *jouer*
cast *(cast, cast) vb* • *n*	*attribuer un rôle à/ distribuer (une pièce, un film)*
'character ['kærəktə] ▲	*personnage*
cue [kjuː]	*réplique*
part	*rôle*
per'form • per'formance ▲	*jouer* • *représentation*
play *n* • *vb*	*pièce* • *jouer*
plot	*intrigue* ▲
prompt • 'prompter	*souffler* • *souffleur*
'prompter-box	*trou du souffleur*
show	*spectacle*
'vilain *n*	*traître; vilain*
'walk-on	*figurant*

Let's go to the circus?	Si on allait au cirque?
Do you think we can get seats?	Tu crois qu'on aura des places?
I enjoy watching the lion-tamers.	J'adore voir les dompteurs de fauves.
I'd rather watch those people on the flying trapeze.	Je préférerais voir les gens qui font du trapèze volant.
The tightrope dancers can be graceful.	Les funambules peuvent être gracieuses.
What about the conjurers? I am always mystified by the conjuring tricks they perform.	Et les prestidigitateurs? Je suis toujours mystifié par leurs tours de prestidigitation.
It's just the quickness of the hand that deceives the eye.	Ce sont simplement des tours de passe-passe.

☐

I attend the theatre regularly.	Je vais régulièrement au théâtre.
I like the immediate impact of the stage.	J'aime le contact direct de la scène.
You have the thrill of waiting for the curtain to rise, which puts you in the mood.	Il y a l'attente du lever de rideau qui vous met dans l'ambiance.
You can see the actors in the wings.	On voit les comédiens dans les coulisses.
They have just been on tour.	Ils reviennent d'une tournée.
I always wanted to go on the stage/ tread the boards.	J'avais toujours voulu faire du théâtre/ monter sur les planches.
I had some walk-on parts.	J'ai fait de la figuration.
Anne will soon come on stage.	Anne va bientôt entrer en scène.
She has stage fright every time.	À chaque fois elle a le trac.
I hope she doesn't fluff her entrance/ exit.	J'espère qu'elle ne va pas rater son entrée/ sa sortie.
We'll see her in her dressing-room after the performance.	Nous irons la voir dans sa loge après le spectacle.
Some plays can be flops.	Certaines pièces peuvent être des fours.
Others have long runs.	D'autres tiennent l'affiche longtemps.

☞ *mots transparents:*
com'pose; compo'sition – 'instrument; instru'mental;
instru'mentalist – 'music; mu'sician; musi'cology

The theater/ theatre	Le théâtre
re'hearsal • re'hearse	*répétition • répéter*
dress re'hearsal	*couturière; générale*
first night	*la première*
□	
'audience	*public; spectateurs*
'balcony; *(fam)* the gods	*balcon; (fam) paradis; poulailler*
box	*loge (de balcon…)*
'dress 'circle	*premier balcon*
'interval	*entr'acte*
pit	*parterre*
row [rəʊ]	*rang*
stalls *(plur) (GB);* 'orchestra *(US)*	*fauteuils d'orchestre*
□	
boo [buː]	*huer*
en'core	*bisser*
hiss	*siffler*

Music	La musique
'musical [ˈmjuːzɪkl] *adj*	*musical; musicien (personne)*
musi'cologist • musi'cology	*musicologue • musicologie*
co'mpose • com'poser	*composer • compositeur*

Keyboard instruments	Instruments à clavier
'clavichord	*clavicorde*
'harpsichord	*clavecin*
key • 'keyboard	*touche • clavier*
'organ • 'organist	*orgue • organiste*
pi'ano • 'pianist [ˈpɪənɪst]	*piano • pianiste*
grand pi'ano [pˈɪɑːnəʊ]	*piano à queue*
'upright pi'ano	*piano droit*

The house is full tonight.	*On fait salle comble ce soir.*
Lucky I booked our seats early!	*Une chance que j'aie réservé nos places de bonne heure!*
The place is fully booked up.	*On joue à guichets fermés.*
There's no performance tomorrow.	*On fait relâche demain.*
Our seats are in the front/ back row.	*Nous sommes au premier/ dernier rang.*
They have put on some good plays.	*Ils ont monté quelques bonnes pièces.*
The plot is rather involved.	*L'intrigue est un peu compliquée.*
The characters are strange.	*Les personnages sont étranges.*
It's a comedy of manners.	*C'est une comédie de mœurs.*
In the first act the scene is set in a garden.	*Dans le premier acte la scène se passe dans un jardin.*
X is the leading lady/ man.	*Le rôle principal est tenu par X.*
The audience are waiting.	*La salle attend.*
Last time there was a roar of applause when the curtain rose/ dropped.	*La dernière fois, il y a eu un tonnerre d'applaudissements au lever/ à la tombée de rideau.*
The whole cast were given a standing ovation.	*On a applaudi debout la troupe entière.*
A year ago, one of the actors was booed off the stage.	*Il y a un an de cela, un des comédiens a dû quitter la scène sous les huées.*
The whole audience started hissing and booing after the prompter had to help him out several times.	*Toute la salle a sifflé et hué après que le souffleur a dû venir à son secours plusieurs fois.*
He kept missing his cues.	*Il ratait toutes ses répliques.*

C   EXPRESSIONS ET LOCUTIONS

The show must go on!	*Le spectacle continue!*
There's something going on behind the scenes.	*Il se trame quelque chose en coulisse.*
All the world's a stage!	*C'est la comédie humaine!*

☞ *mots transparents:*
ba'ssoon − clari'net; clari'netist − 'concert − 'cornet − 'cymbal −
group − gui'tar; gui'tarist − har'monious; 'harmonize; 'harmony −
harp; 'harpist − mando'line − me'lodious; 'melody − 'orchestra −
'piccolo − 'saxophone − trom'bone − 'tuba

Stringed instruments	Instruments à cordes
(double) bass [beɪs]	*contrebasse • contrebassiste*
bow *n* • *vb* [bəʊ]	*archet • manier l'archet*
'cello ['tʃeləʊ] • 'cellist	*violoncelle • violoncelliste*
lute [luːt] • 'lutanist	*luth • luthiste*
pluck [plʌk]	*pincer*
'stringed-'instrument 'maker	*luthier*
vi'ola [vaɪ'əʊlə]	*alto*
'violin ['vaɪəlɪn] • vio'linist	*violon • violoniste*

Wind instruments	Instruments à vent
'bagpipes *(I plur)*	*cornemuse*
ba'ssoon	*basson*
bugle [bjuːgl]	*clairon*
flute • 'flautist; 'flutist	*flûte (traversière) • flûtiste*
horn • French horn	*cor • cor d'harmonie*
'oboe • 'oboist	*hautbois • hautboïste*
re'corder	*flûte à bec*
'trumpet • 'trumpeter	*trompette • trompettiste*

Percussion instruments	Instruments à percussion
drum • big 'drum	*tambour • grosse caisse*
'drummer ['drʌmə]	*batteur*
'kettledrum	*timbale*
'xylophone ['zaɪləfəʊn]	*xylophone*

The orchestra	L'orchestre
band	*orchestre (populaire)*
'baton	*baguette*
con'duct ▲ • con'ductor ▲	*diriger • chef d'orchestre*
'leader	*premier violon (GB); chef d'orchestre (US)*

Do you play an instrument?	*Est-ce que tu joues d'un instrument?*
I play the piano/ violin.	*Je joue du piano/ du violon.*
I practise six hours daily.	*Je travaille six heures par jour.*
I play scales and then chords before playing a tune.	*Je fais des gammes, ensuite des accords avant de jouer un air.*
I have to perfect my fingering.	*Mon doigté laisse à désirer.*
I try to play in tune.	*J'essaie de jouer juste.*
I often play out of tune/ off key.	*Je joue souvent faux.*
It jars on my listeners' ears and nerves.	*Cela écorche les oreilles et tape sur les nerfs de ceux qui m'écoutent.*
The bowing is subtle.	*Les coups d'archet sont subtils.*
My cousin is an excellent violinist; he plays first violin in a string quartet.	*Mon cousin est un excellent violoniste; il est premier violon dans un quatuor à cordes.*
You pluck the strings of a guitar.	*On pince les cordes d'une guitare.*
The bagpipes are a Celtic folk instrument.	*La cornemuse est un instrument populaire celte.*
The flute requires great breath control.	*La flûte exige une très grande maîtrise du souffle.*
The oboe is a reed instrument.	*Le hautbois est un instrument à anche.*
It is difficult to get a single good note out of the French horn at first.	*Il est difficile de faire sortir une seule bonne note du cor d'harmonie au début.*
Recorders enable children to produce a melodious sound immediatly.	*La flûte à bec permet aux enfants de produire un son mélodieux tout de suite.*
You can play a simple tune within a few days.	*On peut jouer un air simple en quelques jours.*
I like to listen to a brass band/ jazz band.	*J'aime écouter une fanfare/ un orchestre de jazz.*

☞ *mots transparents:*

in'terpret; interpre'tation – 'ballet – 'barytone – bass – (contr)'alto –
dance; 'dancer – 'opera – so'prano – 'solo; 'soloist – 'tenor

The orchestra	L'orchestre
per'form • performance	*jouer • interprétation*
'rostrum	*pupitre*
'trio ['tri:əʊ]	*trio*
du'et [dju:'et]	*duo*
quar'tet [kwɔ:'tet]	*quatuor; quartette (jazz)*
quin'tet [kwɪn'tet]	*quintette*
'chamber 'orchestra	*orchestre de chambre*
'symphony 'orchestra	*orchestre symphonique*
❐	
the brasses	*les cuivres*
the drums	*la batterie*
the strings	*les cordes*
the 'timpani ['tɪmpənɪ]	*les timbales*
the 'woodwinds	*les bois*
❐	
con'certo [kən'tʃɜ:təʊ]	*concerto*
'overture ['əʊətjʊə]	*ouverture*
'symphony	*symphonie*
❐	

Singing	Le chant
a'ccompaniment	*accompagnement*
a'ccompanist • a'ccompany	*accompagnateur • accompagner*
'carol	*chant de Noël*
choir ['kwəɪə]	*chœur; chorale*
'chorus ['kɔ:rəs]	*chœur; refrain*
li'bretto	*livret d'opéra*
score	*partition*
sing *(sang, sung)* • 'singer	*chanter • chanteur; cantatrice*
song	*chant*
'tempo	*mesure*
tune *n* • *vb* [tju:n]	*air*

There's nothing like a flourish of trumpets.	*Il n'y rien de tel qu'une fanfare de trompettes.*
It's even better than a roll of drums.	*C'est encore mieux qu'un roulement de tambours.*
I'm not very musical.	*Je ne suis pas très musicien.*
My sister has a good ear.	*Ma sœur a de l'oreille.*
I'm practically tone deaf.	*Je ne distingue pratiquement pas une note de l'autre.*
I sing flat.	*Je chante faux.*
Do you like opera?	*Est-ce que vous aimez l'opéra?*
I prefer ballet.	*Je préfère le ballet.*
What about going to a concert?	*Si on allait au concert?*
The acoustics in this new concert hall are excellent.	*L'acoustique de cette nouvelle salle de concert est excellente.*
I have to tune my violin before playing it.	*Je dois accorder mon violon avant d'en jouer.*
The orchestra is tuning up.	*L'orchestre est en train de s'accorder.*
I have a weakness for chamber music.	*J'ai un faible pour la musique de chambre.*
I like Beethoven's late quartets better than his early works.	*Je préfère les derniers quatuors de Beethoven à ses œuvres de jeunesse.*
And the Bach suites for unaccompanied cello?	*Et les suites de Bach pour violoncelle seul?*
I am fond of choral music, and especially the Bach chorales, which everyone can sing in an ordinary church choir.	*J'aime le chant choral, surtout les chorals de Bach, que tout le monde est capable de chanter dans une simple chorale d'église.*
The German lied is a sophisticated version of the folksong.	*Le lied allemand est une version sophistiquée de la chanson folklorique.*
This is a song cycle of Heine poems set to music by Robert Schumann.	*C'est un cycle de chansons de Robert Schumann sur des poèmes de Heine.*

A LES MOTS...

☞ *mots transparents:*

'album – 'anecdote; anec'dotic – 'author – autobio'graphical;
autobi'ography – bibli'ography – 'bibliophile – 'brochure –
'chapter – corres'pondence – de'scription; de'scriptive – 'essay;
'essayist – fable – 'fiction – 'legend; 'legendary – 'magazine –
'manual – 'memoir – na'rration; 'narrative; na'rrator – 'pamphlet –
'paragraph – 'poem; 'poet; po'etic – pro'saic; prose – ro'mantic –
tome – 'volume

Literature	La littérature
bi'ographer • bi'ography	*biographe • biographie*
'journal ['dʒɜ:nəl] ▲	*journal scientifique*
'literary	*littéraire*
na'rrate [nə'reɪt]	*raconter*
'novel ▲ • 'novelist	*roman • romancier*
nove'lette *(péj)*	*roman à l'eau de rose*
'paperback	*livre de poche*
'parable	*parabole*
peri'odical *adj* • *n*	*périodique*
plot	*intrigue* ▲
'poetry	*la poésie*
short 'story	*conte; nouvelle*
'story	*(a) histoire (b) intrigue* ▲
'thriller	*roman à suspense*
verse ▲	*(a) les vers (b) strophe*
who'dunit *(fam)* [hu:'dʌnɪt]	*polar (où le lecteur est censé essayer de trouver "who (has) done it?")*
work	*œuvre ; ouvrage*
❑	
'critic *n* ▲ • 'critical *adj*	*critique (personne) • critique* ▲
'criticism *n* • 'criticize	*critique (article...)* ▲ • *critiquer*
'edit • 'editor ▲	*diriger • directeur*
print • 'printer	*imprimer • imprimeur*
'publish • 'publisher	*publier; éditer* ▲ • *éditeur* ▲
write [raɪt] *(wrote, written)*	*écrire*
'writer • 'writing	*écrivain • écriture*

This novel tells the story of an eighteenth-century family.	*Ce roman raconte l'histoire d'une famille au XVIIIᵉ siècle.*
It relates the adventures of an explorer.	*Il raconte les aventures d'un explorateur.*
It portrays the life of the time.	*Il dépeint la vie de l'époque.*
The atmosphere is well depicted.	*Il évoque bien l'atmosphère.*
All the characters are very well drawn/ delineated.	*Tous les personnages sont très bien rendus.*
They are very lifelike.	*Ils sont très vivants.*
He knows how to spin a yarn.	*Il sait raconter une histoire.*
He has handled the subject well.	*Il a bien traité le sujet.*
He has also sketched/ outlined a plot for a new book.	*Il a également esquissé l'intrigue d'un nouveau livre.*
It is his own life story.	*C'est son autobiographie.*
The literary critics were very critical of/ criticized severely some aspects of the work.	*Les critiques littéraires ont critiqué sévèrement certains aspects de l'ouvrage.*
Their criticisms were not always justified.	*Leurs critiques n'étaient pas toujours justifiées.*
His style is plain, crisp, terse, and forcible.	*Son style est simple, vif, concis et efficace.*
It is never stodgy or ponderous.	*Il est tout le contraire de lourd ou d'ampoulé.*
The tempo is excellent.	*Le rythme est excellent.*
His collected works have just been published.	*Ses œuvres complètes viennent d'être publiées/ éditées.*
My favourite detective stories are whodunits.	*Les romans policiers que je préfère sont ceux où le lecteur doit essayer de trouver le coupable.*
I've passed the age for fairy tales.	*J'ai passé l'âge des contes de fées.*
What's the first line of that poem?	*Quel est le premier vers de ce poème?*
Verse is often opposed to prose.	*Les vers sont souvent opposés à la prose.*

☞ *mots transparents:*

ag'nostic – 'Allah – 'Anglican – 'atheism; 'atheist – 'Bible –
'Buddhism; 'Buddhist – 'canonize – 'cardinal – 'Catholic;
Ca'tholicism – co'mmunion – con'fess; con'fession – di'sciple –
'doctrine – 'dogma – e'ternal; e'ternity – evan'gelical; e'vangelist –
fa'natic; fa'natical; fa'naticism – 'glorify – 'heresy; 'heretic;
he'retical – 'Hinduism – hymn – (im)'mortal; (im)mor'tality –
'Islam – 'Israel; 'Israelite – 'Jesuit – 'Jesus – 'Judaism – Ko'ran –
'Lutheran – Mo'hammed – 'Muslim – 'Orthodox; 'Orthodoxy –
'pagan; 'paganism – 'prophet – 'Protestant; 'Protestantism –
'Puritan; 'Puritanism – re'ligion; re'ligious – 'ritual – 'sacrament;
'sacred – saint; 'sanctify – 'sermon – 'synagogue – 'temple –
'Testament

Faith	La foi
God (Al'mighty)	*Dieu (tout-puissant)*
'Heaven ['hevn]	*le Ciel, le paradis*
Hell	*l'enfer*
'angel ['eɪndʒəl]	*ange*
'devil	*diable*
soul [səʊl]	*âme*
❐	
the 'afterlife; the here'after	*la vie après la mort; l'au-delà*
a'tone for • a'tonement	*expier • expiation*
be'lief • be'lieve	*croyance • croire*
'prophesy *n* ['prɒfɪsi]	*prophétie*
'prophesy *vb* ['prɒfɪsaɪ]	*prophétiser*
re'deem • re'demption	*racheter • rachat*
re'pent • re'pentance *n*	*se repentir • le repentir*
saint *n* • 'holy ; 'saintly *adj*	*saint*
sal'vation • save	*le salut • sauver*
sin *vb* • *n* • 'sinner	*pécher • péché • pécheur*
tempt • temp'tation	*tenter • tentation*
'worship *vb* • *n* ['wɜːʃɪp]	*adorer • adoration*
❐	
Christ [kraɪst]	*le Christ*
'Christian *adj* • *n* ['krɪstʃən]	*chrétien*
'Christendom • Christi'anity ▲	*la chrétienté ▲ • le christianisme*

the Lord	*le Seigneur*
the Re'deemer	*le Rédempteur*
the 'Holy Ghost [gəʊst]	*le Saint-Esprit*
the 'Holy 'Trinity	*la Sainte-Trinité*
the 'Blessed/ 'Holy 'Virgin	*la Sainte Vierge*
□	
the 'Holy 'City/ Land	*la Ville/ Terre sainte*
the 'Holy See	*le Saint-Siège*
□	
'Holy 'Scripture	*les Écritures saintes*
the 'Gospel	*l'Évangile*
the 'Holy 'Bible	*la sainte Bible*
the Refor'mation	*la Réforme*
ecu'menical • e'cumenism	*œcuménique • œcuménisme*
'parable	*parabole*
□	
'abbey • 'abbot	*abbaye • père supérieur*
arch'bishop • arch'bishopric	*archevêque • archevêché*
'bishop • 'bishopric	*évêque • diocèse*
'chaplain; 'padre ['pɑːdri]	*aumônier*
the 'clergy *(I plur)* • 'clergyman	*le clergé • homme d'église*
'curate *(Anglican)* ['kjʊrɪt] ▲	*vicaire* ▲
'heathen; 'pagan *adj • n*	*païen*
'Hebrew *adj • n* ['hiːbruː]	*hébreu; hébraïque*
	• Hébreu
'hermit	*ermite*
lay *adj* • 'layman *n*	*laïc*
'martyr • 'martyrdom	*martyr(e) • le martyre*
'monastery • 'monk [mʌŋk]	*monastère • moine*
mosque [mɒsk]	*mosquée*
nun • 'convent; 'nunnery	*sœur; religieuse • couvent*
'parish • pa'rishioner	*paroisse • paroissien(ne)*
(parish) priest • 'priesthood	*curé; prêtre • prêtrise*
'parson; 'rector	*pasteur anglican*
'pilgrim • 'pilgrimage	*pèlerin • pèlerinage*
the Pope • the 'Papacy	*le Pape • la papauté*
the (chief) 'rabbi ['ræbaɪ]	*le (grand) rabbin*
'vicar *(Anglican)* ['vɪkə] ▲	*curé* ▲

The church

the spire [spaɪə]
the (great west) door
the aisle [aɪl]
the ˈaltar [ˈɔːltə]
the choir [kwaɪə]
the cross
the font *(sing)* [fɒnt]
the ˈlectern [ˈlektən]
the nave [neɪv]
the pews [pjuːz]

L'église

la flèche
le (grand) portail (ouest)
l'allée centrale; le bas-côté
l'autel
le chœur
la croix
les fonts baptismaux
le lutrin
la nef
les bancs

The service

ˈbaptism • ˈbaptize [-aɪz]
bless • ˈblessing
chant *n* • *vb* [tʃɑːnt]
ˈchristen • ˈchristening
ˈchurchgoer
congreˈgation
forˈgive *(forgave, forgiven)*
forˈgiveness
host [həʊst]
hymn • psalm [sɑːm]
pray • prayer [prɛə]
preach • ˈpreacher

L'office

baptême • baptiser
bénir • bénédiction
chant liturgique • psalmodier
baptiser • baptême
pratiquant
l'ensemble des fidèles
pardonner
le pardon
l'hostie
hymne • psaume
prier • prière
prêcher • prédicateur

The feasts

Lent
Shrove Tuesday
Holy/ Passion Week
Good Friday
Easter • Easter Week
ˈWhitsun [ˈwɪtsən]
Hallowˈeen [hæləʊˈiːn]
All Saints'/ Souls' Day
ˈChristmas
ˈChristmas Eve/ Day

Les fêtes

Carême
le Mardi Gras
la Semaine Sainte
le Vendredi Saint
Pâques • la Semaine pascale
la Pentecôte
la veille de la Toussaint
la Toussaint/ le jour des Morts
Noël
la veille/ le jour de Noël

They go to church/ mass.	*Ils vont à l'église/ à la messe.*
They are at church for the morning service.	*Ils sont à l'église pour l'office du matin.*
They will take Holy Communion.	*Ils vont communier.*
She sings in the choir.	*Elle fait partie du chœur.*
They are firm believers.	*Ce sont des croyants fervents.*
They believe in God.	*Ils croient en Dieu.*
They believe in the immortality of the soul and the resurrection of the dead/ in an afterlife, for Christ is the Saviour who brought us salvation.	*Ils croient à l'immortalité de l'âme et à la résurrection des morts/ à une vie après la mort, car le Christ est le Sauveur à qui nous devons notre salut.*
He was crucified to save the world from original sin.	*Il fut crucifié pour sauver le monde du péché originel.*
He promised divine forgiveness for all sinners.	*Il a promis le pardon divin à tous les pécheurs.*
The priest will say mass only after being ordained/ after his ordination.	*Le prêtre ne dira la messe qu'après avoir reçu l'ordination.*
Catholic priests take a vow of poverty and celibacy.	*Les prêtres (catholiques) font vœu de pauvreté et de célibat.*
The Anglican clergy are allowed to marry.	*Dans l'Église anglicane les prêtres ont le droit de se marier.*
Graham Greene, the writer, was a Catholic convert.	*L'écrivain Graham Greene s'était converti au catholicisme.*
The Holy Father/ His Holiness/ The Pope is the Head of the (Roman) Catholic Church.	*Le Saint-Père/ Sa Sainteté/ Le Pape est le chef suprême de l'Église catholique (romaine).*
The Archbishop of Canterbury is the Head of the Church of England/ the Anglican Church.	*L'archevêque de Canterbury est le chef suprême de l'Église d'Angleterre/ l'Église anglicane.*
The Pharisees were a Jewish sect.	*Les pharisiens formaient une secte juive.*
Many of the saints suffered martyrdom/ were martyred.	*Beaucoup de saints durent subir le martyre.*
They are known as the martyred saints.	*Ce sont les saints martyrs.*

A   LES MOTS…

☞ *mots transparents:*
de'bate – **'journalism;** **'journalist** – **'magazine** – **pub'licity** – **scoop**

The press	**La presse**
'column • 'columnist	*rubrique • rédacteur d'une rubrique*
'cover • 'coverage	*couvrir • couverture*
the desk	*le secrétariat de la rédaction*
'edit • 'editor ▲	*rédiger • rédacteur*
'newsagent • 'newspaper	*marchand de journaux • journal*
'news-stand	*stand/ kiosque à journaux*
sub-'editor	*rédacteur adjoint*
❏	
'daily *adj • n*	*quotidien*
'monthly *adj • n*	*mensuel*
peri'odical *adj • n*	*périodique*
re'view	*revue*
'weekly *adj • n*	*hebdomadaire*
❏	
ad; 'advert *(abrév* **ad'vertisement)**	*annonce*
'advertise [ˈædvəˈtaɪz] ▲	*faire de la publicité*
'advertising *(I sing)*	*publicité (faire de la ~)*
❏	
car'toon ▲	*(a) dessin humoristique (b) bande(s) dessinée(s)*
'comic(s) ▲	*(livre de) bande(s) dessinée(s)*
'comment *vb • n*	*commenter • commentaire*
enter'tain ▲ **• enter'taining**	*distraire • distrayant*
enter'tainment	*distraction; divertissement*
'headline	*titre; manchette*
'leading 'article	*éditorial*
misce'llaneous [mɪsəˈleɪnɪəs]	*(fait) divers*
o'bituary	*chronique nécrologique*
re'port *n • vb*	*reportage • faire un reportage; couvrir*
so'ciety notes	*carnet mondain*

He is the chief editor.	*Il est rédacteur en chef.*
He's a freelance (journalist).	*Il est pigiste.*
the editorial staff	*la rédaction*
the tabloids	*la presse populaire*
the national/ local press	*la presse nationale/ locale*
We appear weekly.	*Nous sommes un hebdomadaire.*
We give a review of the week's events.	*Nous passons en revue les événements de la semaine.*
The economic, financial and political events are dealt with exhaustively.	*On traite exhaustivement les événements économiques, financiers et politiques.*
The newsroom is a hive of activity.	*La salle de rédaction est une véritable ruche.*
The Olympic Games were given a wide coverage.	*Les Jeux Olympiques ont été largement commentés.*
The newsmen had difficulty in covering the war.	*Les journalistes ont eu beaucoup de mal à couvrir la guerre.*
The rock singer show was widely advertized/ publicized.	*Le spectacle du rocker a fait l'objet d'une large campagne publicitaire.*
He uses an advertising agency.	*Il utilise les services d'une agence publicitaire.*
I'm against so much advertising/ so many advertisements in the press.	*Je m'élève contre tant de publicité dans la presse.*
Small ads are useful.	*Les petites annonces sont utiles.*
His election hit the headlines.	*Son élection a fait les gros titres des médias.*

D   SO THEY SAY...

Large collection of nice books wanted to fill bookcases; any subjects. (Small ad in *The Times*, 1960).	*Achetons importante collection de beaux livres pour remplir étagères de bibliothèque; genre indifférent.*

☞ *mots transparents:*
'program(me) – 'radio – tele'vision – tran'sistor – re'porter –
zap

Radio and television — Radio et télévision

a'nnouncer	*présentateur*
'broadcast *vb • n*	*diffuser • diffusion; émission*
'newscaster	*présentateur du journal télévisé*
'prime time	*heure de grande écoute*
trans'mit • trans'mitter	*émettre • émetteur*
☐	
'wave length	*longueur d'onde*
'long waves	*grandes ondes*
'medium waves	*ondes moyennes*
'short waves	*ondes courtes*
'frequency modu'lation	*modulation de fréquence*
☐	
'aerial ⎮'ɛərɪəl⎮	*antenne*
'channel ⎮'tʃænəl⎮	*chaîne*
co'mmercial	*annonce publicitaire*
dish	*antenne parabolique*
'listener	*auditeur*
news *(I sing)*	*information(s)*
'serial ⎮'siːrɪəl⎮	*feuilleton*
'sitcom *(fam)*	*comédie de situation (série télévisée)*
'talk show	*entretien télévisé*
'tape-recorder	*magnétophone*
'video (recorder)	*magnétoscope*
'viewer	*téléspectateur*

a radio transmitter	un émetteur radio
switch on/ off the television	allumer/ éteindre la télévision
He watches television/ TV a lot.	Il regarde beaucoup la télévision.
What's on the telly/ the box tonight?	Qu'est-ce qu'il y a à la télé ce soir?
There's a variety show.	Il y a un spectacle de variétés.
We often listen to the radio.	Nous écoutons souvent la radio.
There's a concert transmitted live tonight.	Il y a un concert transmis en direct ce soir.
I like the running commentaries on sports.	J'aime bien les commentaires sportifs en direct.
We have an important announcement to make.	Nous avons une importante annonce à faire.
Newscasting is a complicated business.	La rédaction des informations est une affaire compliquée.
We have a panel of experts.	Nous avons un plateau d'experts.
The City desk is on its toes.	Le service financier est sur le qui-vive.
Here is the 6 o'clock news.	Voici votre journal de 18 heures.
The news is not always unbiassed.	Les informations ne sont pas toujours objectives.
We've missed the weather.	Nous avons raté la météo.
Commercials bring in a lot of money.	La publicité rapporte beaucoup d'argent.

D SO THEY SAY...

A couple returned early from their honeymoon yesterday because the cottage where they were staying didn't have a TV set. The 21-year-old husband, John Johnstone, said: "There was nothing at all to do but eat and sleep." *The Daily Herald*, 1959.	Ils sont rentrés tôt hier de leur lune de miel, parce que la maison qu'ils avaient louée n'avait pas de poste de télévision. John Johnstone, le mari âgé de 21 ans, nous a dit: "Il n'y avait absolument rien à faire à part manger et dormir".

☞ *mots transparents:*
'capital; 'capitalism – de'flation – e'conomy – 'enterprise –
in'flation – nationali'zation; 'nationalize – privati'zation; 'privatize –
pro'duction; produc'tivity – pro'motion – stag'nation

Economics

eco'nomic *adj*
eco'nomical
eco'nomics *(I plur)*
e'conomy

boom *n • vb*
boost *n • vb*

grow *(grew, grown)* • growth
in'flation • in'flationary
re'vival • re'vive
slump *n • vb* [slʌmp]
stag'nate • stag'nation

Management

'capital *(I sing)*
con'sume • con'sumer
con'sumption
cost *(cost, cost) vb • n*
'enterprise • 'enterprising
ex'change *vb • n*
'implement • implemen'tation

'income
'manage ['mænɪdʒ]
'market
'output
pro'duce [prə'djuːs]
pro'mote • pro'motion
'purchase *vb • n* ▲

L'économie

économique (théorie)
économe; économique
l'économie (théorique)
(a) structure économique
  (b) épargne

boom • prospérer
stimulation; soutien • stimuler;
  soutenir

s'accroître • croissance
inflation • inflationniste
reprise • reprendre
récession • s'effondrer
stagner • marasme

La gestion

capital; capitaux
consommer • consommateur
consommation
coûter • coût
entreprise • entreprenant
échanger • échange
mettre en application
  • application

revenu
gérer; diriger
marché
production
produire
promouvoir • promotion
acheter • achat

the affluent society	*la société d'abondance*
a consumer society	*une société de consommation*
He has studied economics.	*Il a fait des études d'économie.*
He has made an in-depth study of the economy of the European Union countries.	*Il a fait une étude approfondie de l'économie des pays de l'Union européenne.*
What is a sound economy?	*Comment définir une économie saine?*
Is it a market economy or a state-controlled, planned economy?	*Est-ce une économie de marché ou une économie d'État, planifiée?*
The problems are both economic and political.	*Les problèmes sont à la fois d'ordre économique et politique.*
We have to be more economical with our natural resources.	*Nous devons nous montrer plus économes de nos ressources naturelles.*
With the globalisation of the market, he is for free entreprise.	*Avec la mondialisation du marché, il est pour la libre entreprise.*
He has a lot of capital.	*Il a de gros capitaux.*
We expect a growth rate of 4% of the GNP (Gross National Product).	*On s'attend à un taux de croissance de 4% du PNB (Produit national brut).*
The law of supply and demand rules supreme.	*La loi de l'offre et de la demande domine tout.*
The domestic/ foreign demand has dropped.	*La demande intérieure/ extérieure a baissé.*
We are in the middle of a slump.	*On est en plein marasme.*
We must curb inflation.	*Nous devons maîtriser l'inflation.*
This will boost the economy.	*Ceci relancera l'économie.*
We must boost our products and attend to our financial management.	*Nous devons promouvoir nos produits et veiller à notre gestion financière.*
The regulation has still to be enforced/ implemented.	*Le règlement doit encore être mis en application.*
Price control has been lifted/ abolished.	*Le contrôle des prix a été supprimé.*

The management	**La gestion**
trade	*commerce*
¹turnover	*chiffre d'affaires*
waste *vb* • *n (I sing)*	*gaspiller* • *gaspillage*

Business (*I sing*)	**Les affaires**
¹company; firm	*société* ▲
head ¹office	*siège social; maison mère*
sub¹sidiary	*filiale*
☐	
ac¹countant	*comptable*
¹chairman	*président*
di¹rector ▲	*administrateur*
e¹xecutive *adj* • *n*	*cadre*
¹manager	*directeur* ▲
¹shareholder	*actionnaire*
☐	
the a¹ccounts/ books	*les comptes*
¹income	*revenu*
lose [luːz] *(lost, lost)* • loss	*perdre* • *perte*
¹profit *n* • *vb*	*bénéfice* • *bénéficier*
¹profitable; ¹profit-making	*profitable*

The Stock Exchange	**La Bourse**
bond	*obligation*
¹fixing	*fixation du prix de l'or*
hard/ soft ¹currency	*monnaie forte/ faible*
in¹vest • in¹vestment • in¹vestor	*investir* • *investissement* • *investisseur*
re¹turn	*rendement*
se¹curities	*valeurs*
share	*action*
stock	*valeur, titre*
yield *vb* • *n* [jiːld]	*rapporter* • *rendement (d'un placement)*

Voir aussi CITY LIFE

Business is brisk / slack.	*Les affaires marchent bien/ mal.*
He has set up and runs his own business.	*Il a créé et il gère sa propre entreprise.*
It's not businesslike.	*Ce n'est pas ainsi qu'on gère des affaires.*
self-management	*l'autogestion*
a multinational firm	*une société multinationale*
an assurance/ insurance company	*une société d'assurances*
a (real) estate agency	*une agence immobilière*
estate agent *(GB)*; realtor *(US)*	*agent immobilier*
a developer	*un promoteur immobilier*
the board of directors	*le conseil d'administration*
the managerial staff	*les cadres supérieurs*
the managing director	*le directeur général*
The chairman chairs all meetings.	*Le président préside toutes les réunions.*
the tertiary sector	*le secteur tertiaire*
overhead expenses (*abrév* overheads)	*les frais généraux*
sundry expenses	*frais divers*
The balance sheet shows the balance between income and expenditure.	*Le bilan montre l'équilibre entre recettes et dépenses.*
He's a chartered accountant.	*C'est un expert-comptable.*
He keeps all the accounts for the firm.	*Il tient toute la comptabilité de l'entreprise.*
They hoard money.	*Ils thésaurisent.*

D   SO THEY SAY...

Business is business.	*Les affaires sont les affaires.*
"Sound economy is better than large revenue." (William Pitt)	*"Une bonne gestion vaut mieux que de gros revenus."*

☞ *mots transparents:*
cheque – ᵖcredit – ᵖdebit – entrepreᵖneur

Banking

bank • ᵖbanker	*banque • banquier*
branch	*succursale*
check *(US);* cheque *(GB)*	*chèque*
deᵖposit *n* • *vb*	*dépôt • déposer*
ᵖdiscount	*escompte*
ᵖinterest *(I sing)*	*intérêt(s)*

Voir aussi CITY LIFE

Trade ## Le commerce

ᵖbalance sheet	*bilan*
ᵖbankrupt • ᵖbankruptcy	*en faillite • faillite*
bill; ᵖinvoice	*facture*
brand ; make	*marque*
ᵖcancel • canceᵖllation	*annuler • annulation*
comᵖpete [kəmᵖpiːt]	*concurrencer*
compeᵖtition • comᵖpetitor	*concurrence • concurrent*
ᵖcopy *vb* • *n*	*imiter • imitation; faux*
ᵖdiscount	*réduction; remise*
exᵖport *vb* • ᵖexport *n*	*exporter • exportation*
goods *(I plur)*	*marchandises*
imᵖport *vb* • ᵖimport *n*	*importer • importation*
liquiᵖdation	*dépôt de bilan*
ᵖmarketing	*étude de marché*
ᵖmortgage *n* • *vb*	*hypothèque • hypothéquer*
niche [niːtʃ]; market gap	*créneau*
ᵖopening	*ouverture*
ᵖorder *vb* • *n*	*passer commande • commande*
ᵖstock-taking	*inventaire*
ᵖtrademark	*marque déposée*
ᵖwarehouse	*entrepôt*

They launder narcodollars.	Ils blanchissent l'argent de la drogue.
The property market is booming.	Le marché de l'immobilier est en pleine expansion.
He is a small investor.	C'est un petit porteur.
popular share ownership	l'actionnariat populaire
Is this a safe investment?	Est-ce un placement sûr?
It's a gilt-edged investment.	C'est un placement de père de famille.
They gamble on the Stock Exchange.	Ils jouent à la Bourse/ Ils boursicotent.
It's a bull/ bear market.	On joue à la hausse/ à la baisse.
Stock (US)/ share (GB) prices are going up/ down.	La Bourse monte/ descend.
He is a bank clerk.	Il est employé de banque.
a bank note	un billet de banque
the bank rate	le taux de l'escompte
the gold standard	l'étalon-or
This is a merchant bank.	C'est une banque d'affaires.
I have a bank account here.	J'ai un compte en banque ici.
I have a Giro account.	J'ai un compte chèques postal.
I have a current/ deposit account.	J'ai un compte courant/ compte de dépôt.
a check (US)/ cheque (GB) book	un chéquier
This is a crossed cheque.	C'est un chèque barré.
This is a blank cheque.	C'est un chèque en blanc.
The cheque bounced/ was a dud.	C'était un chèque sans provision/ en bois.
I'd like to cash this cheque.	J'aimerais encaisser ce chèque.
He drew a cheque on X Bank.	Il a tiré un chèque sur la banque X.
The cheque has been cleared.	Le chèque a été accepté.
I draw interest.	Je touche des intérêts.
The bank charges interest on sums overdrawn/ when you are in the red.	La banque fait payer des agios quand on est à découvert/ dans le rouge.

Taxation / La fiscalité

tax *n* • *vb*	*impôt* • *imposer*
'taxable	*imposable*
'customs *(I plur)*	*douane*
'duty	*droit*
ex'cise	*régie*
the rates *(plur)*	*l'impôt local*
VAT *(abrév **Value Added Tax**)*	*TVA (abrév **Taxe à la valeur ajoutée**)*
GATT *(abrév de **General Agreement on Trade and Tariffs**)*	*le GATT*

Advertising / La publicité

'advert *(abrév **advertisement**)*	*pub (fam)*
'advertise • 'advertising	*faire de la publicité • publicité*
advertisement [ædvə'taɪzmənt] *(US)* [əd'vɜtɪsmənt] *(GB)*	*publicité; annonce publicitaire*
co'mmercial *n (TV)*	*spot publicitaire*
pu'blicity	*publicité*

Labour / La main-d'œuvre

appli'cation • a'pply	*demande d'emploi • faire une demande d'emploi*
a'pprentice • a'pprenticeship	*apprenti • apprentissage*
boss *(fam)*	*patron* ▲
'civil 'servant	*fonctionnaire*
clerk [klɑːk] *(GB)*	*employé de bureau*
clerk [klɜːk] *(US)*	*vendeur (dans un magasin)*
engi'neer • engi'neering	*ingénieur • métier d'ingénieur*
e'xecutive ▲	*cadre*
'foreman; 'overseer	*contremaître*
'manpower; 'work force	*main-d'œuvre*
'salaried 'worker	*ouvrier mensualisé*
'salary	*salaire; traitement*
skilled/ 'unskilled worker	*ouvrier qualifié/ spécialisé*
staff	*le personnel*
super'visory staff	*la maîtrise*

He has a credit/ debit account.	Il a un compte créditeur/ débiteur.
What's the interest rate ?	Quel est le taux d'intérêt?
I want to make a credit transfer.	Je veux faire un virement.
I got a loan from the bank.	J'ai eu un prêt bancaire.
the channels of distribution	les circuits de distribution
a mail order firm	une maison de ventes par correspondance
a trade association	un syndicat professionnel
He has found a niche/ a gap.	Il a trouvé un créneau.
To launch a product costs a lot (of money)/ is costly.	Lancer un produit coûte cher.
The market is buoyant just now.	Le marché est porteur en ce moment.
We struck a deal.	Nous avons conclu une affaire.
We try to meet the public demand.	Nous tentons de répondre à la demande du public.
It's a bargain.	C'est une affaire.
The profit margin is slim.	La marge bénéficiaire est maigre.
We have an after-sales service.	Nous avons un service après-vente.
You can pay by installments.	On peut payer à tempérament.
There's been a drop/ rise in consumption.	Il y a eu une baisse/ augmentation de la consommation.
Running costs are high.	Les coûts de fonctionnement sont élevés.
Investment expenditure is a must.	Les dépenses d'investissement sont indispensables.
Prices are soaring.	Les prix s'envolent; il y a un dérapage des prix.
There's an upturn in world economy.	L'économie mondiale connaît une reprise.

A LES MOTS...

Labour
	La main-d'œuvre
teleco'mmuter	*télétravailleur*
train • trai'nee • 'training	*former • stagiaire • formation*
wage	*salaire (d'ouvrier)*
'wage-earner	*salarié*
'worker	*ouvrier; travailleur*
☐	
'bonus	*prime*
clock in/ out	*pointer*
deregu'lation	*déréglementation*
'moonlighting ['mu:nlaɪtɪŋ]	*travail au noir*
re'dundancy ▲	*suppressions d'emplois*
• re'dundant ▲	*• au chômage*
'shift work	*travail par équipes;*
	les trois-huit
☐	
dis'miss ▲ • dis'missal	*congédier; renvoyer • renvoi*
re'sign ▲ [rɪ'zaɪn]	*démissionner ▲*
resig'nation ▲ [rezɪg'neɪʃən]	*démission ▲*
re'tire • re'tirement	*prendre sa retraite • retraite*
re'train • re'training	*(se) recycler • recyclage*
take on *(took, taken)*	*embaucher*
unem'ployment	*chômage*

Trade unionism
	Le syndicalisme
'labor union *(US)/* 'trade union *(GB)*	*syndicat ouvrier*
labor/ trade 'unionist	*syndicaliste*
☐	
shop 'steward	*délégué syndical*
scab; 'blackleg	*briseur de grève; jaune*
☐	
strike [straɪk]	*se mettre en grève*
(struck, struck) vb • n	*• grève*
'wage claims	*revendications salariales*
'deadlock ['dedlɒk]	*blocage; impasse*
'grass roots *(plur)*	*la base*

home/ foreign trade	le commerce intérieur/ extérieur
the distributive trade	le commerce de la distribution
the wholesale trade	le commerce de gros
He is a wholesaler.	Il est grossiste.
the retail trade	le commerce de détail
He is a retailer.	Il est détaillant.
He is a small tradesman.	C'est un petit commerçant.
Telemarketing is growing.	Le télémarché progresse.
(the) hire-purchase (system)	la vente à tempérament
the installment system	la vente à crédit
mail order sales	la vente par correspondance
He has made a profit/ loss.	Il a fait des bénéfices/ il a eu des pertes.
He has run into debt.	Il a fait des dettes.
He has gone bankrupt.	Il a fait faillite.
He has sold his business.	Il a vendu son fonds de commerce.
We must carry out a market survey.	Il faut faire une étude de marché.
I have paid all my bills.	J'ai payé toutes mes factures.
Will you receipt this invoice?	Voulez-vous acquitter cette facture?
We are selling off.	Nous liquidons.
We pay cash.	Nous payons comptant.

C EXPRESSIONS ET LOCUTIONS

It's a dead loss.	C'est une perte sèche.
He's head over ears in debt.	Il est criblé de dettes.
He's rolling in money.	Il est cousu d'or.

29 ECONOMIC LIFE

A LES MOTS...

Industries

the 'aircraft 'industry	*l'industrie aéronautique*
the 'airspace 'industry	*l'industrie aérospatiale*
the 'chemical 'industry	*l'industrie chimique*
the 'clothing 'industry	*la confection*
the engi'neering 'industries	*les industries d'équipement*
the iron and steel 'industry	*la sidérurgie*
'mining ['maɪnɪŋ']	*l'industrie minière*
'shipbuilding	*la construction navale*
the 'textile 'industry	*l'industrie textile*
the wood 'industry	*l'industrie du bois*

❏

an in'dustrialist	*un industriel*
manu'facture *vb* • *n* ▲	*fabriquer • fabrication*
a manu'facturer	*un fabricant*
manu'factures *(plur)* ▲	*produits manufacturés*

Places of work — Les lieux de travail

lumber/ saw mill; lumberyard	*scierie*
a 'blast furnace	*un haut fourneau*
a 'factory	*une usine*
a mill	*(a) un moulin; une minoterie (b) une usine*
a plant ▲	*une usine (à grande échelle)*
a 'shipyard	*un chantier naval*
a works *(plur* works*)*	*une usine (métallurgie surtout)*

❏

a pit	*une mine (avec puits)*
'firedamp	*le grisou*
a 'gallery	*une galerie*
a shaft	*un puits; une cheminée (de mine)*

❏

nuclear 'power plant/ station	*centrale nucléaire*
'oil rig	*derrick; plate-forme pétrolière*
'oil field/ well	*gisement/ puits de pétrole*

The state levies taxes.	*L'État prélève des impôts.*
income tax	*l'impôt sur le revenu*
the tax collector	*le percepteur*
a tax levy	*une ponction fiscale*
the poll tax	*la capitation*
The tax burden is too heavy.	*La pression fiscale est trop forte.*
We want some tax cuts.	*Nous voulons une diminution des impôts.*
Everyone has a tax allowance.	*Tout le monde a un abattement d'impôt.*
What is the tax rate?	*Quel est le taux d'imposition?*
These goods are tax-free.	*Ces denrées sont détaxées.*
He is a tax-dodger.	*C'est un fraudeur.*
He is charged with tax evasion.	*Il est accusé de fraude fiscale.*
He had found a tax heaven.	*Il avait trouvé un paradis fiscal.*
death duties	*les droits de succession*
excise duties	*les droits de régie*
Customs tariffs are fixed by the GATT decisions.	*Les tarifs douaniers sont fixés par les décisions du GATT.*
the Treasury	*le Trésor public*
This advertisement is misleading.	*C'est de la publicité mensongère.*
I am for comparative advertising.	*Je suis pour la publicité comparative.*
We need an advertising medium.	*Il nous faut un support publicitaire.*
a blue-collar worker	*un travailleur manuel*
a millhand/ millworker	*un ouvrier des filatures, tissages*
a white-collar worker	*un employé de bureau*
a brain worker	*un travailleur intellectuel*
a think tank	*un groupe de réflexion*
He works free lance.	*C'est un travailleur indépendant.*

Raw materials | Les matières premières

alu'minium *(GB)*; [æljʊ'mɪnɪəm]	*aluminium*
a'luminum *(US)* [aɪ'luːmɪnəm]	
'bauxite	*bauxite*
'chromium ['krəʊmɪəm]	*chrome*
'copper	*cuivre*
de'posit	*gisement*
gold	*or*
'iron ['aɪrən]	*fer*
lead [led]	*plomb*
'mercury ['mɜːkjʊrɪ]	*mercure*
ore [ɔː]	*minerai*
'silver	*argent*
tin	*étain; fer-blanc*
zinc	*zinc*

❒

clay	*argile*
marble	*marbre*
rock 'crystal	*cristal de roche*
'sandstone	*grès*
shale	*schiste*
slate	*ardoise*
stone	*pierre*

Products | Les produits

'alloy	*alliage*
brass	*laiton*
'chemicals ['kemɪkəlz]	*produits chimiques*
steel	*acier*

Processes | Les procédés

cast *(cast, cast)*	*couler*
dig *(dug, dug)*	*creuser*
hew *(hewed, hewn/ hewed)*	*tailler*
loom	*métier à tisser*
mould *n* • *vb* [məʊld]	*moule* • *mouler*

mass production	*la production en série*
the latest modern industries	*les industries de pointe*
a technological breakthrough	*une percée technologique*
an assembly line/ conveyor belt	*une chaîne de montage*
He works on the assembly line.	*Il travaille à la chaîne.*
cast iron	*la fonte de fer*
stainless steel	*l'acier inoxydable*
molten ore	*le minerai en fusion*
a mining district	*un pays minier*
a disused factory	*une usine désaffectée*
a spinning mill	*une filature*
He does piece-work.	*Il travaille aux pièces.*
He served an apprenticeship.	*Il a fait un apprentissage.*
He does shift work.	*Il travaille par équipes.*
He is fully qualified.	*Il a tous ses diplômes.*
He works overtime.	*Il fait des heures supplémentaires.*
He has a steady job.	*Il a un emploi stable.*
He takes casual jobs.	*Il fait des petits boulots.*
His job is at risk.	*Il a un travail précaire.*
He has no job security.	*Il n'a pas la sécurité de l'emploi.*
He works full-/ part-time.	*Il travaille à plein temps/ à temps partiel.*
He's a seasonal worker.	*C'est un travailleur saisonnier.*
Students take holiday jobs.	*Les étudiants font des boulots de vacances.*
the minimum (living) wage	*le salaire minimum*
He earns a bare/ good living.	*Il gagne à peine/ bien sa vie.*
continuous reskilling	*la formation continue/ permanente*
He is on a retraining course.	*Il suit un stage de recyclage.*
He is unemployed/ out of work.	*Il est au chômage.*
He was made redundant/ *(fam)* was fired/ sacked.	*Il a été licencié.*
They are slimming down.	*Ils dégraissent.*

A LES MOTS...

Processes

'process *vb* • *n*	*traiter; transformer • procédé*
smelt	*fondre (métaux)*
spin *(span/ spun, spun)*	*filer*
thread [θred]	*fil*
weave *(wove, woven)* • 'weaving	*tisser • tissage*
weld • 'welding • 'welder	*souder • soudure • soudeur*

Sources of energy / Les sources d'énergie

coal	*charbon*
'crude (oil/ petroleum)	*(pétrole) brut*
elec'tricity	*électricité*
'fuel [fjʊəl] ▲ • 'fuel oil	*combustible • fuel ▲; mazout*
gas ▲	*(a) gaz (b) essence (US)*
'nuclear 'energy ['njʊkleə]	*énergie nucléaire*
oil; pe'troleum	*pétrole*
'petrol *(GB)* ▲	*essence*
'reservoir ▲	*lac de retenue*
'waterfall	*chute d'eau*

❐

High tech(nology) / Technologie avancée

com'puter [kəm'pju:tə]	*ordinateur*
com'puter 'science • infor'matics	*l'informatique*
com'puterize [-aɪz]	*informatiser*
'automate • auto'maton	*automatiser • automate*
'data *(I plur)*	*données*
'data bank/ base/ 'network	*banque/ base/ réseau de données*
'floppy disc *(GB)*; dis'quette *(US)*	*disquette*
'hardware	*matériel*
'microchip ['maɪkrəʊtʃɪp]	*puce électronique*
'program(me) • 'programmer	*programmer • programmateur; programmeur*
'robot • ro'botics	*robot • la robotique*
'robotize	*robotiser*
'software *(I sing)*	*les logiciels*
'telecommuter • 'telecommuting	*télétravailleur • le télétravail*
'word 'processor	*traitement de texte*

There is a drop in everyone's purchasing power.	Il y a une baisse générale du pouvoir d'achat.
There are factory closures and many job losses.	Il y a des fermetures d'usines et beaucoup de pertes d'emplois.
unemployment benefit	indemnité de chômage
There are few jobs vacant	Les offres d'emploi sont rares.
He registered at the job centre.	Il s'est inscrit au bureau du chômage.
They are taking on/ recruiting staff.	Ils embauchent/ recrutent du personnel.
He applied for a job.	Il a fait une demande d'emploi.
He had to fill in an application form.	Il a dû remplir un formulaire.
He joined a trade union.	Il a adhéré à un syndicat.
He's a full-time official.	C'est un permanent.
We believe in collective bargaining.	Nous croyons aux négociations collectives.
We want a general rise in pay for the lower-bracket wage-earners.	Nous exigeons une hausse générale des bas salaires.
There will be stoppages of work.	Il y aura des débrayages.
There was a secret ballot.	On a voté à bulletin secret.
A go-slow/ sit-down/ wildcat/ work-to-rule strike was voted.	Ils ont voté une grève perlée/ sur le tas/ sauvage/ du zèle.
They gave strike notice.	Ils ont donné un préavis de grève.
They came out/ went on strike.	Ils se sont mis en grève.
They opted for a factory sit-in.	Ils ont opté pour une grève avec occupation d'usine.
Strike pickets have been placed.	On a placé des piquets de grève.
They want to break the strike.	On veut briser la grève.
There is overmanning.	Il y a des sureffectifs.
There is industrial strife/ unrest.	Il y a de l'agitation sociale.
We will only resume work if there is a wage settlement.	Nous ne reprendrons le travail que s'il y a un accord salarial.

Vehicles | Les véhicules

bus [bʌs] — *autobus; autocar*
car ▲ — *voiture*
coach [kəʊtʃ] — *autocar (d'excursion)*
'lorry *(GB);* **truck** — *camion*
'trailer ['treɪlə] — *remorque*
van • re'moval van — *camionnette • camion de déménagement*

❐

'bicycle ['baɪsɪkl], **bike** — *bicyclette, vélo*
'moped ['məʊped] — *motocyclette*
'motor-bike/ -cycle — *moto*

Component parts | Les composants

'bonnet *(GB);* **hood** *(US)* [hʊd] — *capot*
boot *(GB);* **trunk** *(US)* — *coffre*
brake — *frein; freiner*
'bumper *(GB);* **'fender** *(US)* — *pare-chocs*
choke [tʃəʊk] — *starter* ▲
clutch 'pedal [klʌtʃ] — *pédale de débrayage*
de'clutch — *débrayer*
'driving 'mirror — *rétroviseur*
'engine ['endʒɪn] — *moteur*
ex'haust pipe — *tuyau d'échappement*
'gearbox ['gɪəbɒks] — *boîte de vitesses*
'gear lever *(GB);* **gear shift** *(US)* — *levier de vitesses*
'handlebars *(plur)* — *guidon*
'headlight ['hedlaɪt] — *phare*
ig'nition key [ɪg'nɪʃən] — *clé de contact*
'number plate — *plaque d'immatriculation*
'rear light — *feu arrière*
'roof rack — *galerie*
'saddle — *selle*
'safety belt — *ceinture de sécurité*
seat — *siège*
'shock ab'sorber — *amortisseur*

a bus station	*une gare routière*
a bus stop	*un arrêt d'autobus*
a taxi rank	*une station de taxis*
a double-decker (bus)	*un autobus à impériale*
a (touring) coach	*un car de tourisme*
road haulage	*les transports routiers*
a semi-articulated truck	*un semi-remorque*
We travel by bus/ by car/ by train/ by air.	*Nous voyageons en bus/ en voiture/ en train/ par avion.*
We get into a car.	*Nous montons dans une voiture.*
We get out of a car.	*Nous descendons d'une voiture.*
We get on a bus/ a train/ a plane.	*Nous montons dans un bus/ dans un train/ un avion.*
We get off a bus/ a train/ a plane.	*Nous descendons d'un bus/ d'un train/ d'un avion.*
I don't know where I can park.	*Je ne sais pas où je peux me garer.*
It's a difficult car to park.	*C'est une voiture difficile à garer.*
No parking!	*Stationnement interdit!*
car park *(GB)*; parking lot *(US)*	*parc de stationnement; parking*
The roads are congested.	*Les routes sont encombrées.*
There are big traffic jams.	*Il y a des bouchons/ des embouteillages importants.*
They had to divert the traffic.	*On a dû dévier la circulation.*
We had a crash.	*Nous avons eu un accident.*
We had a break-down.	*Nous sommes tombés en panne.*
Our new car broke down.	*Notre voiture neuve est tombée en panne.*
We've run out of gas *(US)*/ petrol *(GB)*.	*Nous sommes tombés en panne sèche.*
Fill her up!	*Faites le plein!*
How far is it to London?	*À quelle distance sommes-nous de Londres?*
We've missed the bus/ the train.	*Nous avons raté le bus/ le train.*
How often does the bus/ train run?	*Tous les combien passe l'autobus/ le train?*

Component parts | Les composants

spare 'wheel	*roue de secours*
'starter ▲	*démarreur*
tank	*réservoir*
tire *(US)* [taɪə]; tyre *(GB)*	*pneu*
wheel • (driving) wheel	*roue • volant*
'windscreen • 'windscreen 'wiper	*pare-brise • essuie-glace*
wing	*aile*

Driving | La conduite

break down *(broke, broken)*	*tomber en panne*
'break-down	*panne*
co'llide *(into, with)* [kə'laɪd]	*entrer en collision*
drive [draɪv] *(drove, driven)*	*conduire*
'driver	*conducteur; chauffeur*
over'take *(overtook, overtaken)*	*doubler*
'passenger	*passager; voyageur*
speed *(sped, sped)*	*(faire de la) vitesse*
'speeding	*excès de vitesse*
stall [stɔ:l]	*(faire) caler*
start *vb • n*	*démarrer • démarrage*

The roads | Les routes

'crossroad(s)	*carrefour; croisement*
di'version	*déviation*
'dual 'carriageway	*route à 4 voies*
ex'pressway *(US)*; 'motorway *(GB)*	*autoroute*
'highway	*route nationale*
'interchange	*échangeur*
'junction	*bifurcation*
'ring road	*(boulevard) périphérique*
'signpost ['saɪnpəʊst]	*poteau de signalisation*
'traffic lights	*feux tricolores*
'underpass	*passage souterrain*

286

Can I give you a lift home?	*Puis-je vous ramener chez vous?*
I commute every day between here and London.	*Je fais le voyage aller et retour tous les jours entre ici et Londres pour mon travail.*
He rides a (motor-)bike.	*Il conduit une moto.*
He cycles to work.	*Il se rend au travail à bicyclette/ à moto.*
We have a family car.	*Nous avons une voiture familiale.*
Put the car in bottom gear!	*Passe la première!*
Change gear now!	*Change de vitesse maintenant!*
Try to reverse into the garage.	*Essaie d'entrer dans le garage en marche arrière.*
Put on the brake!/ Brake!	*Freine!*
Reduce speed now!/ Slow down!	*Ralentir!*
There's a speed limit.	*Il y a une limitation de vitesse.*
I had to swerve to avoid him.	*J'ai dû donner un coup de volant pour l'éviter.*
Can I see your driving licence?	*Puis-je voir votre permis de conduire?*
It's in the highway code.	*C'est dans le code de la route.*
He got a parking ticket.	*Il a eu une contravention.*
His car was impounded.	*Sa voiture a été mise en fourrière.*
He was fined.	*Il a eu une amende.*
He was booked for speeding.	*Il a eu une contravention pour excès de vitesse.*

Rail(way) transport

'carriage	wagon (de voyageurs)
'platform ▲	quai
subway (US)	métro
tube (Londres) [tju:b]	métro
'underground (railway)	métro
'waggon	wagon (de marchandises)

Le transport ferroviaire

Sea transport

berth [bɜːθ]	couchette
boat	bateau
bridge	passerelle (du commandant)
'cargo ▲ • 'cargo boat	cargaison • cargo ▲
deck	pont
'harbour • port	port; dock • ville portuaire
'lifeboat	canot de sauvetage
'lighthouse	phare
sail n • vb	voile • naviguer
ship	navire
'shipwreck n • vb ['ʃɪprek]	naufrage • faire naufrage
sink (sank, sunk)	couler, sombrer
(oil) 'tanker	pétrolier
wharf [wɔːf]	quai

Le transport maritime

Air transport

'aeroplane	avion
'airliner • 'airport	avion de ligne • aéroport
flight [flaɪt]	vol
fly (flew, flown)	voler
'hijack ['haɪdʒæk]	détourner (un avion)
'hijacker	pirate de l'air
jet • jet (plane) [dʒet]	réacteur • avion à réaction
plane (abrév aeroplane)	avion
'runway	piste d'envol
take off (took, taken) • 'take-off	décoller • décollage

Le transport aérien

30 LES TRANSPORTS

B ... DANS LEUR CONTEXTE

a goods train	un train de marchandises
a passenger train	un train de voyageurs
a waiting room	une salle d'attente
The trains are running late/ to schedule.	Les trains ont du retard/ sont à l'heure.
Where's the left-luggage office?	Où se trouve la consigne?
I had a bad crossing.	J'ai fait une mauvaise traversée.
I was sea-sick.	J'ai eu le mal de mer.
You can take your hand luggage on board.	Vous pouvez prendre à bord vos bagages à main.
Heavy luggage goes in a baggage hold.	Les bagages lourds vont dans une soute à bagages.
They broke the sound barrier.	Ils ont franchi le mur du son.
Have you a season ticket?	Avez-vous un abonnement?
What is the fare to London?	Combien coûte un billet pour Londres?
How much is the single fare?	Quel est le prix d'un aller simple?
How much is the return fare?	Quel est le prix d'un aller-retour?
Can I see your ticket?	Est-ce que je peux voir votre billet?
The plane was scheduled/ due to arrive at 10.35 p.m.	L'arrivée de l'avion était prévue pour 22 heures 35.
The plane is overdue.	L'avion a du retard.

C EXPRESSIONS ET LOCUTIONS

He came under his own steam.	Il est venu par ses propres moyens.
You've missed the bus/ boat.	Tu as raté le coche.
We're all in the same boat.	Nous sommes tous logés à la même enseigne.
Your plan doesn't hold water.	Ton projet ne tient pas la route.
Don't rock the boat!	Il faut être solidaire!
He's burnt his boats.	Il a brûlé ses vaisseaux/ Il ne peut plus revenir en arrière.

Étant donné que toute administration nationale est particulière, les traductions proposées ici ne peuvent constituer que des approximations.

En règle générale, lorsqu'il s'agit d'un pays non anglo-saxon, c'est le français − langue diplomatique universelle pendant des siècles − qui sert encore maintenant de calque pour décrire en anglais les institutions et fonctions équivalentes. Hommage non négligeable! Mais, dans ce vocabulaire, bien évidemment, c'est la nomenclature anglo-saxonne qui constitue le point de départ.

Great Britain — La Grande-Bretagne

'Parliament	*le Parlement*
the House of Lords	*la Chambre des Lords*
the Lord 'Chancellor	*le président de la Chambre des Lords et le ministre de la Justice (Garde des Sceaux)*
the (House of) 'Commons	*la Chambre des Communes*
the 'Speaker	*le président de la Chambre des Communes*

Ministers and ministries — Ministres et ministères

the Prime 'Minister/the 'Premier	*le Premier ministre*
the 'Government Chief Whip	*le chef du groupe parlementaire de la majorité*
Lord 'Privy Seal	*Lord du Sceau privé*
the 'Chancellor of the Ex'chequer	*le ministre des Finances*
the 'Treasury ['treʒəri]	*le ministère des Finances*
the Home 'Secretary	*le ministre de l'Intérieur*
the Home 'Office	*le ministère de l'Intérieur*
the 'Foreign 'Secretary	*le ministre des Affaires étrangères*
the 'Foreign 'Office	*le ministère des Affaires étrangères*
the First Lord of the 'Admiralty	*le ministre de la Marine*
the 'Admiralty	*le ministère de la Marine*

Party politics are complicated.	*La politique politicienne n'est pas simple.*
He wants to go into politics.	*Il veut faire une carrière politique.*
a politician	*un homme/ une femme politique*
the heads of state	*les chefs d'État*
the executive/ legislative	*le pouvoir exécutif/ législatif*
Britain lives in democracy. It has a constitutional monarchy.	*La Grande-Bretagne est une démocratie. C'est une monarchie constitutionnelle.*
The Queen is the sovereign but the government is sovereign.	*La reine en est la souveraine, mais le gouvernement est souverain.*
It is not a dictatorship.	*Ce n'est pas une dictature.*
It is a parliamentary system.	*C'est un régime parlementaire.*
The power is in the hands of the electors.	*Le pouvoir est entre les mains des électeurs/ l'électorat.*
Britain has her M.P.'s, who sit in the Commons.	*La Grande-Bretagne a ses députés qui siègent à la Chambre des communes.*
They pass laws/ acts.	*Ils votent des lois.*
There may be a royal commission (of inquiry).	*Il peut y avoir une commission d'enquête.*
The bill goes through the committee stage.	*Le projet de loi passe en commission.*
There will be a second reading.	*Il passera en deuxième lecture.*
We are having a general election.	*Nous sommes en période d'élections législatives.*
This is a by-election.	*C'est une élection partielle.*
He is standing for election.	*Il se présente aux élections.*
He is running for president.	*Il est candidat aux (élections) présidentielles.*
He is canvassing (for votes).	*Il est en tournée électorale.*
He belongs to the Conservative/ Labour party.	*Il est membre du parti conservateur/ travailliste.*

the 'Secretary of State for War	*le ministre de la Guerre*
the War 'Office	*le ministère de la Guerre*
the 'Secretary of State for Air	*le ministre de l'Air*
the Air 'Ministry	*le ministère de l'Air*
the 'Postmaster 'General	*le ministre des Postes*
the Post 'Office	*le ministère des Postes*
the Board of Trade	*le ministère du Commerce*
the 'Cabinet	*le cabinet /conseil des ministres*
the 'Shadow 'Cabinet	*le cabinet fantôme*
M.P. *(abrév* Member of Parliament)	*député*
back bench • back'bencher	*hémicycle • simple député*
front bench • front'bencher	*banc des ministres • ministre*
the 'Upper/ 'Lower 'Chamber	*la Chambre haute/ basse*

The United States   Les États-Unis

'Congress	*le Congrès*
the 'Senate	*le Sénat*
the House of Repre'sentatives	*la Chambre des Représentants*
repre'sentative	*député*
'congressman/ -woman	*membre du Congrès*
□	
the 'Donkey	*emblème des Démocrates*
the 'Elephant	*emblème des Républicains*
Inaugu'ration	*l'entrée en fonction d'un nouveau président*
□	
the 'Secretary of the 'Treasury	*le ministre des Finances*
the 'Secretary of the In'terior	*le ministre de l'Intérieur*
the 'Secretary of State	*le ministre des Affaires étrangères*
the A'ttorney 'General	*le ministre de la Justice*
the De'partment of Trade	*le ministre du Commerce*

We vote by secret ballot.	*Nous votons à bulletin secret.*
You put your ballot-paper in the ballot-box after going through the voting booth.	*On dépose son bulletin de vote dans l'urne après être passé par l'isoloir.*
I am on the electoral roll *(GB)*/ ticket *(US)*.	*Je suis inscrit sur la liste électorale.*
There may be a second ballot/ a run-off election *(US)*.	*Il y aura peut-être ballottage.*
The latest opinion poll was in favour of our candidate.	*Le dernier sondage d'opinion était favorable à notre candidat.*
He is running on a Republican ticket.	*Il se présente sur la liste républicaine.*
He's a hard-liner.	*Il est partisan de la ligne dure.*
He favours a tough policy.	*Il est pour une politique dure.*
He lives in his constituency.	*Il habite dans sa circonscription.*
He is near his constituents.	*Il est proche de ses électeurs.*
Let's hope there will be a good turnout on polling day.	*Espérons qu'il y aura une bonne participation le jour du scrutin.*
The US President appoints his secretaries and can dismiss/ remove them from office.	*Le Président des États-Unis nomme ses ministres et il a le pouvoir de les révoquer.*
Representatives are also congressmen in the States.	*Les représentants sont aussi membres du Congrès aux États-Unis.*
An ombudsman is a must.	*On ne peut pas se passer d'un médiateur.*
I'm a civil servant/ in the Civil Service.	*Je suis fonctionnaire/ dans l'Administration.*
I have tenure, so I have job security.	*Je suis titulaire, donc j'ai la sécurité de l'emploi.*

D SO THEY SAY...

Power tends to corrupt and absolute power corrupts absolutely. Great men are almost always bad men. (Lord Acton)	*Le pouvoir tend à corrompre et le pouvoir absolu corrompt absolument. Les grands hommes sont rarement bons.*

Comme pour la politique et la justice, les forces armées posent le problème des particularismes. Non seulement chaque pays anglophone a sa propre organisation, mais dans chaque arme le même mot peut ne pas correspondre aux mêmes grades ou ne pas recouvrir les mêmes fonctions. Notre nomenclature sera donc imparfaite et succincte.

The armed forces	**Les forces armées**
the 'Army	*l'Armée de terre*
the 'Navy ['neɪvi]	*la Marine*
the Air Force	*l'Armée de l'air*
the Ar'tillery	*l'Artillerie*
the Engi'neers	*le Génie*
the 'Infantry	*l'Infanterie*

Ranks	**Les grades**
(co'mmissioned) 'officers	*officiers*
'admiral	*amiral*
'general	*général*
'colonel ['kɜːnəl]	*colonel*
'captain	*capitaine*
lieu'tenant [lef'tenənt] *(GB)* [luː'tenənt] *(US)*	*lieutenant*

☐

N.C.O. *(abrév* non-commissioned 'officer)	*sous-officier*
'sergeant ['sɑːdʒənt]	*sergent*
'corporal	*caporal*
'private ['praɪvɪt]	*simple soldat*

The units	**Les unités**
'army	*armée*
fleet	*flotte*
ba'ttalion [bə'tæljən]	*bataillon*
pla'toon [plə'tuːn]	*section*
squad [skwɒd] • 'squadron	*peloton • escadron*

☞ *mots transparents:*
bomb – co'mmando – 'company – gre'nade – 'missile – 'regiment – 'section – tank

The weaponry	**L'armement**
'armour *(I sing)* [ɑ:mə]	*les blindés ; les chars*
'armoured car	*automitrailleuse*
'booby trap	*piège; guet-apens*
'firearm	*arme à feu*
'flamethrower	*lance-flammes*
gun • 'handgun	*fusil; canon • pistolet*
ma'chine-gun	*mitrailleuse*
• 'submachine gun	*• mitraillette*
mine [maɪn]	*mine*
'mortar	*mortier*
'rocket	*fusée*
tor'pedo *n* • *vb* [tɔ:'pi:dəʊ]	*torpille • torpiller*
❐	
'aircraft 'carrier	*porte-avions*
'battleship	*cuirassé*
de'stroyer	*contre-torpilleur*
'flagship	*vaisseau amiral*
'mine-sweeper	*dragueur de mines*
'submarine	*sous-marin*
'warship	*navire de guerre*
❐	
'air base/ raid	*base/ attaque aérienne*
'airborne troops	*troupes aéroportées*
'aircraft *(plur* aircraft)	*avion*
'para(trooper)	*para(chutiste)*
❐	
ammu'nition *(I sing)*	*les munitions*
'bullet	*balle*
'cartridge	*cartouche*
'firing power	*puissance de tir*
shell *n* • *vb*	*obus • bombarder (l'artillerie)*
shoot *(shot, shot)*	*tirer*
'strike force	*force de frappe*

☞ *mots transparents:*

camp – 'conflict – de'feat – 'dissident – 'espionage – gue'rrilla –
'rebel; re'bellion – re'sist; re'sistance – 'terrorism; 'terrorist – 'victory

War	**La guerre**
battle	*bataille*
be'siege [bə'si:dʒ]	*assiéger*
'booty • spoils *(I plur)*	*butin*
'butcher • 'butchery	*massacrer • massacre*
cam'paign [kæm'peɪn]	*campagne*
'casualty *n* ['kæzəltı]	*blessé; mort*
'conquer ['kɒŋkə] • 'conquest	*conquérir • conquête*
de'stroy • de'struction	*détruire • destruction*
fall back *(fell, fallen)*	*se replier*
fight [faɪt] *(fought, fought)* [fɔːt]	*se battre*
'harass; 'harry • 'harassment	*harceler • harcèlement*
in'vade • in'vader	*envahir • envahisseur*
kill	*tuer*
lose [luːz] *(lost, lost)* • 'loser	*perdre • perdant*
mop up	*nettoyer*
'plunder *vb* • *n* ['plʌndə]	*piller • pillage*
pur'sue • pur'suit	*poursuivre • poursuite*
re'treat *n* • *vb*	*retraite • battre en retraite*
'slaughter *vb* • *n* ['slɔːtə]	*massacrer • carnage; massacre*
su'rrender *vb* • *n*	*se rendre • reddition*
'uprising	*soulèvement*
win *(won, won)* • winner	*gagner • vainqueur*
with'draw *(-drew, -drawn)*	*se retirer*
with'drawal	*retrait*
wound *vb* • *n* [wuːnd]	*blesser • blessure*
❐	
e'scape *vb* • *n*	*s'évader • évasion* ▲
free; 'liberate	*libérer*
take 'prisoner	*faire prisonnier*
❐	
spy *n* • *vb* [spaɪ]	*espion • espionner*

He enlisted in/ joined the armed forces as a volunteer.	Il s'est engagé dans les forces armées comme volontaire.
He was declared fit/ unfit for service.	Il était déclaré bon pour le service/ Il a été réformé.
He is a raw recruit.	C'est une nouvelle recrue.
He didn't like civilian life.	Il n'aimait pas la vie civile.
He is a conscientious objector.	C'est un objecteur de conscience.
"Attention!"	"Garde à vous!"
"(Stand) at ease!"	"Repos!"
"Dismiss!"	"Rompez!"
He has been promoted.	Il est monté en grade.
He has got his first stripe.	Il a eu son premier galon.
He has been promoted sergeant.	Il a été promu sergent.
He is in battle dress.	Il est en tenue de campagne.
He is in fatigue dress.	Il est en treillis.
He is on fatigue duty.	Il est de corvée.
He is on sentry duty.	Il monte la garde.
He is in a new barracks.	Il est dans une nouvelle caserne.
He is under arrest.	Il est aux arrêts.
He risks a court-martial.	Il risque de passer en conseil de guerre.
He is in a fighting unit.	Il est dans une unité combattante.
He's a war veteran.	Il est ancien combattant.
The pilot had to bale out when his plane was hit.	Le pilote a dû sauter quand son avion a été touché.

□

They declared war on us.	Ils nous ont déclaré la guerre.
They went to war with us.	Ils sont entrés en guerre contre nous.
We are now at war with them.	Nous sommes maintenant en guerre contre eux.
Modern warfare is efficient	Les méthodes de la guerre moderne sont efficaces.
Trench warfare is extinct.	La guerre des tranchées est périmée.

☞ *mots transparents:*
ratifi'cation; 'ratify – repa'rations – 'signature

Peace

	La paix
'cease-fire	*cessez-le-feu*
en'force [ɪn'fɔːs]	*mettre en vigueur*
ne'gotiator [nə'gəʊʃɪeɪtə]	*négociateur*
ne'gotiotate • negoti'ations	*négocier • négociations*
sign [saɪn]	*signer*
'signature ['sɪgnətʃə]	*signature*
'treaty	*traité*
truce [truːs]	*trêve*

32 LA GUERRE ET LA PAIX

B ... DANS LEUR CONTEXTE

Guerrilla warfare is back.	La guérilla est de retour.
Battlefields no longer exist.	Les champs de bataille n'existent plus.
The front line is everywhere.	Le front est partout.
The military suffered heavy casualties.	L'armée a subi de grosses pertes.
Many civilians were wounded or killed.	Il y a eu beaucoup de blessés et de morts dans la population civile.
The invading army overran the whole country.	L'armée a envahi tout le pays.
After the landing they established a bridgehead.	Après le débarquement, ils ont établi une tête de pont.
The planes bombed towns.	Les avions ont bombardé les villes.
The artillery shelled our positions.	L'artillerie a bombardé nos positions.
They are now engaged in mopping-up operations.	Ils sont en train de nettoyer le terrain.
They took me prisoner.	Ils m'ont fait prisonnier.
I was under enemy fire.	Je me trouvais sous le feu de l'ennemi.
He was killed by friendly fire.	Il a été tué accidentellement (par ses propres troupes).
Peace negotiations are now under way.	Les négociations de paix sont maintenant en cours.
I served in the war.	J'ai fait la guerre (en tant que soldat).
After making war, the belligerents want to make peace.	Après avoir fait la guerre, les belligérants veulent faire la paix.
We need a peace-keeping force.	Il nous faut une force de maintien de la paix.

D   SO THEY SAY...

"There never was a good war, or a bad peace."
(Benjamin Franklin)

"Il n'y a jamais eu de bonne guerre ni de mauvaise paix."

Toute administration nationale étant particulière, les traductions proposées ici ne peuvent constituer que des approximations. En voici quelques particularités.

The judicial system	Le système judiciaire
De'partment *(US)*/ 'Ministry *(GB)* of Justice	*ministère de la Justice*
Lord Chief 'Justice *(GB)*	*premier président de la Cour d'Appel (cas civils et pénaux)*
'Master of the Rolls *(GB)*	*premier président de la Cour d'Appel (cas civils)*
A'ttorney 'General *(GB)*	*le Procureur général (GB); Garde des Sceaux (US)*
Law Lords *(GB)*	*juges siégeant à la Chambre des Lords*
the rule of law	*l'état de droit*
'civil rights	*les droits civiques*
'common/ 'statute law	*le droit coutumier/ écrit*
the 'civil/ 'criminal code	*le code civil/ pénal*

The judiciary	La magistrature
the Bench	*la magistrature*
'coroner	*juge chargé d'enquêter sur les causes d'un décès*
'Justice of the Peace (J.P.)	*juge de paix*
the 'Public 'Prosecutor	*le Ministre public, le Parquet*
e'xamining 'magistrate	*juge d'instruction*

the Law Faculty	*la faculté de droit*
the law of the land	*les lois du pays*
under English law	*selon la loi anglaise*
He thinks he is above the law.	*Il se croit au-dessus des lois.*
You have the law on your side.	*Tu as la loi pour toi.*
I'm a law-abiding citizen.	*Je suis un citoyen respectueux des lois.*
I keep within the law.	*Je reste dans les limites de la légalité.*
You mustn't take the law into your own hands.	*Il ne faut pas se faire justice soi-même.*
I'll have the law on you.	*Je te ferai un procès; je te traînerai devant les tribunaux.*

C   EXPRESSIONS ET LOCUTIONS

the law of the jungle	*la loi de la jungle*
He is a law unto himself.	*Il ne connaît d'autre loi que la sienne; il fait ce qu'il veut.*
Her word is law at home.	*Sa parole fait loi à la maison.*
She likes to lay down the law to everybody.	*Elle aime faire la loi à tout le monde.*
Possession is nine points of the law.	*Possession vaut titre.*
There's no law against that!	*Ce n'est pas interdit!*
It's a judgement on him!	*Ce n'est que justice!*
I don't want to sit in judgement on her.	*Je ne veux pas la juger (d'un point de vue moral).*
Judgement Day	*le jour du Jugement dernier*
at the last judgement	*au Jugement dernier*
It's poetic justice!	*C'est bonne justice!*
He did justice to the meal.	*Il a fait honneur au repas.*
She does not know how to do herself justice.	*Elle ne sait pas se montrer à sa juste valeur/ se faire valoir.*
The picture doesn't do her justice	*La photo ne l'avantage pas.*

☞ *mots transparents:*
code – court – 'criminal – investi'gation – judge – juris'prudence
law – 'legal – 'magistrate – 'precedent – pro'cedure – 'sentence

The Bar	**Le barreau**
a'ttorney	*avoué; avocat*
'barrister	*avocat*
'counsel for the de'fence	*avocat de la défense*
'counsel for the prose'cution	*avocat du ministère public*
KC/QC (King's/Queen's 'Counsel) *(GB)*	*avocat de rang supérieur*
'lawyer	*homme de loi (terme général)*
so'licitor	*avoué; notaire*

The lawcourts	**Les palais de justice**
'county/ 'magistrates' courts	*tribunaux de première instance*
the (Court of) A'ssizes	*la cour d'assises*
the Court of A'ppeal	*la cour d'appel*
the High Court	*le tribunal de grande instance*

Offences	**Délits, infractions et crimes**
armed 'robbery	*vol à main armée*
'arson	*incendie criminel*
'arsonist	*incendiaire, pyromane*
a'ssault and 'battery	*coups et blessures*
'blackmail *(I sing)* • *vb*	*chantage • faire chanter*
'blackmailer	*maître chanteur*
bribe *vb* • *n* [braɪb]	*corrompre • pot-de-vin*
'bribery; co'rruption	*corruption*
'burglar • 'burglary	*cambrioleur • cambriolage*
'burgle	*cambrioler*
'drug 'peddler/ 'peddling	*trafiquant/ trafic de drogues*
em'bezzlement • em'bezzler	*détournement de fonds • escroc*
forge • 'forger	*contrefaire • faussaire*
'forgery	*fabrication de faux; un faux*
fraud	*fraude*

He studied/ read law.	*Il a fait du droit.*
He was called to the Bar.	*Il a été inscrit à l'ordre des avocats.*
I am going to take legal action/ proceedings against them.	*Je vais leur faire/ intenter un procès.*
We went to law.	*Nous sommes allés en justice.*
We sued them/ brought a suit against them.	*Nous leur avons fait/ intenté un procès.*
A summons was served on him.	*On l'a assigné en justice.*
I claim my right of access to a lawyer.	*Je revendique le droit de consulter un avocat.*
There was a preliminary investigation.	*Il y a eu une enquête préliminaire.*
He was examined by the (examining) magistrate.	*Il a été interrogé par le juge (d'instruction).*
The results of the inquest are not yet (made) public.	*Les conclusions de l'enquête ne sont pas encore connues.*
He was released on bail.	*Il a été mis en liberté provisoire sous caution.*
He's a hardened offender.	*C'est un récidiviste invétéré.*
It's his second offence.	*Il vient de récidiver.*
It's a case of embezzlement.	*C'est une affaire de détournement de fonds.*
He's a cat-burglar.	*C'est un monte-en-l'air.*
He played the confidence trick on me.	*Il m'a fait le coup de la confiance.*
It was a big con *(fam)*.	*C'était une vaste escroquerie.*
He conned me into entrusting him with my savings.	*Il m'a escroqué en me convainquant de lui confier mes économies.*
He assaulted/ mugged a young woman.	*Il a agressé une jeune femme.*
He took bribes.	*Il se laissait acheter/ corrompre.*

☞ *mots transparents:*
'dealer – de'linquency; de'linquent – 'hold-up – 'juvenile – incarce'ration – juris'prudence – 'kidnap; 'kidnapping – 'pickpocket – 'prison; 'prisoner – 'racket – 'suspect – 'vandal; 'vandalism

Offences	Délits, infractions et crimes
'hi-jack ['haɪdʒæk]	*détourner (un avion)*
'hi-jacking	*détournement d'avion*
'hi-jacker	*pirate de l'air*
'house-breaker	*cambrioleur*
'house-breaking	*viol de domicile*
loot *n • vb*	*butin • piller*
'looter • 'looting	*pilleur • pillage*
'mobster	*casseur*
mug • 'mugger	*agresser • agresseur*
'mugging	*agression*
'murder *vb • n*	*assassiner*
	• assassinat, meurtre
'murderer	*assassin*
o'ffender	*contrevenant*
'racket *n • vb*	*racket • racketter*
racke'teer • racke'teering	*racketteur • racket*
rape *n • vb*	*viol • violer*
'rapist ['reɪpɪst]	*violeur*
re'ceiver • re'ceiving	*receleur • recel*
rob • 'robber • 'robbery	*voler, dévaliser • voleur • vol*
steal *(stole, stolen)* • 'stealing	*voler; dérober • vol*
'stick-up	*hold-up*
swindle • 'swindler	*escroquerie • escroc*
'swindling *(I sing)*	*escroquerie*
theft • thief • thieve	*vol • voleur • voler*
'vandalize	*saccager*
☐	
a'ccomplice	*complice*
'underworld	*la pègre*

He committed a breach of the peace.	Il a troublé l'ordre public.
Our house was broken into.	Notre maison a été cambriolée.
He's a small-scale dealer/ a drug-peddler.	C'est un petit revendeur de drogue.
He forged my signature.	Il a contrefait ma signature.
This cheque is a forgery.	Ce chèque est un faux.
He's a petty thief.	C'est un petit voleur.
He robbed me of my watch.	Il m'a volé ma montre.
He swindled several people out of their savings.	Il a escroqué plusieurs personnes de leurs économies.
They robbed a bank.	Ils ont volé une banque.
He stole money out of the till.	Il a volé l'argent dans la caisse.
The thief was caught red-handed.	Le voleur a été pris la main dans le sac.
He was brought to trial.	Il a été traduit en justice.
He was charged with theft.	Il a été mis en examen pour vol.
I was sitting on the jury.	Je faisais partie du jury.
the prosecuting counsel	l'avocat de la partie civile
the defending counsel	l'avocat de la défense
witness for the prosecution	témoin à charge
witness for the defence	témoin à décharge
She was an eye-witness.	C'est un témoin oculaire.
She took the oath.	Elle a prêté serment.
She gave evidence.	Elle a témoigné.
All evidence must be checked.	Tout témoignage est à vérifier.
The evidence was too flimsy to warrant charges.	Les preuves étaient trop peu solides pour justifier une mise en examen.
He was cross-examined by the counsel for the defence.	Il a dû subir le contre-interrogatoire de la défense.
He turned informer.	Il a dénoncé/ donné ses complices.

33 JUSTICE

A LES MOTS...

☞ *mots transparents:*
exe'cution – incarce'ration – 'prison –'suspect– 'verdict

In court	**Au tribunal**
the a'ccused *(criminal case)*	*l'accusé (affaire pénale)*
the de'fendant *(civil case)*	*l'accusé (affaire civile)*
the 'plaintiff	*la partie civile*
'witness *n • vb*	*témoin • être témoin de*
❑	
the 'court-room	*la salle d'audience*
the clerk of the court	*le greffier*
the dock	*le box (des accusés)*
the 'foreman of the 'jury	*le chef du jury*
the 'jury-box	*le banc des jurés*
'member of the 'jury	*membre du jury*
the 'witness-box	*la barre des témoins*
❑	
'evidence *(I sing)*	*(a) indice(s) (b) témoignage*
'prosecute ['prɒsɪkjuːt]	*poursuivre en justice*
post-'mortem	*autopsie*
'testimony	*témoignage*
❑	
a'cquit [ə'kwɪt] • a'cquittal	*acquitter • acquittement*
guilt	*culpabilité*
'guilty ['gɪlti] • not 'guilty	*coupable • non coupable*
❑	

The sentences	**Les peines**
'capital 'punishment	*peine capitale*
death 'sentence	*peine de mort*
e'lectric chair	*chaise électrique*
exe'cutioner	*bourreau*
gaol; jail [dʒeɪl]	*prison*
hang • 'hanging	*pendre • pendaison*
high-'security 'quarters	*quartier de haute sécurité*
im'prisonment	*incarcération*
'pardon; reprieve	*grâce*
rehabili'tation centre	*centre de rééducation*
'solitary (con'finement)	*le cachot*

He got a ticket for a parking offence.	*Il a eu une contravention pour stationnement interdit.*
He was booked for speeding.	*On lui a dressé contravention pour excès de vitesse.*
The case has been tried.	*L'affaire a été jugée.*
The jury has just returned its verdict.	*Le jury vient de rendre son verdict.*
The accused is declared guilty/ not guilty.	*L'accusé est déclaré coupable/ non coupable.*
There are extenuating circumstances.	*Il y a des circonstances atténuantes.*
The judge must now pass sentence on the accused.	*Le juge doit maintenant prononcer son jugement.*
You are sentenced to six months' imprisonment without remission.	*Vous êtes condamné à six mois de prison ferme.*
a suspended prison sentence	*une peine de prison avec sursis*
He got a life sentence.	*Il a été condamné à la réclusion à perpétuité.*
He had to pay a fine.	*Il a dû payer une amende.*
He was fined £20.	*Il a dû payer une amende de £20.*
He obtained an acquittal.	*Il a obtenu l'acquittement.*
A pardon/ reprieve is granted.	*La grâce est accordée.*
There is no case.	*Il n'y a pas lieu de poursuivre.*
The case is dismissed.	*Un non-lieu a été prononcé.*
The accused was cleared.	*L'accusé a été innocenté.*
The sentence was quashed by the Court of Appeal.	*Le jugement a été cassé par la cour d'appel.*
He has served his sentence.	*Il a purgé sa peine.*
Can prison act as a deterrent?	*Est-ce que la prison peut jouer un rôle dissuasif?*
I am for the abolition of the death penalty.	*Je suis pour la suppression de la peine de mort.*
There's always the risk of a miscarriage of justice.	*Le risque d'une erreur judiciaire existe toujours.*

The police (I plur)	**La police**
'bobby *(fam) (GB)*	*flic, poulet*
'constable *(GB)*	*agent de police*
cop *(fam) (US)*	*flic, poulet*
fuzz *(the ~) (argot)* [fʌz]	*les flics*
in'former	*indicateur*
po'liceman ['plismən]	*agent de police*
superin'tendant	*commissaire*
❑	
anti-'crime squad	*brigade de la répression du banditisme*
nar'cotics squad	*brigade des stupéfiants*
'serious crimes squad	*brigade antigang*
vice squad	*police des mœurs*
❑	
the Black Ma'ria *(argot GB)*	*le panier à salade*
pa'trol car	*voiture de police*
po'lice pa'trol	*patrouille de police*
po'lice raid	*descente de police*
po'lice van	*voiture cellulaire*
❑	
'handcuffs	*menottes*
'helmet	*casque*
'truncheon	*bâton*
❑	
a'rrest *vb • n*	*arrêter • arrestation*
'caution ▲	*informer quelqu'un de ses droits avant de procéder à un interrogatoire*
'custody	*garde à vue*
in'quire; in'vestigate	*enquêter*
in'quiry; investi'gation	*enquête*
'question	*interpeller; interroger*
'questioning	*interrogatoire*
'shadow; tail	*filer*
'statement	*déclaration*
track *n • vb*	*piste • pister*

The police are responsible for law and order.	La police est responsable de l'ordre public.
He joined the police.	Il est entré dans la police.
The constable is on his beat.	L'agent fait sa ronde.
a rogue policeman *(fam)*	un policier marron
a bent copper *(fam) (GB)*	un ripoux
a plain clothes detective	un policier en civil
the local police force	la police locale
He has a police record.	Il a un casier judiciaire.
a policewoman	une femme-agent (de police)
a police dog	un chien policier
a police station	un poste de police/ gendarmerie
a police court	un tribunal de simple police
a search warrant	un mandat de perquisition
the forensic evidence	les indices relevés par le médecin légiste
The police are obliged to caution a person before arresting him/ putting him under arrest.	La police doit toujours informer toute personne de ses droits avant de procéder à une arrestation.
He was handcuffed.	On lui a passé les menottes.
He is being held for questioning.	Il est actuellement interrogé (par la police).
He has been taken into custody.	Il a été placé en garde à vue/ en détention préventive.
The police officer was accused of misconduct in carrying out his duties.	Le policier fut accusé d'avoir commis une bavure dans l'exercice de ses fonctions.
The police were accused of coercion.	On a accusé la police d'avoir eu recours à la coercition.
The accused claimed he had been coerced into confessing.	L'accusé prétendait qu'on lui avait extorqué des aveux par la coercition.
It's a police state.	C'est un État policier.
The border is policed by armed patrols.	La frontière est sous la surveillance de patrouilles.

Unemployment — ## Le chômage

e'xecutive unem'ployment	*le chômage des cadres*
'long-term unem'ployment	*le chômage de longue durée*
unem'ployment 'benefit	*allocation chômage*
re'dundancy • re'dundant	*chômage • au chômage*

☐

dis'miss • dis'missal	*congédier; renvoyer • renvoi*
'early re'tirement	*la préretraite*
un'fair dis'missal	*licenciement abusif*
re'ception 'centre	*foyer d'accueil*
lay off *(laid, laid)*	*mettre à pied*
re'duction of staff	*réduction du personnel*
re'sign [rɪ'saɪn] ▲	*démissionner*
re'signation [resɪg'neɪʃn] ▲	*démission*
'slim down; streamline	*dégraisser*

☐

'fixed term 'contract	*contrat à durée déterminée*
'casual job; 'odd job	*emploi précaire; petit boulot*
fire; sack *(fam)*	*virer*
'job centre *(fam)*	*A.N.P.E.*
'moonlighting	*travail au noir*
youth 'training scheme [skiːm]	*contrat de formation pour les jeunes*

Poverty — ## La misère

beg • 'beggar	*mendier • mendiant*
'destitute • desti'tution	*indigent • indigence*
e'vict • e'viction	*expulser • expulsion*
'hobo *(US);* tramp *(GB)*	*clochard*
'shantytown	*bidonville*
slum [slʌm]	*taudis*
'social/ 'welfare 'worker	*assistant(e) social(e)*

☐

drop out • 'drop-out *n*	*se mettre en marge de la société • marginal*
opt out	*se marginaliser*

They live in a high-rise housing estate/ a dormitory town/ a slum clearance.	*Ils habitent un grand ensemble/ une cité-dortoir/ une cité d'urgence.*
He was made redundant.	*Il a été mis à pied.*
He got redundancy payment.	*Il a touché une prime de licenciement.*
He is on a retraining course.	*Il suit un cours de recyclage.*
He got time off for retraining.	*Il est en congé de formation.*
She is out of work/ on the dole.	*Elle est au chômage.*
To earn money, she became a surrogate mother.	*Pour gagner de l'argent, elle est devenue mère porteuse.*
She says the welfare system is being deliberately dismantled.	*Elle dit qu'on veut démanteler le système de sécurité sociale.*
The welfare state is at risk.	*L'État-providence est en danger.*
They are on welfare.	*Ils vivent des allocations.*
He has social security benefit.	*Il bénéficie de la garantie de ressources.*
She is no longer entitled to unemployment benefit.	*Elle est en fin de droits.*
She is part of the "hard core" of long-term unemployed.	*Elle fait partie du "noyau dur" des chômeurs de longue durée.*
They are living below the poverty line.	*Ils vivent en dessous du seuil de pauvreté.*
They are in dire need/ poverty.	*Ils vivent dans une misère noire.*
They sometimes have to beg for money in order to make ends meet.	*Ils sont quelquefois obligés de faire la manche pour joindre les deux bouts.*
The society rejects are to be pitied.	*Les exclus de la société sont à plaindre.*
They belong to the class of the underprivileged.	*Ils font partie du quart monde.*
The gap between "the haves" and "the have-nots" is growing.	*Le fossé s'élargit entre les nantis et les pauvres.*
There are more and more down-and-outs.	*Il y a de plus en plus de gens démunis de tout.*
The homeless/ roofless are to be seen in every big city.	*On voit des S.D.F. (sans domicile fixe) dans toutes les grandes villes.*

☞ *mots transparents:*

ci'gar; ciga'rette – dis'criminate; discrimi'nation – 'ghetto –
'immigrant; immi'gration – 'integrate; inte'gration –
(in)'tolerance – joint – naturali'zation; 'naturalize – 'nicotine –
'overdose – race; 'racial; 'racism; 'racist – refu'gee – re'patriate;
repatri'ation – 'sanctuary – segre'gation – sy'ringe – 'vandal;
'vandalism; 'vandalize – xeno'phobia

Urban problems	Les problèmes urbains
'arson • 'arsonist	*incendie criminel • incendiaire*
beat up *(beat, beaten)*	*passer à tabac; tabasser*
break in *(broke, broken)*	*cambrioler (par effraction)*
'hooligan	*voyou*
loot • 'looter • 'looting	*piller • pilleur • pillage*
the 'fringe 'elements	*ceux qui vivent en marge de la société; les marginaux*

☐

'bomb attack	*attentat à la bombe*
'time bomb	*bombe à retardement*
'car/ 'letter bomb	*voiture/lettre piégée*
'car theft	*vol de voiture*
mug • 'mugging	*agresser • agresseur*
nick *(argot)*	*faucher; piquer*
'shoplifting	*vol à l'étalage*

☐

to'bacco a'ddiction	*le tabagisme*
in'hale	*avaler (la fumée)*
smoke • 'smoking	*fumer • le fait de fumer*
'alcoholism • alco'holic	*alcoolisme • alcoolique*
'drunkometer *(US)*/ 'breathalyser *(GB)*	*l'alcootest*
the 'alcohol 'level	*l'alcoolémie*

☐

(drug) 'addict • a'ddiction/	*toxicomane • toxicomanie*
drug 'dealer/ 'trafficker	*trafiquant de drogue*
drug 'pusher	*petit revendeur de drogue*
shoot *(shot, shot)* • shot	*piquer • piqûre; dose*

There is an escalation of violence.	Il y a une escalade de la violence.
Outbreaks of violence are ten a penny *(GB)*/ a dime a dozen *(US)*.	Les flambées de violence sont monnaie courante.
Property walls get defaced.	On barbouille les murs des immeubles.
Pilfering and petty crime are rife.	On ne parle que de chapardages et de petits larcins.
There is a lot of football hooliganism.	Il y a beaucoup de violence sur les stades de football.
He's a heavy smoker/ drinker.	C'est un grand fumeur/ buveur.
He's a chain-smoker.	Il fume une cigarette après l'autre.
He is hooked on heroin.	Il est "accro" à l'héroïne.
He's got withdrawal symptoms.	Il est en manque.
He'll have to be treated for (drug) addiction/ *(fam)* to be dried out.	Il lui faudra une cure de désintoxication.
He is charged with laundering drug-dollars.	Il est accusé de blanchiment de narco-dollars.

☐

Ethnic cleansing is also back with us.	La "purification" ethnique se constate aussi chez nous.
Life expectancy is low in the developing countries.	L'espérance de vie est courte dans les pays en voie de développement.
Aliens/ immigrants are often held responsible for the economic crisis.	On rend souvent les étrangers/ immigrants responsables de la crise économique.
They can claim political asylum.	Ils peuvent revendiquer l'asile politique.
We are a sanctuary.	Nous sommes un pays d'asile.
They are liable to frequent identity checks.	Ils sont susceptibles de subir de fréquents contrôles d'identité.
They may also be escorted back to the frontier.	Ils risquent aussi d'être reconduits à la frontière.

☞ *mots transparents:*

biode'gradable; biodi'versity – 'carbon di'oxide – con'taminate; contami'nation – 'ecosystem – en'vironment – 'famine – 'fertile; fer'tility – malnu'trition – 'methadone – 'nitrogen – 'oxygen – re'cycle; re'cycling – 'toxic

The Third World

the popu'lation ex'plosion
birth con'trol
child 'labour
i'lliteracy • i'lliterate
the 'literacy cam'paign
star'vation • starve

Le Tiers Monde

la démographie galopante
le contrôle des naissances
la main-d'œuvre enfantine
l'analphabétisme • analphabète
la campagne d'alphabétisation
la famine • mourir de faim

Environmental issues

po'llutant•po'llute•po'lluer
'garbage *(US);* 'litter;
  'rubbish *(I sing)*
'sewerage
waste *(I sing)*
❑
'acid rain
the 'greenhouse e'ffect
defores'tation•reaffores'tation
indis'criminate 'land-clearing
'chemical 'fertilizers
e'xhaust fumes [fjuːmz]
'catalytic e'xhaust pipe
'lead-free 'petrol
'oil slick/ spill
'nuclear 'fallout *(I sing)*
radioac'tivity spills/ leaks
❑
eco'logical; environ'mental
conser'vationist; e'cologist;
  environ'mentalist
the Greens

Les problèmes écologiques

polluant • polluer • pollueur
les ordures ménagères

le système d'égouts
les déchets industriels

pluie(s) acide(s)
l'effet de serre
déboisement • reboisement
défrichement inconsidéré
engrais chimiques
gaz d'échappement
pot catalytique
essence verte (sans plomb)
nappe de pétrole; marée noire
retombées nucléaires
fuites d'éléments radioactifs

écologique
écologiste

les Verts

We need an environmental lobby.	*Il nous faut un groupe de pression écologique.*
Oil-tankers wash out in the sea.	*Les pétroliers dégazent en mer.*
We dump industrial waste anywhere.	*On déverse les déchets industriels n'importe où.*
Nuclear power plants present environmental hazards.	*Les centrales nucléaires présentent des risques pour l'environnement.*
There is a high concentration of lead in the atmosphere.	*Il y a une forte concentration de plomb dans l'atmosphère.*
The ozone layer is damaged.	*La couche d'ozone est atteinte.*
The flora and fauna are at risk.	*La flore et la faune sont menacées.*
Some species are dying out.	*Certaines espèces sont menacées d'extinction.*
Our rivers are polluted.	*Nos cours d'eau sont pollués.*

Environmental solutions

Les solutions écologiques

a dual waste disposal system	*un système de tri sélectif des déchets*
a sewage disposal and water treatment plant	*une station d'évacuation et d'épuration des eaux usées*
a reprocessing plant	*une usine de retraitement*
Waste recycling is a must.	*Il faut absolument recycler les déchets.*
We must preserve out deep/ underground water reserves.	*Il nous faut préserver notre nappe phréatique.*
We must promote organic farming.	*Il faut promouvoir l'agriculture biologique.*
We must use alternative energy sources.	*Il nous faut avoir recours aux énergies renouvelables.*
We must tap and harness natural energy sources.	*Il faut trouver et domestiquer les sources énergétiques naturelles.*
We must ban nuclear tests.	*Il nous faut interdire les essais nucléaires.*

Les pays et les nationalités

Dans le tableau suivant, l'adjectif de nationalité se trouve placé dans la deuxième colonne, juste après le nom du pays. La raison en est que l'adjectif donne souvent la clef de la formation du nom des habitants. Par exemple:

1) Si l'adjectif se termine en *-an,* le nom des habitants a la même forme: *an African, an American, a German,* etc., et le pluriel se forme en ajoutant *-s* à la forme adjectivale: *some Africans, some Americans, some Germans,* etc.

2) Quand l'adjectif se termine en *-ese,* le nom des habitants a la même forme, qui reste invariable au pluriel: *one Chinese, two Chinese; one Japanese, two Japanese,* etc.

3) Si l'adjectif se termine par une consonne sifflante: *English, Dutch, French,* etc., le nom des habitants se forme en ajoutant *-man* à l'adjectif: *an Englishman, a Dutchman, a Frenchman,* etc., et le pluriel en transformant *-man* en *-men: some Englishmen, some Dutchmen, some Frenchmen,* etc. Dans cette catégorie de noms, le pluriel collectif se forme à partir de l'adjectif: *the English, the Dutch, the French,* etc.

Exception: lorsque le nom des habitants se trouve être un mot monosyllabique formé indépendamment de l'adjectif, le pluriel collectif est basé non sur l'adjectif mais sur le nom: *Finland/ Finnish/ a Finn/ some Finns/ the Finns; Poland/ Polish/ a Pole/ some Poles/ the Poles.*

35 LES PAYS ET LES NATIONALITÉS

pays	adjectif	habitant(s)	pluriel collectif
'AFRICA	'African	(an) 'African(-s)	the 'Africans
AL'BANIA	Al'banian	(an) Al'banian(-s)	the Al'banians
A'MERICA	A'merican	(an) A'merican(-s)	the A'mericans
ARGEN'TINA	Argen'tinian	(an) Argen'tinian(-s)	the Argent'inians
'ASIA	'Asian (Asi'atic)	(an) 'Asian(s) Asi'atic(-s)	*aucun*
AU'STRALIA	Au'stralian	(an) Au'stralian(-s)	the Au'stralians
'AUSTRIA	'Austrian	(an) 'Austrian(-s)	the 'Austrians
'BELGIUM	'Belgian	(a) 'Belgian(-s)	the 'Belgians
BRA'ZIL	Bra'zilian	(a) Bra'zilian(-s)	the Bra'zilians
BUL'GARIA	Bul'garian	(a) Bul'garian(-s)	the Bul'garians
'BRITAIN	'British	(a) 'Briton*(-s)	the 'British
'BURMA	Bur'mese	(a) Bur'mese(-)	the Bur'mese
'CANADA	Ca'nadian	(a) Ca'nadian(-s)	the Ca'nadians
'CHILE	'Chilean	(a) 'Chilean(-s)	the 'Chileans
'CHINA	Chi'nese	(a) Chi'nese(-)	the Chi'nese
'CUBA	'Cuban	(a) 'Cuban(-s)	the 'Cubans
'DENMARK	'Danish	(a) Dane(-s)	the Danes
'EGYPT	E'gyptian	(an) E'gyptian(-s)	the E'gyptians
'ENGLAND	'English	(an) 'Englishman (two 'Englishmen)	the 'English
'FINLAND	'Finnish	(a) Finn(-s)	the Finns
FRANCE	French	(a) 'Frenchman (two 'Frenchmen)	the French
'GERMANY	'German	(a) 'German(-s)	the 'Germans
'GREECE	Greek	(a) Greek(-s)	the Greeks
'HOLLAND	Dutch	(a) 'Dutchman (two 'Dutchmen)	the Dutch
'HUNGARY	Hun'garian	(a) Hun'garian(-s)	the Hun'garians
'INDIA	'Indian	(an) 'Indian(-s)	the 'Indians
I'RAN	Ira'nian	(an) I'ranian(-s)	the I'ranians

Le nom *Briton* ne s'emploie que rarement, sauf pour faire référence aux premiers habitants des îles *(the ancient Britons)*. Les habitants du Royaume-Uni se considèrent avant tout comme *Englishmen, Scots(men), Welshmen* ou *Irishmen*. Même l'adjectif *British* se trouve le plus souvent cantonné à l'usage officiel : *a British subject ; the British Embassy,* etc.

35 COUNTRIES AND NATIONALITIES

pays	adjectif	habitant(s)	pluriel collectif
I'RAQ	I'raqi	(an) I'raqi(-s)	the I'raqis
'IRELAND	'Irish	(an) 'Irishman (two 'Irishmen)	the 'Irish
'ISRAEL	Is'raeli	(an) Is'raeli(-s)	the Is'raelis
'ITALY	I'talian	(an) I'talian(-s)	the I'talians
JA'PAN	Japa'nese	(a) Japa'nese(-)	the Japa'nese
'MEXICO	'Mexican	(a) 'Mexican(-s)	the 'Mexicans
NEW 'ZEALAND	New 'Zealand	(a) New 'Zealander(s)	the New 'Zealanders
'NORWAY	Nor'wegian	(a) Nor'wegian(-s)	the Nor'wegians
PAKI'STAN	Paki'stani	(a) Paki'stani(-s)	the Paki'stanis
PE'RU	Pe'ruvian	(a) Pe'ruvian(-s)	the Pe'ruvians
'POLAND	'Polish	(a) Pole(s)	the Poles
'PORTUGAL	Portu'guese	(a) Portu'guese(-)	the Portu'guese
RO'MANIA	Ro'manian	(a) Ro'manian(-s)	the Ro'manians
'RUSSIA	'Russian	(a) 'Russian(-s)	the 'Russians
SCANDI'NAVIA	Scandi'navian	(a) Scandi'navian(-s)	the Scandi'navians
'SCOTLAND	'Scottish	(a) Scot(-s) (a) 'Scotsman, (two 'Scotsmen)	the Scots
SPAIN	'Spanish	(a) 'Spaniard(-s)	the 'Spanish
SU'DAN	Suda'nese	(a) Suda'nese(-)	the Suda'nese
'SWEDEN	'Swedish	(a) 'Swede(-s)	the 'Swedes
'SWITZERLAND	Swiss	(a) Swiss(-)	the Swiss
'THAILAND	Thai	(a) Thai(s)	the Thais
'TURKEY	'Turkish	(a) Turk(-s)	the Turks
U'KRAINE	U'krainian	(a) U'krainian(-s)	the U'krainians
WALES	Welsh	(a) 'Welshman (two 'Welshmen)	the Welsh

L'orthographe anglaise se distingue davantage par ses exceptions que par sa cohérence. Il y a cependant certaines règles ou tendances qu'il peut être utile de connaître, en particulier, pour prévoir le redoublement des consonnes finales des verbes (les participes présent et passé ainsi que le prétérit du verbe).

La formation des pluriels de certaines catégories de noms correspond, aussi, à des règles assez précises:

Redoublement des consonnes

1) Les verbes monosyllabiques dont la voyelle est brève redoublent la consonne finale:

beg(-ged); fit(-ted); pat(-ting); tab(-bed);
tap(-ping); tar(-red)

2) Les verbes plurisyllabiques dont la voyelle accentuée est brève et en dernière position redoublent la consonne finale:

ad'mit(-ted); be'gin(-ning); co'mmit(-ted);
con'fer(-ring); de'ter(-red); e'quip(-ped); o'ccur(-red);
o'mit(-ted); up'set(-ting)

3) Les verbes plurisyllabiques où l'accent tonique *ne tombe pas* sur la dernière syllabe *ne redoublent pas* la consonne finale:

a'bandon(-ed); con'sider(-ed); de'velop(-ing);
'enter(-ed); 'happen(-ed); 'mention(-ed); 'murder(-ed);
'offer(-ing); 'pardon(-ed); 'prosper(-ing); 'station(-ed)

Exception: **En anglais britannique seulement,** les verbes plurisyllabiques qui se terminent par une voyelle brève suivie par [l] redoublent la consonne finale, quelle que soit la position de l'accent tonique:

a'ppal(-ling); 'cancel(-led); com'pel(-led); ful'fil(-led);
'jewel(-led); 'marvel(-ling); re'pel(-ling)

Formation du pluriel

1) Les noms qui se terminent en [-f] ou [-fe] forment le pluriel en transformant le [-f] en [-v] et en ajoutant [-s] ou [-es] : *knife (plur knives);* leaf *(plur leaves).* **Il existe, cependant, nombre d'exceptions.**

Étudiez la liste qui suit, où le pluriel se forme par la simple adjonction de [-s]:

> **be'lief, be'liefs**
> **brief, briefs**
> **chief, chiefs**
> **cliff, cliffs**
> **dwarf, dwarfs**
> **fife, fifes**
> **grief, griefs**
> **gulf, gulfs**
> **'handkerchief, 'handkerchiefs ou 'handkerchieves**
> **hoof, hoofs ou hooves**
> **proof, proofs**
> **reef, reefs**
> **re'lief, re'liefs**
> **roof, roofs**
> **safe, safes**
> **staff, staffs**
> **wharf, wharfs ou wharves**

2) Les noms qui se terminent en [-o] forment le pluriel par l'adjonction de [-es]. Cependant, lorsque ces noms continuent d'être ressentis comme étant d'origine étrangère, des mots d'emprunt non encore assimilés dans la langue, le pluriel se forme par l'adjonction de [-s]. Étudiez les exemples suivants:

> *a)* **'calico, 'calicoes**
> **'cargo, 'cargoes**
> **'domino, 'dominoes**
> **'echo, 'echoes**
> **'halo, 'haloes**

      'hero, heroes
      innu'endo, innu'endoes
      'motto, 'mottoes
      'negro, 'negroes
      po'tato, po'tatoes
      to'mato, to'matoes
      tor'pedo, tor'pedoes
      vol'cano, vol'canoes

b) al'bino, al'binos
      a'llegro, a'llegros
      archi'pelago, archi'pelagos
      bam'boo, bam'boos
      'cameo, 'cameos
      ca'sino, ca'sinos
      cres'cendo, cres'cendos
      cu'ckoo, cu'ckoos
      curio, 'curios
      'dynamo, 'dynamos
      'embryo, 'embryos
      fi'asco, fi'ascos
      'folio, 'folios
      'ghetto, 'ghettos
      kanga'roo, kanga'roos
      'kilo, 'kilos
      mag'neto, mag'netos
      mani'festo, mani'festos
      me'mento, me'mentos
      mos'quito, mos'quitos
      ora'torio, ora'torios
      'photo, 'photos
      pi'ano, pi'anos
      pro'viso, pro'visos
      'radio, 'radios
      sham'poo, sham'poos
      'solo, 'solos
      so'prano, so'pranos
      'studio, 'studios
      'tango, 'tangos

3) Un certain nombre de mots d'origine latine ou grecque conservent le pluriel d'origine. Il existe, cependant, une forme "naturalisée" qui se répand de plus en plus, et qui est sans doute la forme à préférer actuellement (donnée entre parenthèses):

a'ddendum, a'ddenda
'alga, 'algae
'alibi, 'alibis
a'nalysis, a'nalyses
'axis, 'axes
ba'cillus, ba'cilli
bac'terium, bac'teria
'basis, 'bases
cande'labrum, cande'labra
'crisis, 'crises
cri'terion, cri'teria
cu'rriculum, cu'rricula (cu'rriculums)
'datum, 'data
e'rratum, e'rrata
'focus, 'foci
'formula, 'formulae ('formulas)
'fungus, 'fungi
hy'pothesis, hy'potheses
'index, 'indices (indexes)
'larva, 'larvae ('larvas)
'medium, 'media
memo'randum, memo'randa
meta'morphosis, meta'morphoses
'nebula, 'nebulae
neu'rosis, neu'roses
o'asis, o'ases
phe'nomenon, phe'nomena
'radius, 'radii ('radiuses)
refe'rendum, refe'renda (refe'rendums)
sana'torium, sana'toria (sana'toriums)
'species, 'species
'stratum, 'strata
'syllabus, 'syllabi (syllabuses)
'thesis, 'theses

4) Certains noms ont la même forme au pluriel qu'au singulier. De tels noms *ne sont pas des noms indénombrables*, et peuvent être précédés de chiffres: *one sheep, three sheep,* etc. Ils comprennent les noms de la plupart des poissons et d'autres animaux généralement ou traditionnellement considérés comme faisant partie du gibier:

> cod
> deer
> grouse
> plaice
> 'salmon
> sheep
> trout

Voir WILDLIFE

5) Les mots suivants sont source de problèmes surtout pour des raisons d'interférence avec l'orthographe française.

> a'ddress *vb* • *n*
> a'djust • a'djustment
> a'greeable • a'greement
> 'annual
> a'pproval • a'pprove
> 'baggage
> 'barrel
> 'callous
> 'cavalry
> 'character • characte'ristic • 'characterize
> 'coffee
> co'mmittee
> con'demn
> 'cotton
> de'pendant *n* • de'pendent *adj*
> de'velop • de'velopment
> 'enemy
> engi'neer • engi'neering
> 'envelop(e)

e'quip • e'quipment
e'xample • e'xemplary
i'lliteracy • i'lliterate
'literacy • 'literate
'literary • 'literature
'measure
me'chanic • me'chanical • 'mechanism
'moral • mo'rale
ne'gotiate • negoti'ations
o'ccasional
'personal *adj* • perso'nality *n* • perso'nnel *n*
pro'ceed
proof • prove
'quarrel
reco'mmend • recommen'dation
re'source • re'sourceful
responsi'bility • re'sponsible
'stationary *adj*
'stationery *n*
'tariff *(plur* tariffs)
to'bacco
'valuable
'waggon

Les noms suivants sont **indénombrables** en anglais, ce qui signifie qu'ils n'ont pas de pluriel et qu'ils ne peuvent être précédés de l'article "a". Au singulier ils peuvent être quantifiés par des **quantifieurs** tels que: *some, not much, a little, very little, a lot of, a great deal of* ou par des **dénombreurs**, qui, eux, permettent d'introduire une notion de nombre, donc de pluralité, et qui prennent souvent la forme de: *a piece of* ou, plus familièrement, de: *a bit of.*

Dans la première colonne figurent les mots qui constituent souvent des faux amis du point de vue de la **dénombrabilité**. Dans la deuxième colonne se trouvent des **dénombreurs**. Lorsque la deuxième colonne est vide, cela signifie qu'aucun dénombreur n'existe pour le mot en question. La troisième colonne donne les mots français qui, tout en ayant le même sens, diffèrent grammaticalement en étant, eux, **dénombrables.**

nom	dénombreur	sens
a'buse	a piece of	*une/ des injure(s);* **an abuse:** *un abus*
ad'vice	a piece of	*un/ des conseil(s)*
appa'ratus	a piece of	*un/ des appareil(s);* *au singulier aussi:* **an** **apparatus** *mais rare au pluriel*
a'pparel		*un/ des vêtement(s)*
a'pplause	a burst of	*des applaudissement(s)*
'armour	a suit of	*une/ des armure(s)*
a'ssistance		*une/ des aide(s)*
'baggage		*un/ des bagage(s);* *synonymes dénombrables:* **a bag, a case**
'blackmail	a piece of	*un/ des chantage(s)*
bread	a loaf of	*un/ des pain(s)*
'business		*une/ des affaire(s);* *synonymes pluralisables:* **a deal, a transaction**
'calumny	a piece of	*une/ des calomnie(s)*
'capital		*un capital/ des capitaux;* **a capital:** *une capitale (ville)*

nom	dénombreur	sens
'censure		un/ des blâme(s) professionnel(s)
chalk	a stick of	une/ des craie(s)
'clothing	an article of	un/ des vêtement(s)
'country	a strech of	un/ des paysage(s);
		a country: un pays, État
'currency		des devises;
		a currency/ currencies:
		une/ des monnaie(s)
'damage		des dégâts; **damages:**
		dommages et intérêts
'dandruff	a speck of	une/ des pellicule(s) (du cuir chevelu)
'debris		des débris
dress	an article of	un/ des vêtement(s)
'drudgery	a piece of	une/ des corvée(s)
dust	a speck of	une/ des poussière(s)
e'quipment	a piece of	un/ des équipement(s)
'evidence	a piece of	un/ des indice(s)
ex'penditure		une/ des dépense(s)
'flotsam	a piece of	une épave (flottante)
fruit		un/ des fruit(s); **a fruit:**
		une variété de fruit
'furniture	a piece of	un/ des meuble(s)
'garbage		des ordures
'gossip	a piece of	un/ des commérage(s), ragot(s);
		a gossip: une personne rancanière
gorse		le/ les genêt(s)
grass	a blade of	une/ des herbe(s)
ground	a piece/ plot of	un/ des terrain(s)
hair	a hair	des cheveux · nom
		dénombrable si chaque cheveu
		est perçu séparément et non pas
		comme une masse
help		une/ des aide(s);
		a help: coup de main
in'formation	a piece of	un/ des renseignement(s)
'interest		un/ des intérêt(s);
		an interest: sens non commercial
'jetsam	a piece of	un/ des objet(s) rejeté(s) par la
		mer sur la côte

37 LES NOMS INDÉNOMBRABLES

nom	dénombreur	sens
'knowledge		*des connaissances, un savoir;* *jamais de pluriel, mais notons la locution:* **have a good knowledge of a subject**
'labour		*le travail manuel; la main-d'œuvre;* **hard labour:** *travaux forcés. Autres locutions:* **a labour of love; the labours of Hercules**
land	a piece/ plot of	*une/ des terre(s);* **a land:** *État; pays*
'laughter	a peal/ roar of	*un/ des rire(s);* *synonyme dénombrable:* **a laugh**
'leisure	an hour, etc. of	*des loisirs*
'libel	a piece of	*une/ des diffamation(s) (par écrit)*
'lightning	a flash of	*un/ des éclair(s)*
'litter		*des ordures*
luck	a stroke of	*une/ des chance(s)*
'luggage	a piece of	*un/ des bagage(s);* *synonymes dénombrables:* **a bag, a case**
ma'chinery	a piece of	*une/ des machine(s)*
'music	a kind of	*une/ des musique(s)*
news	a piece of	*une/ des nouvelle(s)*
'nonsense	a piece of	*une/ des idiotie(s)* *pas de pluriel, mais* **a nonsense** *devient courant*
'paper	a piece of	*un/ des papier(s);* **a paper:** *un journal; une communication savante*
plant		*un/ des équipement(s) lourd(s);* **a plant:** *(a) une plante (verte) (b) un complexe industriel*
'poetry	a piece of	*une/ des poésie(s);* *synonyme dénombrable:* **a poem**
praise		*une/ des louange(s);* *locution au pluriel:* **sing praises:** *chanter les louanges*
'produce		*un/ des produit(s) agricole(s)*
'progress		*un/ des progrès;* *synonyme dénombrable:* **a step forward**
rain	a shower of	*une/ des pluie(s);* *au pluriel* **the rains:** *la saison des pluies*

327

37 UNCOUNTABLE NOUNS

nom	dénombreur	sens
re'morse	a pang of	*un/ des remords*
retali'ation	a measure of	*des représailles; synonyme dénombrable:* **a reprisal**
'rubbish	a piece of	*(a) des ordures*
		(b) une/ des idiotie(s)
'scenery		*un/ des paysage(s)*
'slander	a piece of	*une/ des diffamation(s) orale(s)*
smoke	a cloud of	*une/ des fumée(s);*
		a smoke: *une bouffée de cigarette, cigare, pipe*
'sugar	a lump of	*un/ des sucre(s)*
toast	a slice of	*un/ des toast(s);* **a toast:** *celui que l'on porte et non pas celui que l'on mange!*
'transport	a means of	*des transports; (fig) la locution:* **a transport of joy**
trash		*(a) des ordures (b) des balivernes*
'travel		*un/ des voyage(s); usage: (a) généralisations:* **travel broadens the mind,** *les voyages forment la jeunesse (b) noms composés:* **travel agency, travel poster,** *etc. Synonymes dénombrables:* **a journey, a trip, a voyage**
tripe		*(a) tripes/ gras-double*
		(b) (fig) baliverne(s), idiotie(s)
verse		*des vers;*
		a verse: *une strophe*
waste		*(a) un/ des gaspillage(s),*
		(b) des déchets
'weather	a spell of	*le/ un temps*
'will-power		*la/ une volonté; synonyme dénombrable:* **a will**
work	a piece of	*un travail;* **a work:** *une œuvre littéraire ou artistique. Le pluriel* **works** *se réfère aussi à de grands travaux:* **public/road works**

38 LES VERBES IRRÉGULIERS

Dans ce tableau des verbes irréguliers les plus fréquents, nous donnons aussi une traduction en français, d'où votre étonnement. En effet, même avant d'avoir commencé à feuilleter ce vocabulaire, vous saviez – *traduttore traditore!* – qu'une traduction unique d'un mot quelconque ne peut que trahir le sens de ce mot. Ceci dit, nous sacrifions à une tradition qui n'a peut-être pas que des inconvénients.

Lorsqu'un verbe se conjugue à la fois régulièrement et irrégulièrement, nous donnons d'abord la forme qui nous semble la plus fréquente.

infinitif	prétérit	participe passé	traduction
a'rise	a'rose	arisen	*s'élever*
a'wake	awoke	awoken	*s'éveiller*
bear	bore	borne	*supporter*
beat	beat	beaten	*battre*
be'come	be'came	be'come	*devenir*
be'gin	be'gan	begun	*commencer*
be'hold	beheld	beheld	*contempler*
bend	bent	bent	*(se) plier*
be'seech	be'seeched, be'sought	be'seeched, be'sought	*supplier*
bet	bet *(GB aussi* betted*)*	bet *(GB aussi* betted*)*	*parier*
bid	bade, bid	bade, bid, 'bidden	*offrir*
bind	bound	bound	*lier*
bite	bit	'bitten	*mordre*
bleed	bled	bled	*saigner*
bless	blessed, blest	blessed, blest	*bénir*
blow	blew	blown	*souffler*
break	broke	broken	*casser*
breed	bred	bred	*élever*
bring	brought	brought	*apporter*
'broadcast	'broadcast	'broadcast	*diffuser*
build	built	built	*bâtir*
burn	burnt *(GB)* burned *(US)*	burnt *(GB)* burned *(US)*	*brûler*

38 IRREGULAR VERBS

infinitif	prétérit	participe passé	traduction
burst	burst	burst	*éclater*
buy	bought	bought	*acheter*
cast	cast	cast	*lancer*
catch	caught	caught	*attraper*
chide	chided, chid	chidden, chid	*gronder*
choose	chose	chosen	*choisir*
cleave	cleaved, cleft	cleft, cloven	*fendre*
cling	clung	clung	*s'accrocher*
come	came	come	*venir*
cost	cost	cost	*coûter*
creep	crept	crept	*ramper*
cut	cut	cut	*couper*
deal [di:l]	dealt [delt]	dealt [delt]	*distribuer*
dig	dug	dug	*creuser*
dive	dived, *(US)* dove	dived	*plonger*
do	did	done	*faire*
draw	drew	drawn	*tirer ; dessiner*
dream	dreamt [dremt] *(GB surtout)]* dreamed *(US)*	dreamt *(GB surtout)* dreamed *(US)*	*rêver*
drink	drank	drunk	*boire*
drive	drove	driven	*conduire*
dwell	dwelt *(GB)* dwelled *(US)*	dwelt *(GB)* dwelled *(US)*	*habiter*
eat	ate [et]	eaten	*manger*
fall	fell	fallen	*tomber*
feed	fed	fed	*nourrir*
feel	felt	felt	*(se) sentir*
fight	fought	fought	*se battre*
find	found	found	*trouver*
flee	fled	fled	*s'enfuir*
fling	flung	flung	*lancer*
fly	flew	flown	*voler*
forbid	forbade, forbad	forbidden	*interdire*
forecast	forecast	forecast	*prédire*
foresee	foresaw	foreseen	*prévoir*
foretell	foretold	foretold	*prédire*
forget	forgot	forgotten	*oublier*

38 LES VERBES IRRÉGULIERS

infinitif	prétérit	participe passé	traduction
forgive	forgave	forgiven	*pardonner*
forsake	forsook	forsaken	*abandonner*
freeze	froze	frozen	*geler*
get	got	got	*obtenir ; devenir*
give	gave	given	*donner*
go	went	gone	*aller*
grind	ground	ground	*moudre*
grow	grew	grown	*(faire) pousser*
hang	hung	hung	*pendre ; suspendre*
	hanged	hanged	*pendre (pendaison)*
have	had	had	*avoir*
hear	heard	heard	*entendre*
heave	heaved, hove	heaved, hove	*hisser*
hew	hewed	hewed, hewn	*tailler*
hide	hid	hidden, hid	*cacher*
hit	hit	hit	*frapper*
hold	held	held	*tenir*
hurt	hurt	hurt	*blesser ; faire mal*
in'lay	in laid	in laid	*marqueter*
keep	kept	kept	*garder*
kneel	knelt	knelt	*s'agenouiller*
	kneeled	kneeled	
	(surtout US)	*(surtout US)*	
knit	knitted, knit	knitted, knit	*tricoter*
know	knew	known	*connaître ; savoir*
lay	laid	laid	*étendre ; pondre*
lead	led	led	*conduire ; mener*
lean	leant [lent] *(GB)*	leant *(GB)*	*(se) pencher*
	leaned *(US)*	leaned (US)	
leap	leapt *(US)*	leapt *(GB)*	*sauter*
	leaped *(US)*	leaped *(US)*	
learn	learned	learned	*apprendre*
	learnt *(GB)*	learnt (GB)	
leave	left	left	*quitter ; partir*
lend	lent	lent	*prêter*
let	let	let	*laisser ; louer*

331

infinitif	prétérit	participe passé	traduction
lie	lay	lain	être étendu
light	lit, lighted	lit, lighted	allumer
lose	lost	lost	perdre
make	made	made	faire; fabriquer
mean [miːn]	meant [ment]	meant [ment]	signifier
meet	met	met	rencontrer
mis'lay	mis'laid	mis'laid	égarer
mis'lead	mis'led	mis'led	induire en erreur
mis'spell	mis'spelt	mis'spelt	mal orthographier
mis'take	mis'took	mis'taken	confondre
misunder'stand	misunder'stood	misunder'stood	mal comprendre
mow	mowed	mown, mowed	faucher, tondre
out'bid	out'bid	out'bid	surenchérir
out'do	out'did	out'done	dépasser
out'grow	out'grew	out'grown	dépasser
over'come	over'came	over'come	surmonter; vaincre
over'do	over'did	over'done	exagérer
over'feed	over'fed	over'fed	suralimenter
over'hang	over'hung	over'hung	surplomber
over'pay	over'paid	over'paid	surpayer
over'run	over'ran	over'run	envahir
over'see	over'saw	over'seen	surveiller
over'sleep	over'slept	over'slept	dormir trop tard
over'take	over'took	over'taken	rattraper
over'throw	over'threw	over'thrown	renverser
par'take	par'took	par'taken	partager
pay	paid	paid	payer
prove [pruːv]	proved [pruːvd]	proved [pruːvd] 'proven [pruːvn] (US)	prouver
put	put	put	mettre; poser
read [riːd]	read [red]	read [red]	lire
re'build	re'built	re'built	reconstruire
re'do	re'did	re'done	refaire; redécorer
re'make	re'made	re'made	refaire
re'pay	re'paid	re'paid	rembourser
re'tell	re'told	re'told	redire
re'write	re'wrote	re'written	réécrire
rid	rid, 'ridded	rid, 'ridded	débarrasser

38 LES VERBES IRRÉGULIERS

infinitif	prétérit	participe passé	traduction
ride	rode	'ridden	*monter (à cheval...)*
ring	rang	rung	*sonner*
rise	rose	risen	*se lever*
run	ran	run	*courir*
saw	sawed	sawn, sawed	*scier*
say [sei]	said [sed]	said [sed]	*dire*
see	saw	seen	*voir*
seek	sought [sɔːt]	sought	*chercher*
sell	sold	sold	*vendre*
send	sent	sent	*envoyer*
set	set	set	*placer*
sew [səʊ]	sewed	sewn, sewed	*coudre*
shake	shook	shaken	*secouer*
shear	sheared	sheared, shorn	*tondre*
shed	shed	shed	*verser*
shine	shone	shone	*briller*
shit	shit	shit	*chier*
shoe	shod	shod	*chausser*
shoot	shot	shot	*tirer (au fusil...)*
show	showed	shown, showed	*montrer*
shrink	shrank, shrunk	shrunk	*rétrécir*
shut	shut	shut	*fermer*
sing	sang	sung	*chanter*
sink	sank	sunk	*couler; sombrer*
sit	sat	sat	*être assis*
sleep	slept	slept	*dormir*
slide	slid	slid	*glisser*
sling	slung	slung	*lancer*
slink	slunk	slunk	*se faufiler*
slit	slit	slit	*fendre*
smell	smelt *(GB)* smelled *(US)*	smelt *(GB)* smelled *(US)*	*sentir; flairer*
sow	sowed	sown, sowed	*semer*
speak	spoke	spoken	*parler*
speed	sped, 'speeded	sped, 'speeded	*aller vite*
spell	spelt *(GB)* spelled *(US)*	spelt spelled	*orthographier*
spend	spent	spent	*dépenser; passer*

333

infinitif	prétérit	participe passé	traduction
spill	spilt (GB)	spilt (GB)	renverser
	spilled (US)	spilled (US)	
spin	spun	spun	filer ; pivoter
spit	spat	spat	cracher
	(US aussi spit)	(US aussi spit)	
split	split	split	fendre
spoil	spoilt (GB)	spoilt (GB)	gâter ; gâcher
	spoiled (US)	spoiled (US)	poiled (US)
spread	spread	spread	(s')étendre
[spred]	[spred]	[spred]	
spring	sprang	sprung	bondir ; jaillir
	(US aussi sprung)		
stand	stood	stood	être debout
steal	stole	stolen	voler
stick	stuck	stuck	coller
sting	stung	stung	piquer
stink	stank, stunk	stunk	puer
strew	strewed	strewn, strewed	joncher
stride	strode	stridden	marcher à grands pas
strike	struck	struck	frapper
string	strung	strung	enfiler
strive	strove, strived	striven, strived	s'efforcer
swear	swore	sworn	jurer
sweep	swept	swept	balayer
swell	swelled	swollen, swelled	gonfler
swim	swam	swum	nager
swing	swung	swung	(se) balancer
take	took	taken	prendre
teach	taught	taught	enseigner
tear [tɛə]	tore	torn	déchirer
tell	told	told	dire ; raconter
think	thought	thought	
thrive	throve, thrived	thrived	prospérer
	thrive (US)	thriven (GB)	
throw	threw	thrown	jeter
thrust	thrust	thrust	pousser
tread	trod	trodden, trod	fouler
'unbend	'unbent	'unbent	(se) redresser
un'bind	un'bound	un'bound	délier

38 LES VERBES IRRÉGULIERS

infinitif	prétérit	participe passé	traduction
under'go	under'went	under'gone	*subir*
under'stand	under'stood	under'stood	*comprendre*
under'take	under'took	under'taken	*entreprendre*
un'do	un'did	un'done	*défaire*
un'wind	un'wound	un'wound	*dérouler*
up'hold	up'held	up'held	*soutenir*
up'set	up'set	up'set	*renverser; contrarier*
wake	woke, waked	woken, waked	*(se) réveiller*
way'lay	way'laid	way'laid	*agresser*
wear	wore	worn	*porter; user*
weave	wove	woven	*tisser*
wed	'wedded, wed	'wedded, wed	*épouser*
weep	wept	wept	*pleurer*
wet	'wetted, wet	'wetted, wet	*mouiller*
win	won	won	*gagner*
wind [waɪnd]	wound [waʊnd]	wound [waʊnd]	*enrouler*
with'draw	with'drew	with'drawn	*(se) retirer*
with'stand	with'stood	with'stood	*supporter*
wring	wrung	wrung	*tordre*
write	wrote	written	*écrire*

Tout étudiant de l'anglais a été confronté à un des cauchemars de la langue anglaise: tel ou tel verbe est-il suivi de l'infinitif ou du gérondif? Autre cauchemar: dois-je faire précéder le gérondif d'un possessif ou non? Nous ne prétendons pas résoudre ces problèmes entièrement, mais nous pensons que l'étude des structures suivantes pourra sans doute vous être utile.

STRUCTURE I

delay, postpone, prevent
avoid, escape
finish, end, stop
keep on, go on, continue
don't mind, can't stand
it's no use, it's useless, can't help
excuse, explain, justify
deny, admit
fancy, imagine
understand, comprehend
enjoy, fancy
celebrate
risk
miss

(Tous les verbes du groupe I sont suivis invariablement du gérondif.)

sujet + verbe	gérondif
He acknowledges	having made a mistake.
We must admit	being impressed.
It's difficult to avoid	offending people.
We have just celebrated	my son's coming of age.
Have you ever considered	emigrating ?
I contemplated	applying for the post.
How long can he continue	drinking whisky before breakfast ?
The government will delay	introducing a new monetary system.
He denies	having written the letter.
I detest	people leaving rubbish in the woods.
I can't endure	his constant sneering at things.

sujet + verbe	gérondif
My father enjoys	having a good argument.
How did he escape	being called up?
I hope you will excuse	me (my) coming so late.
How can you explain	him (his) forgetting to write?
I don't think he fancies	his son becoming a professional wrestler.
I wish you would finish	drinking your tea quickly.
I cannot forgive	you making that remark.
It's easier to give up	smoking a pipe than cigarettes.
You must not go on	squandering money like that.
I can't help	feeling you are wrong.
Can you imagine	John dressing up as a pirate?
Nothing can justify	the judge summing up the case so partially.
I don't mind	people talking if they don't shout.
Do you miss	going to the theatre?
You mustn't postpone	making an appointment.
What prevented	you (from) coming to the meeting?
I can't recall	seeing you before.
Do you recollect	hearing the explosion?
I always regretted	buying that second hand car.
Did he resent	being teased?
I can't resist	reading another chapter.
We mustn't risk	the plan being discovered.
I can't stand	queuing up at the Post Office.
I have never understood	him/ his getting married to that woman.
It's useless	you/ your getting annoyed with me.
It's no use	him/ his trying to intervene.

STRUCTURE II (a)   **begin, start**
                                           intend
                                           advise
                                           need, want

Les verbes du groupe II (a) sont suivis aussi bien du gérondif que de l'infinitif, sans que le sens en soit radicalement modifié.

Notons que, dans le cas des verbes **need** et **want**, le sens de la forme active du gérondif correspond à celui de la forme passive de l'infinitif.

sujet + verbe	gérondif	infinitif
I advise	going for a rest	you to go for a rest.
She began	learning Chinese	to learn Chinese.
I intend	becoming a doctor	to become a doctor.
It needs	washing	to be washed.
He wants	watching	to be watched.

STRUCTURE II (b)
feel, hear, notice, see, sense, watch

Les verbes du groupe II (b) se rapportent aux cinq sens. Le gérondif insiste sur *la perception même*, alors que l'infinitif dirige l'intérêt sur *le résultat* de l'acte de perception. Il peut y avoir, cependant, une question d'euphonie. On préférerait dire: *I was watching him cross the street*, afin d'éviter la répétition de deux formes en *-ing*.

sujet + verbe	complément	gérondif	infinitif
I could feel	the ship	moving	move
did you hear	the bell	ringing?	ring?
he noticed	the man	laughing	laugh
she saw	the boy	falling	fall
we sensed	the tension	growing	grow
they watched	the daylight	fading	fade

STRUCTURE II (c)
remember, remind, forget

Le groupe II (c) se compose de verbes suivis ou bien du gérondif ou bien de l'infinitif, suivant le sens que l'on veut donner.

sujet + verbe	gérondif	infinitif
I had forgotten	about seeing that play	
I mustn't forget		to book for the play
Do you remember	seeing that play?	
Did you remember		to book for the play?
That noise reminds	me of watching a motor race	
Please remind		me to book for the race

STRUCTURE II (d)

> like, love
> dislike, dread, hate, loathe, prefer
> can't bear, can't endure, can't stand
> regret

Les verbes du groupe II (d) changent de structure selon le sens de l'énoncé. Lorsqu'il s'agit de la présence ou de l'absence de *plaisir*, ils sont suivis du gérondif (c'est-à-dire quand le locuteur pense à son expérience acquise dans un passé proche ou lointain, d'où il retire soit un sentiment de nostalgie, soit la simple constatation que telle ou telle activité lui procure habituellement du plaisir ou du dégoût). Ceci est notamment le cas quand le verbe est au présent simple ou au prétérit. Au contraire, ces verbes seront habituellement suivis de l'infinitif lorsque le regard du locuteur est orienté vers le futur, en faisant référence soit à un *désir* d'accéder à un plaisir quelconque, soit à un *refus* d'accepter une situation donnée.

	sujet + verbe	gérondif	infinitif
MAIS	I love I should love	sailing.	to sail to Norway.
MAIS	I can't bear I couldn't bear	people talking scandal.	to talk scandal like that.
MAIS	He always disliked He would dislike	people smoking in trains.	to have his son smoking.

MAIS	I dreaded
	
	I dread
		having to meet
		  those people.
			to have to refuse
			  the invitation.

MAIS	They cannot endure
	
	He couldn't endure
		being
		  laughed at.
			to be shut up in
			  an office all day.

MAIS	I hate I should hate	offending people.	you to be offended.

39 VERB PATTERNS

sujet + verbe	gérondif	infinitif
MAIS { We like / We should like	having a meal with friends.	you to come to lunch.
MAIS { Don't you loathe / Wouldn't you loathe	driving in heavy traffic ?	to have to drive a taxi all day ?
MAIS { I love / I should love	sailing my small boat.	to go sailing this week-end.
MAIS { My father prefers / My mother would prefer	reading to speaking.	to go shopping.
MAIS { I regret / We regret	wasting time on such a poor play.	to inform you that all seats have already been booked.

STRUCTURE III (a)

be used, be accustomed
be resigned, resign oneself
be devoted, devote oneself
object, take exception
be averse, be addicted
it is akin, it is equivalent (equal), it amounts
confine (limit, restrict) oneself
look forward
admit, confess
agree

Tous les verbes du groupe III (a) sont suivis de [to], qui, étant une préposition, est suivi du gérondif. Il faut distinguer entre le [to] qui est la marque de l'infinitif et le [to] qui est une préposition, comme dans l'exemple:

I am used to going out for walks in the rain.
I used to go out for walks in the rain.

sujet + verbe	prépo-sition	gérondif
She has accustomed her husband	TO	drinking tea instead of coffee.
He is addicted	TO	playing practical jokes.
The man admitted	TO	stealing the money.
Do you agree	TO	your son borrowing your car ?
This measure is akin	TO	establishing a dictatorship.
Such a statement amounts	TO	admitting failure.
I am not averse	TO	smoking a cigar after lunch.
He confessed	TO	being shocked by the novel.
Please confine yourself	TO	looking after the garden.
Would you consent	TO	my inviting the Smiths ?
She has devoted her life	TO	rescuing stray cats.
That is equal	TO	telling a lie.
This is equivalent	TO	stealing.
My wife takes exception	TO	him/his putting his feet on the table.
I will limit myself	TO	writing a letter to the Times.
We look forward	TO	you(r) coming to stay with us.
I object	TO	your brother drinking all my whisky.
You must resign yourself	TO	leading a very quiet life after you illness.
My culinary talent is restricted	TO	boiling eggs.
I am (get, grow) used	TO	being interrupted in my work.

STRUCTURE III (b)

approve, disapprove
charge, pay
consist, join, participate, share
count, depend, rely

(Les verbes du groupe III (b) sont tous intransitifs, suivis d'une variété de prépositions et du gérondif.)

sujet + verbe	prépo-sition	gérondif
The bill aims	AT	reducing Customs duties on spirits.
Does your fiancée approve	OF	going on a walking tour for her honeymoon ?
Our firm will benefit	BY } FROM }	merging with a larger group.
An MP's duty consists	IN	voting with his party.
Can we count	ON	you(r) having the car ready ?
I depend	ON	you(r) being on time.
She disapproved	OF	her son('s) marrying so young.
The library insists	ON	us/our returning the book immediately.
Let us join	IN	singing hymn 92 !
UNESCO participated	IN	saving the Florentine art treasures.
Why do you persist	IN	smoking such strong tobacco ?
Can we rely	ON	you(r) making all the arrangements ?
May we share	IN	paying for the meal ?
I shall never succeed	IN	winning the Derby.
I sympathize	WITH	you feeling depressed.
Have you ever thought	OF	taking up golf ?
I wonder	AT	him not writing for so long.

STRUCTURE III (c)
excuse, forgive, pardon
bar, deter, discourage
reprimand, reproach

(Les verbes du groupe III (c) sont transitifs, suivis d'un complément d'objet, d'une préposition et du gérondif.)

sujet + verbe	complé-ment	prépo-sition	gérondif
They accuse	him	OF	having robbed the bank.
The committee barred	him	FROM	joining the club.
The surgeon charged	£100	FOR	doing the operation.

sujet + verbe	complément	préposition	gérondif
The policeman charged	me	WITH	reckless driving.
May I congratulate	you	ON	getting engaged ?
I would criticize	the novel	FOR	being loosely constructed.
Will atom bombs deter	nations	FROM	going to war ?
His attitude discouraged	me	FROM	offering him any further help.
Do forgive	us	FOR	arriving so late.
This may involve	you	IN	paying for someone else's mistakes.
My wife joins	me	IN	thanking you for your invitation.
I had to pay	the garage	FOR	towing my car.
This reminds	me	OF	walking over the Scottish moors.
The judge reprimanded	the witness	FOR	withholding information.
He reproached	his wife	FOR } WITH }	buying another new dress.
My friend warned	me	AGAINST	trusting that man.

STRUCTURE IV (a)

> ask, request
> agree, consent
> fail, manage
> desire, want, wish, prefer
> attempt, endeavour, try
> offer, plan, propose
> decide, resolve
> need, require

(Les verbes du groupe IV (a) sont intransitifs, suivis de l'infinitif complet.)

sujet + verbe	infinitif complet
He has agreed	to come with us.
I can't afford	to buy a new car.
Has he applied	to enter the University ?
He appealed	to me to employ him for the summer.
They arranged	for me to join them later.
She asked	to be allowed to come.
He will attempt	to establish a new speed record.
I chanced	to meet him the other day.
They claim	to be political refugees.
Has he consented	to do his military service ?
The workers decided	to go on strike.
The delegation demanded	to be heard by the employers.
Such people deserve	to be helped.
I don't desire*	to take advantage of anyone's misfortune.
She is determined	to make a name for herself.
This writer endeavours	to show the isolation of the individual.
How can you expect*	to be taken seriously ?
You fail	to convince me.
They feared	to be misunderstood.
I happen	to know the man well.
He hesitated	to give his opinion.
Has he managed	to pass his examination ?
I have always meant*	to travel in the Far East.
I need	to have a cup of tea.
He neglected	to lock his cases.
My father offered	to lend me some money.
He omitted	to mention a previous conviction.
I plan	to repaint my house in Spring.
We should prefer*	to go to the theatre to-night.
I promise	to tell the truth.
I propose	to make an experiment.
The work proved*	to be longer than I expected.
He refused	to accept the court's decision.
The student requested*	to be allowed to sit his examination later.
The question requires*	to be gone into very thoroughly.
We have resolved	to make no exceptions.
My friend says	to come as quickly as possible.
The employers threaten	to close the factory.
I have been trying	to do this cross-word puzzle for an hour.
We are still waiting	for him to reply.

*Les verbes suivis d'un astérisque peuvent également entrer dans la structure IV (b).

STRUCTURE IV (b)
  ask, request
  advise, persuade, urge
  allow, enable, permit
  assist, help
  assume, suppose
  compel, force, oblige
  condemn, sentence
  desire, want, wish, prefer
  need, require

(Les verbes du groupe IV (b) sont transitifs, suivis d'un complément d'objet et de l'infinitif complet.)

sujet + verbe	complément	infinitif complet
I would advise	you	to take a holiday.
Would you allow	me	to make a suggestion?
May I ask	you	to do me a favour?
Could you assist	me	to cross the street?
The firm appointed	an accountant	to keep the books.
We assume	him	to be telling the truth.
I beg	you	to be patient.
I believe	the story	to be a tissue of lies.
What caused	you	to make investigations?
The driver challenged	the policeman	to repeat his remarks.
The scandal compelled	the Minister	to resign.
His injuries condemned	him	to be a cripple all his life.
I consider	this novel	to be amusing and original.
The judge declared	the contract	to be null and void.
Most people desire*	no change	to be made.
This device enables	a blind person	to read ordinary print.
A university equips	students	to be more useful members of society.
Everyone expects*	an election	to be held in Autumn.
The doctor found	the condition	to be even worse than he had feared.
The Church forbids	close relatives	to marry.
The slump forced	the government	to devalue the currency.
How did you get	your father	to agree?
Would you help	me	to fill in my income tax form?

sujet + verbe	complément	infinitif complet
We know	him	to be a conscientious student.
I leave	you	to make up your own mind.
Did you mean*	him	to hear what you said?
My father needed	me	to help him.
Circumstances oblige	me	to sell my house.
The sergeant ordered	the soldier	to clean his rifle.
The Council permitted	the landlord	to evict his tenants.
I have persuaded	my parents	to install central heating.
I should prefer*	you	to come earlier.
Events proved*	him	to be right.
The doctor requested*	the patient	to wait a few minutes.
The Court required*	the accused	to pay costs.
Events showed	him	to be a scoundrel.
Let us suppose	the triangle	to be equilateral.
Did you tell	me	to get ready?
Do you think	him	to be reliable?
I urged	my friend	to be careful.

*Les verbes suivis d'un astérisque peuvent également entrer dans la structure IV (a).

STRUCTURE V (a)

can, could, may, might, must
dare, need
had better, had rather, had just as soon, had sooner
would rather, would just as soon, would sooner

(Les verbes du groupe V (a) sont suivis de l'infinitif nu.)

sujet + verbe	infinitif nu
Can you	lend me a pen ?
I could	eat/have eaten twice as much.
How dare you	doubt my word!
You had better	go to bed if you feel feverish.
I had/would just as soon	play tennis as go swimming.
I had/would rather }	ride a bicycle than a camel.
I had/would sooner	
You may	be/have been right.
He might	go/have gone home.

sujet + verbe	infinitif nu
He must	be/have been tired.
Need you	say/have said such things.
You needn't	apologize/have apologized.
You should never	act/have acted so rashly.

STRUCTURE V (b)
have, let, make

(Les verbes du groupe V (b) sont suivis d'un complément d'objet et de l'infinitif nu.)

sujet	complément	infinitif nu
I am having	the tailor	make me a coat.
Do let	me	know when you arrive.
She made	her husband	lose his temper.

STRUCTURE VI
consider, find, think
get, have, make
like, want

(Les verbes du groupe VI ont ici une valeur causative ou résultative. La voix passive est indiquée par le participe passé.)

sujet + verbe	complément	participe passé
You may consider	the order	executed.
You will find	the house	improved.
He got	the money	refunded.
He is having	a house	built.
I heard	a joke	told the other day.
I should like	the picture	sold very quietly.
He has made	his influence	felt.
She thought	herself	admired.
I want	the work	done quickly.

Voici une liste de mots, dont *une* des formes au moins – *verbe, nom* ou *adjectif* – peut surprendre. La première colonne donne l'infinitif du verbe anglais. La deuxième et la troisième colonne donnent les noms qui désignent respectivement la *personne* et la *chose*. La quatrième colonne donne l'*adjectif*. La dernière colonne donne le *sens* en français du *verbe* anglais. Dans les cas où il n'existe pas de mot qui corresponde à la fonction, la case est laissée vide.

verbe	personne	chose	adjectif	sens
ac'cept		ac'ceptance	ac'ceptable	*accepter*
ad'vise	ad'viser	ad'vice	ad'visable	*conseiller*
a'gree		a'greement	a'greeable	*être d'accord*
'analyse	'analyst	a'nalysis	ana'lytic(al)	*analyser*
a'pologize		a'pology	apolo'getic	*s'excuser*
a'ppear		a'ppearance	a'pparent	*apparaître*
a'pplaud		a'pplause *I sing)*		*applaudir*
a'pprove		a'pproval	a'pproving	*approuver*
be'friend	friend	'friendship; 'friendliness	'friendly	*prendre sous sa protection*
be'tray	'traitor	'treachery be'trayal	'treacherous	*trahir*
bore	bore	bore ; 'boredom	bored; boring	*ennuyer*
be brotherly	'brother	'brotherhood 'brotherliness	'brotherly	*fraterniser*
'censor	'censor	'censorship	'censored	*censurer*
'censure		'censure	'censured	*blâmer*
'Christianize	'Christian	Christi'anity 'Christendom	'Christian	*christianiser*
com'pose	com'poser	compo'sition		*composer*
compre'hend			compre'hensive	*inclure*
conde'scend		conde'scension	conde'scending	*s'abaisser*

348

verbe	personne	chose	adjectif	sens
con'sent		con'sent	con'senting	*consentir*
con'spire	con'spirator	con'spiracy	conspira'torial	*conspirer*
con'sume	con'sumer	con'sumption	con'sumable	*consumer*
be con'temptuous of		con'tempt	con'temptible con'temptuous	*mépriser*
be 'cowardly	'coward	'cowardice	'cowardly	*être lâche*
be a 'craftsman	'craftsman	'craft(smanship)	'craftsmanlike	*être artisan*
'criticize	'critic	'criticism	'critical	*critiquer*
be 'cynical	'cynic	'cynicism	'cynical	*être cynique*
de'pend (on)	de'pendant	de'pendence	de'pendent	*dépendre (de)*
de'spise			de'spicable	*mépriser*
de'stroy		de'struction	de'structible; de'structive	*détruire*
disa'ppear		disa'ppearance		*disparaître*
dis'miss		dis'missal		*congédier*
dis'pose (of)		dis'posal	dis'posable	*se défaire (de)*
ex'pend		ex'penditure	ex'pendible	*dépenser*
be fu'nereal		'funeral	fun'ereal	*être funèbre*
be 'genial		geni'ality	'genial	*être jovial*
be a 'genius	'genius	'genius		*être génial*
be hypocritical	'hypocrite	hy'pocrisy	hypo'critical	*être hypocrite*
be 'ignorant of	igno'ramus	'ignorance	'ignorant	*ignorer*
'implicate		impli'cation	'implicated	*impliquer*
im'ply		impli'cation	im'plied	*insinuer*
im'press		im'pression	im'pressionable; im'pressive	*impressionner*
be in'genious		ingen'uity	in'genious	*être ingénieux*
be in'genuous		in'genuousness	in'genuous	*être ingénu*
in'trude (on)	in'truder	in'trusion	in'trusive	*déranger*
'ironize		'irony	i'ronic(al)	*ironiser*
have 'leisure		'leisure	'leisurely	*avoir des loisirs*

349

verbe	personne	chose	adjectif	sens
be 'logical	lo 'gician	'logic	'logical	*être logique*
lu 'xuriate		lu 'xuriance	lu 'xuriant	*être luxuriant*
be lu 'xurious		luxury	lu 'xurious	*être luxueux*
be 'manly	man	'manliness	'manly	*être viril*
become a man	man	'manhood		*devenir homme*
'martyrize	'martyr	'martyrdom	'martyred	*martyriser*
'master	'master	'mastery	'masterly	*maîtriser*
be 'miserly	'miser	'miserliness	'miserly	*être avare*
mo 'nopolize	mo 'nopolist	mo 'nopoly	monopo 'listic	*monopoliser*
ob 'struct		ob 'struction	ob 'structive	*obstruer*
be opti 'mistic	'optimist	'optimism	opti 'mistic	*être optimiste*
'partner	'partner	'partnership		*faire équipe avec*
be pe 'dantic	'pedant	'pedantry	pe 'dantic	*être pédant*
be pessi 'mistic	'pessimist	'pessimism	pessi 'mistic	*être pessimiste*
'photograph	pho 'tographer	*(a)* 'photograph *(b)* pho 'tography	photo 'graphic	*photographier*
be a phy 'sician	phy 'sician			*être médecin*
be a 'physicist	'physicist	'physics	'physical	*être physicien*
be a 'pirate	'pirate	'piracy	pi 'ratical	*être pirate*
press		'pressure		*appuyer*
pro 'duce	pro 'ducer	'produce; 'product	pro 'ductive	*produire*
be 'prudish	prude	'prudery; 'prudishness	'prudish	*être prude*
re 'fuse		re 'fusal		*refuser*
re 'mind		re 'minder		*rappeler*
re 'new		re 'newal	re 'newed	*renouveler*
re 'tire		re 'tirement	re 'tired	*prendre sa retraite*

350

verbe	personne	chose	adjectif	sens
'rival	'rival	'rivalry	un 'rivalled	*rivaliser avec*
be sa'distic	'sadist	'sadism	sa'distic	*être sadique*
'sanctify	saint	'sanctity; 'saintliness	saintly	*sanctifier*
be 'sensible		(common) sense	'sensible	*avoir du bon sens*
be 'sensitive		sensi'bility; sensi'tivity	'sensitive	*être sensible*
'signify		sig'nificance	sig'nificant	*signifier*
be 'snobbish	snob	'snobbery, 'snobbishness	'snobbish	*être snob*
be fond of/ good at sport	'sportsman	sport(s); 'sportsmanship	fond of/ good at sport	*être sportif*
steal		'stealing	'stealthy	*voler*
sub'mit		sub'mission	sub'missive	*(se) soumettre*
sur'vive	sur'vivor	sur'vival	sur'viving	*survivre (à)*
have 'talent		'talent	'talented	*avoir du talent*
'theorize	'theorist; theore'tician	'theory	theo'retical	*échafauder des théories*
thieve	thief	theft	thieving	*voler*
trouble	trouble-maker	trouble	'troublesome	*déranger*
be vain		'vanity	vain	*être vaniteux*
be wise		'wisdom	wise	*être sagace*
with'draw		with'drawal		*(se) retirer*
be 'womanly	'woman	'womanliness	'womanly	*être féminine*
become a woman	'woman	'womanhood		*devenir femme*
be young	youth	youth; 'youthfulness	young; 'youthful	*être jeune*
be 'zealous		zeal; 'zealousness	'zealous	*être zélé*

Inscrivez dans le tableau les mots qui vous semblent correspondre à la rubrique : VERBE / PERSONNE / CHOSE / ADJECTIF. De préférence, écrivez vos réponses au crayon, afin de pouvoir les effacer et recommencez jusqu'à ce que les formes soient parfaitement acquises. Pour vérifier vos réponses, voyez LA FORME ET LE FOND.

verbe	personne	chose	adjectif
1. despise			
2. conspire			
3.			hypocritical
4. analyse			
5.	snob		
6. dispose			
7.	critic		
8.		theory	
9. disappear			
10.		agreement	
11.	coward		
12.			boring
13. applaud			
14.	pirate		
15. consent			
16.	censor		
17. appear			

verbe	personne	chose	adjectif
18.		funeral	
19.	sportsman		
20.		monopoly	
21.		leisure	
22.	genius		
23.		logic	
24.		irony	
25.			wise
26.		physics	
27. ignore			
28.			Christian
29.	miser		
30. expend			
31.	craftsman		
32.		zeal	
33.	partner		
34.	prude		
35.	brother		
36.	pedant		
37.			genial
38. steal			
39.	cynic		

40 FORM AND MEANING

	verbe	personne	chose	adjectif
40.			pessimism	
41.		man		
42.	befriend			
43.			sadism	
44.		woman		
45.	compose			
46.		master		
47.	depend			
48.		martyr		
49.			production	
50.	consume			
51.			talent	
52.		saint		
53.	photograph			
54.			implication	
55.	press			
56.	impress			
57.			destruction	
58.			obstruction	
59.	comprehend			
60.	retire			
61.		traitor		
62.	condescend			

verbe	personne	chose	adjectif
63. dismiss			
64.		sense	
65.			new
66. advise			
67.		luxury	
68.		intrusion	
69. remind			
70.		youth	
71.		trouble	
72. signify			
73.		apology	
74. submit			

Les mots qui suivent rappelleront sans doute certains mots français par leur forme, et la réaction normale sera de considérer que le sens est identique. Pour beaucoup d'entre eux, cela est vrai mais, pour d'autres, les différents sens du mot français ne correspondent pas exactement. De tels mots, qui sont le plus souvent de bons amis, deviennent alors des "faux amis" du point de vue de leur signification. Dans la liste qui suit, nous n'indiquons que ces *différences de sens*.

Vous pourrez aussi remarquer certaines formes dérivées qui ne vous sont pas familières et des déplacements d'accent tonique inattendus. Encore une fois, mais d'une autre manière, de fidèles amis se faussent compagnie! Perfidious Albion?

Quelques abréviations complémentaires

(Ciné)	Cinéma
(Com)	Commerce
(Fin)	Finance
(Hort)	Horticulture
(Jur)	Juridique
(Méd)	Médecine
(Mus)	Musique
(Pol)	Politique
(Th)	Théâtre

A

a'buse [ə'bjuːz] *(I sing)*	*injure(s);*
• [ə'buːs] *vb*	*injurier*
a'busive	*injurieux*
ac'ceptance	*acceptation*
accep'tation; *(~ of a word)*	*acception; (~ d'un mot)*
a'chieve	*réussir; réaliser*
a'chievement	*réussite; réalisation*
'actual	*réel; véritable*
'actually	*en réalité; en fait*
'advertise	(a) *faire de la publicité*
	(b) *faire paraître une annonce*
ad'vertisement	(a) *publicité*
	(b) *annonce*
ad'vice *(I sing)*	*conseil*
ad'vise	*conseiller*
ad'visable; *(it's ~)*	*à conseiller ; (c'est prudent)*
a'ffair	*liaison amoureuse*
'affluence	*opulence*
'affluent	*riche*
age; *(come of ~)*	*âge; (devenir majeur)*
a'genda; *(on the ~)*	*ordre du jour; (à l'~)*
'agony; *(suffer ~)*	*calvaire; (souffrir le martyre)*
a'gree	*être d'accord*
a'greeable;	*d'accord;*
(if you are ~)	(si vous en êtes d'accord)
a'greement; *(we're in ~)*	*accord; (nous sommes d'accord)*
'alien *adj • n*	*étranger*
'alley; *(blind ~)*	*ruelle; (impasse)*
a'menity	*agrément*
a'nalysis *(plur analyses)*	*analyse*

'ancient; (~ Greece)	antique; (la Grèce ~)
'antics (I plur)	singerie(s)
an'tique; (~ furniture)	ancien; (meubles ~s)
'anxious; (he's ~ to be there)	désireux; (il tient à être là)
apolo'getic; (he was very ~)	désolé; (il se confondait en excuses)
a'pologize	faire des excuses
a'pology	excuse
a'pparel (I sing)	vêtement(s)
appa'rition	fantôme
a'ppearance;	
(a) (have a fine ~)	(a) aspect; (avoir un bel ~)
(b) (make an ~)	(b) apparition; (faire une ~)
'applicant;	candidat;
(be an ~ for a job)	(être ~ à un poste)
appli'cation; (make your ~!	candidature; (pose ta ~!)
a'pproval	approbation
apt; (be ~ to do)	susceptible; (être ~ de faire)
'argument	discussion; querelle
a'ssist	aider
a'ssistance (I sing);	aide; (puis-je vous aider?)
(can I be of any/ some ~?)	
a'ssume	supposer; présumer
a'ssumption	supposition; hypothèse
a'ttend	
(a) (~ a meeting)	(a) assister (~ à une réunion)
(b) (~ a personality)	(b) accompagner (~ une personnalité)
(c) (~ to a problem)	(c) s'occuper (d'un problème)
'audience	le public (théâtre)
'auditor	expert-comptable
axe n• vb	hache • opérer des coupes sombres

B

'bachelor	*célibataire*
'ballot	*(droit de) vote*
ban *n • v*	*interdiction • interdire*
bar *(colour ~)*	*discrimination raciale*
Bar *(the ~)* (Jur)	*le barreau*
'barracks *(a ~)*	*caserne* (**une** ~)
'basin	*cuvette*
'battery	*élevage industriel* (**poulets, etc**)
'benefit	*bénéfice* (**non commercial**)
be'nevolent *(~ body)*	*caritatif* (**organisme** ~)
bless • 'blessing	*bénir • bénédiction*
blouse	*chemisier; corsage*
bond	(a) *lien*
	(b) (**Fin**) *bon, obligation*
bout	*accès* (**de fièvre**…)
'brassière *(ab* bra)	*soutien-gorge*
bribe *n • v*	*pot-de-vin • corrompre*
bride	*mariée*
bulb	(a) *ampoule* (**électrique**)
	(b) *oignon* (**de fleur**…)
bull *(Stock Exchange)*	*spéculateur à la hausse* (**Bourse**)
'bullet	*balle* (**de fusil**)

C

'cabin	*cabane*
'candid	*franc*
'candour	*franchise; franc-parler*
cane	*osier; rotin*

'canon	*chanoine*
cap	*casquette*
'cargo	*cargaison*
chant	(a) *psalmodier*
	(b) (slogan) *scander*
car'nation	*œillet*
'carpet *(fitted ~)*	*moquette*
'caution *n • vb*	*prudence • mettre en garde*
cave	*caverne; grotte*
car'toon	*dessin humoristique/ animé*
'censor *n •vb*	*censeur • censurer*
'censorship *n*	*censure*
(the ~ of the press)	(*la ~ de la presse*)
'censure *n •vb*	*blâme* (**administratif**) *• blâmer*
chande'lier	*lustre*
chance	*occasion*
change	*monnaie (rendue);*
	petite monnaie
'character	*personnage* (de roman, théâtre…)
charge *n*	(Com) *prix;* (Jur) *mise en*
• vb (Com) *(~ for an article);*	*examen •* (Com) (*faire*
(Jur) *(~ sb with theft)*	*payer un article);* (Jur)
	(*accuser qqn de vol*)
'charity *(work of ~)*	*œuvre de bienfaisance*
chart	*graphique*
'chemist [ˈkemɪst]	*pharmacien(ne)*
chip *(GB)*	*pomme frite*
chord *(Mus)*	*accord*
(strike a ~ on the piano)	(*plaquer un ~ au piano*)
'Christendom	*chrétienté*
Christi'anity	*christianisme*
chute	(a) (jeu) *toboggan* (b) *vide-ordures*

circu'lation	*tirage* **(d'un journal)**
'classified	*secret* **(officiellement)**
coin [kɔɪn]	*pièce de monnaie*
'comfort	*consoler; réconforter*
co'mmercial *n*	*spot publicitaire*
co'mmodity	*denrée; marchandise*
'compass	*boussole*
'compasses *(I plur) (a pair of ~)*	*compas*
com'placency *n* • com'placent *adj*	*suffisance* • *suffisant*
com'plain *vb* • complaint *n*	*se plaindre* • *plainte*
(aussi Jur) (lodge a ~)	**(déposer une ~)**
com'plexion	*teint* • *qualité de la peau*
com'poser *(Mus)*	*compositeur*
com'positor	*typographe*
compre'hending	*compréhensif*
compre'hensive	*complet*
con	*escroquer*
con'cern	**(a)** *inquiétude*
	(b) *entreprise commerciale*
con'cerned	*inquiet*
con'duct *(Mus)*	*diriger*
con'ductor *(Mus)*	*chef d'orchestre*
con'fectioner	*confiseur*
con'fectionery	*confiserie*
'conference *(Pol, etc.)*	*congrès*
'confidence • 'confident	*assurance, confiance* • *assuré*
co'nnect	**(a) (logique)** *faire le lien entre*
	(b) (transports) *assurer la correspondance avec*
	(c) (téléphone) *trouver un correspondant pour*

co'nnection
(a) (logique) *lien, relation*
(b) (transports) *correspondance*
(c) (téléphone) *mise en communication*

cons *(I plur) (pros and ~)* — *le pour et le contre*

con'sent *n* • *vb* — *consentement* • *consentir*

con'sider — *envisager*

con'sistency — *cohérence, logique*
• consistent — • *cohérent*

con'stituency • — *circonscription électorale*
constituent — • *électeur*

con'sumer [kən'sju:mər] — *consommateur*

con'sumption [kən'sʌmpʃən] — *consommation*

'contemplate *(~ doing)* — *envisager* (~ *de faire*)

con'trol *n* • *vb* — *commande* • *avoir la haute main sur*

con'vene — *convoquer* (une réunion)

con'venience *(~foods)* — *commodité* (denrées surgelées, etc.)

con'venient *adj* — *commode*

'copy — *exemplaire* (d'un livre)

corpse — *cadavre*

couch — *divan*

'counsel — *avocat*

'courier — *guide* (voyages organisés)

course — *série de cours; stage*
(attend a ~; be on a ~) — (suivre un ~; être en ~)

'courtier — *courtisan*

'cricket — *grillon*

cry — *pleurer*

'curate [ˈkjʊrɪt] — *vicaire*

cure — *guérir*

'current *(~ affairs)*	*actuel* (**l'actualité**)
'currently	*actuellement*
'custom *(commerce)*	*clientèle*
'customs *(I plur)*	*douane*

D

date *n • vb*	*rendez-vous* (**d'amoureux**)
	• *fixer un rendez-vous à*
de'ceive	*tromper*
de'ception	*tromperie; supercherie;*
	duplicité
de'lay *n • vb*	*retard • retarder*
de'liver • de'livery	*livrer • livraison*
de'mand *vb • n*	*exiger • exigence*
demon'stration	**(Pol)** *manifestation*
'demonstrator	**(Pol)** *manifestant*
de'ride	*tourner en dérision*
de'serve	*mériter*
de'tain	*retenir; retarder*
de'velop	*aménager* (**un terrain**)
de'veloper	*entrepreneur*
'diet [ˈdaɪət]	*régime alimentaire*
'difference	*différend*
di'lapidated	*délabré*
'diner [ˈdaɪnə] *(US)*	*snack (-bar); wagon-restaurant*
di'rect *vb*	*mettre en scène*
• di'rector *n (Ciné)*	• *metteur en scène*
di'rectory	*annuaire téléphonique*
di'rections *(I plur)*	*mode d'emploi*

dis'charge	(a) *licencier; licenciement*
	(b) *démobiliser (de l'armée)*
	(c) **(Jur)** *relaxer; relaxe*
	(d) *libérer;*
	(e) *renvoyer*
dis'grace *n* • *vb*	*honte* • *faire honte à*
dis'graceful *adj*	*honteux, scandaleux*
dis'miss • dis'missal	*congédier* • *renvoi*
dis'posable	*jetable*
dis'posal (a) I'm at your ~	(a) *disposition* (**je suis à votre ~**)
(b) *rubbish* ~	(b) *enlèvement* (**~ des ordures**)
(c) *the ~ of a painting…*	(c) *vente* (**~ d'un tableau…**)
dis'pose of	*se défaire de*
(he disposed of the furniture)	**(il a vendu le mobilier)**
dispo'sition *(in a good ~)*	*humeur* (**de bonne ~**)
dis'pute *vb* • *n*	*contester* • *contestation*
di'version	*déviation* (**de la route**)
'doctor *vb*	*frelater* (**un aliment…**)
dote *(he ~s on her)*	*adorer* (**il l'aime à la folie**)
double	*sosie*
drape	(a) *rideau* (**US**) (b) *drapé* (**GB**)
dress	*panser* (**une plaie**)
'dressing	(a) *pansement* (b) *vinaigrette*

E

'edit *vb*	*monter* (**texte, film, etc.**)
'editing	*montage* (**texte, film, etc.**)
e'dition	*rédaction* (**d'un journal**)
'editor	*rédacteur* (**d'un journal**)
'educated	*cultivé; instruit*

364

edu'cation	*culture; instruction*
e'ffective	*efficace*
e'laborate *adj*	*compliqué; complexe*
'eligible	*qui convient*
em'brace	*tenir dans ses bras; enlacer*
e'mergency	*cas d'urgence*
en'gaged *adj*	*fiancé*
en'grossed (~ *in reading*)	*captivé* (~ **par sa lecture**)
enter'tain	(a) *distraire; divertir* (b) *recevoir*
enter'taining *adj* • *n*	*distrayant, divertissant* • *le fait de*
(*she does a lot of* ~)	*recevoir* (**elle reçoit beaucoup**)
enter'tainment	*distraction; divertissement*
E'stablishment	*ordre établi; classes dirigeantes*
e'vasion (*tax* ~)	*fraude fiscale*
e'ventually	*à la fin; à la longue*
'evidence (*I sing*)	*preuve(s)*
exami'nation	*interrogatoire* (**par un juge**)
• examine	• *interroger*
ex'citing	*passionnant*
exhi'bition	*exposition*
exper'tise	*compétence*
ex'pose	*démasquer* (**un scandale**)
ex'posure *n*	*révélation* (**d'un scandale**)
'extra *adj* • *adv*	*supplémentaire* • *en supplément*
• *n*	• *supplément*
e'xtravagance (*I sing*)	*dépenses inconsidérées*
e'xtravagant *adj*	*dépensier*

F

'fabric	(a) *tissu* (**surtout synthétique**)
	(b) *gros œuvre* (**bâtiment**)

fabri'cation	*fabulation; tissu de mensonges*
fa'cilities *(I plur)*	*équipement; installations*
'fantasy	*fantasme*
fas'tidious	*difficile; maniaque*
fat	*gras; gros*
'fatal *(~ accident)*	*mortel* (accident ~)
fa'tality	*accident mortel*
fa'tigue	(a) *corvée* (militaire)
	(b) plur *treillis de combat*
fa'tuity	*stupidité*
'fatuous	*stupide, imbécile*
'fiction	*littérature romanesque*
'figure	(a) *chiffre* (b) *corps; silhouette*
file *n • vb* [faɪl]	(a) *dossier • classer*
	(b) *lime • limer*
film *(~ of dust)*	*pellicule* (~ de poussière)
fix *n*	(a) *mauvaise passe*
	(b) *dose* (drogue)
• *vb*	• *réparer; préparer; truquer*
'flourish *vb •* 'flourishing *adj*	*prospérer • prospère*
'formal	*cérémonieux; officiel;*
	protocolaire
'formidable	*redoutable; imposant*
'founder *vb*	*sombrer*
'fritter	*beignet*
frock	*robe*
'fuel *n*	*combustible*
fume *n*	*émanation toxique*
• *vb*	• *être fou de colère*
'furnish *(~ing fabrics)*	*meubler* (tissus d'ameublement)
'furniture *(I sing)*	*meuble(s); mobilier*
'futile	*inutile; vain*

G

'gallant	*courageux*
• 'gallantry	• *courage*
gas	*essence* (US)
'genial	*affable; jovial; convivial*
geni'ality	*affabilité; jovialité; convivialité*
'genius	*génie*
(he's a ~; he has ~;	**(il est génial; il a du génie;**
he's a man of ~)	**c'est un génie)**
gen'teel	*(par trop) raffiné*
gen'tility	*manières (par trop) raffinées*
'gentle • 'gentleness	*doux • douceur*
germ	*microbe*
glue	*colle*
grand	*grandiose*
'graduate *n* • *vb*	*bachelier* (US);
	licencié (GB) • *obtenir*
	un diplôme
grape *(a bunch of ~s)*	*raisin (un ~)*
gra'tuity	**(a)** *pourboire*
	(b) *prime de départ*
	à la retraite
grief	*chagrin*
groin	*aine*
groom	**(a)** *palefrenier, lad*
	(b) *le marié*
'guardian	*tuteur*
gum	**(a)** *gencive*
	(b) *colle*
'gusto	*élan, enthousiasme*
'gutter	*caniveau*

H

hall	(a) *entrée* (b) *grande salle*
	(c) *manoir*
ꞌhardy	*robuste*
ꞌhazard	*risque*
ꞌhonorary	*honorifique*
ꞌhonours *(université)*	*mention*
(M.A. with ~)	(*licence es lettres avec ~*)
host *n • vb*	(a) *armée; foule*
	(b) *hôte* (qui invite) • *inviter*

I

igꞌnore	*feindre d'ignorer*
ꞌimplicate *péj*	*impliquer* (dans un scandale, etc.)
imꞌply	*impliquer, insinuer*
inꞌadequate	*insuffisant*
inarꞌticulate	*qui s'exprime difficilement*
inconꞌsiderate	*égoïste; peu attentionné*
inconꞌsistency • inconꞌsistent	*incohérence • incohérent*
inconꞌvenience *n • vb*	*dérangement • déranger*
inconꞌvenient *adj*	*dérangeant*
ꞌindicator	*clignotant* (d'une voiture)
ꞌinfancy	*petite enfance*
ꞌinfant	*nourrisson; petit enfant*
inꞌfatuated *(be ~ with...)*	*avoir la tête tournée par...*
infatuꞌation	*engouement*
inꞌformal	(a) *officieux*
	(b) *bonne franquette*
ingenꞌuity	*ingéniosité*
inꞌgenuousness	*ingénuité*

'injure	*blesser* (accidentellement)
in'habit	*habiter*
in'habited *adj (an ~ island)*	*habité* (une île ~)
'instance	*exemple*
in'struct	*ordonner; donner des consignes*
in'telligence	(a) *renseignement(s)*
	(b) *réseau d'espionnage et de contre-espionnage*
in'toxicate • intoxi'cation	*enivrer • ivresse*
intro'duce • intro'duction	*présenter • présentation*
'issue	(a) *problème* (d'actualité)
	(b) *numéro* (de journal)
	(c) *émission* (d'actions) (Bourse)

J

jar	*bocal*
jest	*plaisanterie*
joint	(a) *rôti* (Cuisine)
	(b) *articulation* (Anatomie)
	(c) *bistro; boîte de nuit* (Argot)
'jolly	*joyeux*
'journal	*revue spécialisée*
'journey	*voyage*

L

'label	*étiquette*
'labour	(a) *travail* (manuel)
	(b) *travail* (accouchement)
	(c) *main-d'œuvre*
'labour *(hard ~)*	(Jur) *travaux forcés*

lance	*percer* (avec un bistouri)
lard	*saindoux*
large	*grand*
ˈlecture *n*	(a) *conférence*
	(b) (fig) *sermon*
• *vb*	(a) *faire une conférence*
	(b) (fig) *sermonner*
ˈlegal *(~ matter)*	*juridique* (question ~)
ˈleisure *(I sing)*	*loisir(s)*
ˈleisurely *adj* • *adv*	*qui prend son temps* • *à loisir*
libˈrarian • ˈlibrary	*bibliothécaire* • *bibliothèque*
ˈlicence *n* [ˈlaɪsəns]	(a) *permis;* (b) *redevance*
• *vb*	• *autoriser* (officiellement)
lime	(a) *citron vert* (b) *chaux*
	(c) *tilleul*
ˈliquor	*alcool*
ˈliteracy *(~ campaign)*	*alphabétisation* (campagne d'~)
ˈliterate	*alphabétisé*
loˈcation *(on ~)*	(Ciné) *extérieur* (en ~)
lodge *n* • *vb*	*maison de gardien*
	• *prendre pension*
ˈlodger	*pensionnaire*
lot	(a) *sort, destin*
	(b) *terrain*
ˈlunatic *n*	*fou*
luxˈurious • ˈluxury	*luxueux* • *luxe*
ˈlyrics	*paroles* (d'une chanson populaire)

M

main'tain	(a) *entretenir* (une machine)
	(b) *affirmer*
'maggot	*ver*
'malice • ma'licious	*méchanceté • méchant*
'mania • 'maniac	*folie • fou, folle*
manu'facture *n* • *vb*	*fabrication • fabriquer*
mark *(Enseignement) n* • *vb*	*note • noter*
'martyr *(he's a ~ to rhumatism)*	*victime* (il est perclus de rhumatismes)
ma'terial	(a) *tissu* (b) *matériau* (c) *matière*
'matron *(hospital ~)*	*infirmière surveillante*
'medicine	*médicament*
mess	*pagaille*
'meter	*compteur*
'miser *n*	*avare* n
'miserable	*malheureux; qui souffre*
'miserly *adj*	(a) (personne) *avare*
	(b) (salaire) *de misère*
'misery	*tristesse; malheur*
'mitigate	*atténuer*
'modest • 'modesty	*pudique • pudeur*
'moral *n (the ~ of the story)*	*morale* (la ~ de l'histoire)
mo'rale *n*	*le moral*
'morals *(I plur)*	*moralité; mœurs*
mun'dane	*banal; prosaïque*

N

neat *adj*	(a) *rangé*
	(b) (alcool) *pur*

nerve	*toupet; culot*
'nervous	*inquiet*
'nonsense *(I sing)*	*idiotie(s); balivernes*
note	*billet (de banque)*
'notice *(give ~)*	*préavis* (**donner un ~**)
'novel	*roman*
'nuisance	*source d'agacement*
nurse	*infirmière*
'nursery	*chambre d'enfant;* (**Hort**) *pépinière*

O

'offer	*proposer*
o'ffence	*infraction*
o'ffensive	*agressif; grossier*
o'fficious	*imbu de son importance*
out'raged	*indigné*

P

pace	*rythme* (**des événements**)
pain	*douleur* (**physique et morale**)
'pamphlet	*brochure*
pare	*éplucher; peler*
'parent	*père ou mère*
'parlor *(US) (ice-cream ~)*	*pâtisserie*
'parlour *(GB) (beauty ~)*	*institut de beauté*
part *(theatre)*	*rôle*
'partial *adj (be ~ to sth)*	*apprécier particulièrement* *quelque chose*

par'ticular	*méticuleux*
(be ~ about...)	(être exigeant pour...)
par'tition *n • vb*	*cloison • cloisonner*
'party	(a) *équipe* (b) *réception; boum*
pass (~ an exam)	*réussir* (être reçu à un examen)
'passage	*traversée* (en mer)
'patron *(a)*	(a) *mécène* (Art)
	(b) *client* (café, restaurant, hôtel, cinéma)
'patronage	(a) *mécénat* (b) *clientèle*
pest	*animal nuisible*
pet	*animal familier;* (fig) *chouchou*
'petty	(a) *mesquin*
	(b) (délit) *mineur*
'petrol *(GB)*	*essence*
'petulant	*irritable; soupe au lait*
phrase	*mot; expression*
pie [paɪ]	*pâté en croûte*
pipe	*tuyau*
pile [paɪl]	*poil* (de tapis)
piles *(I plur) (Méd)*	*hémorroïdes*
'placard	*grande affiche*
place (at my ~)	*endroit; chez moi*
plate	(a) *assiette*
	(b) *plaque* (métallique)
	(c) *appareil dentaire*
'platform	(a) *quai* (de gare) (b) *estrade*
	(c) *programme* (électoral)
plum	(a) *prune* (b) (fam)
	(= sinécure) *bon fromage*
plume	*plumet;* (fig) *panache*
poach • 'poacher	*braconner • braconnier*

pole	*perche; poteau*
'policy	*ligne de conduite*
'ponder	*réfléchir*
porch *(US)*	*véranda*
po'sition	*poste; situation*
'positive	*certain; catégorique*
'positively *(he answered ~)*	*affirmativement* (**il a répondu ~**)
pot *(argot)*	*haschich*
'practice	*clientèle médicale (privée)*
pre'cipitous	*à pic*
'prejudice	*préjugé*
'premises *(I plur)*	*local (locaux)*
pre'scription	*ordonnance médicale*
'presently	*bientôt; tout à l'heure*
pre'serve *n • vb*	*conserve • mettre en conserve*
pre'tence	*faux-semblant; simulacre*
pre'tend	*faire semblant*
pre'vent	*empêcher*
'proper	*comme il faut; convenable*
propr'iety	*bienséance; convenances*
pro'vision	(**Jur**) *disposition; prévision*
prune *n • vb*	*pruneau •* (**Hort**) *tailler*
'puppet	*marionnette;* (**fig**) *pantin*
'purchase *vb • n*	*acheter • achat*

R

race	*course*
'raffle	*tombola*
rage *(it's all the ~)*	*mode* (c'est le dernier cri)
'raisin	*raisin sec*
'rampant *adj*	*qui fait rage*

range	*gamme; variété*
rape *vb* • *n*	*violer* • *viol*
re'ceiver	(a) *receleur*
	(b) *récepteur* (radio…)
re'cord *vb*	*enregistrer* (a) *archive;*
'record *n*	(police ~) *casier judiciaire*
	(b) *disque*
re'corder	(a) *magnétophone* (b) *flûte à bec*
'rector • 'rectory	*curé* • *presbytère*
re'dundancy • re'dundant	*chômage* • *chômeur*
re'fusal *(it was a ~)*	*refus* (c'était un ~)
'refuse *(I sing)* ['refjʊs]	*ordures* (I plur)
re'join • re'joinder	*répliquer* • *réplique*
'relative *n*	*parent* (proche ou éloigné)
re'lief • re'lieve	*soulagement* • *soulager*
re'mark	*faire une remarque*
re'place	*remplacer*
re'port	*détonation*
re'sign • resig'nation	*démissionner* • *démission*
re'sume	*reprendre (une activité)*
re'sumption	*reprise*
re'tire • re'tirement	*prendre sa retraite* • *retraite*
	(de la vie active)
re'turn	*rendre; rembourser*
re'verse *(voiture) n* • *vb*	*marche arrière* • *faire ~*
re'view	*critique* (cinéma, théâtre, etc.)
Roma'nesque *(~ architecture)*	*roman* (architecture romane)
rot *n* • *vb*	*pourriture* • *pourrir*
rude	*grossier*
rut	*ornière*

S

sable ['seɪbl]	*zibeline*
sauce	*toupet*
scheme *n* • *vb* [ski:m]	*projet; projeter*
'secular	*laïc; laïque*
sense • **'sensible**	*bon sens* • *sensé; raisonnable*
'sensitive	*sensible*
'sentence *vb* • *n*	*condamner* • *condamnation; peine*
'solid (~ gold)	*massif* (**or** ~)
sot	*poivrot*
stage	*scène (de théâtre)*
studio	*atelier (de peintre)*
sub'scribe • **sub'scriber**	*s'abonner* • *abonné*
sub'scription	*abonnement*
su'pply *vb* • *n*	*fournir* • *fourniture*
su'pport (~ a family)	*soutenir; subvenir (aux besoins d'une famille)*
'surname	*nom de famille*
sur'vey *vb* • **'survey** *n*	**(a)** *contempler* **(b)** *enquêter sur* • *enquête, étude* (**scientifique**)
suscepti'bility • **sus'ceptible**	*sensibilité; vulnérabilité* • *impressionnable*
sympa'thetic	*compréhensif; compatissant*
'sympathize	*compatir*
'sympathy	*compassion*

T

'talented	*talentueux*
'talon	*serre (de rapace)*
tap *(GB)*	*robinet*
tape *n* • *vb*	*bande* • *enregistrer sur bande*

term (of office)	*mandat* (**présidentiel, etc.**)
tick	*cocher*
'ticket *(fam)*	(**a**) *contravention*
	(**b**) *liste électorale* (**US**)
'tissue	*mouchoir en papier*
to'boggan	*luge*
tour	*voyage organisé*
'tourniquet	*garrot* (**Méd**)
train	*(s')entraîner; (se) former*
'trainee	*stagiaire*
'training	*entraînement; formation*
transpor'tation	*transport(s)* (**US**);
	déportation (**GB**)
'trespass *vb*	*empiéter*
• 'trespassing *n*	• *violation de domicile*
'trivial	*insignifiant; sans importance*
trivi'ality	*vétille*
'trolley	(**a**) *caddie* (**grandes surfaces**)
	(**b**) *table roulante*
'trouble *vb* • *n*	*déranger* • *ennui*
tr'uant *(play ~)*	*faire l'école buissonnière*
'truculant	*agressif*
trump *(cartes)*	*atout*
tube	*tuyau*

U

um'brella	*parapluie*

V

va'cation	*congé; vacances*
vent	*orifice; ouverture*
verge	*accotement; bord (de route)*
'versatile	*adaptable; aux talents multiples*
versa'tility	*polyvalence; multiplicité de dons*
'vendor	*marchand ambulant*
vest	*gilet* (US); *tricot de corps* (GB)
'veteran *(surtout US)*	*ancien combattant*
'vicar	*curé*
vice [vaɪs]	*étau*
'vicious ['vɪʃəs]	*brutal; cruel; venimeux*
'volatile	*sujet à fluctuations; volage*
'volley	*salve* (d'arme à feu)
'voluntary *adj*	*bénévole*
'voyage	*voyage* (exclusivement en mer)

W

'waggon	*chariot; charrette*

Z

zest	*enthousiasme*

IMPRIMÉ EN ESPAGNE PAR LIBERDÚPLEX
Barcelone
Dépôt légal Édit. : 41742 - 03/2004
Édition 03
LIBRAIRIE GÉNÉRALE FRANÇAISE - 43, quai de Grenelle - 75015 Paris.

ISBN : 2 - 253 - 08557 - X